アリストテレス哲学入門

アリストテレス哲学入門

出　　　隆著

岩　波　書　店

まえがき

著者は、戦争中、昭和十六年に第一書房から予約出版された世界大思想家選集(全十二巻)の第二巻として出隆訳『アリストテレス篇』を出し、戦後、昭和二十二年、この第一書房版を修正増補して河出書房から出隆訳『アリストテレス選集』を出し、さらに五年後の昭和二十七年には、この選集から「語録」の部を捨て本文(選訳部分と訳者注解)に添削を加え、河出書房「市民文庫」の一冊として出隆著『アリストテレス入門』を出した。いまここに出隆著『アリストテレス哲学入門』と題して公刊するこの岩波版は、さきの三つに次ぐ四度目の焼き直しとも言えようが、選訳の部分にも著者注解の部分にも全部新たに改訂増補を加え、著者としてはさきの三つよりもずっとよく出来た入門書と信じている。

この書は、アリストテレスがどのような人であり、どのようなことを言った哲学者であるかをざっと知っておきたいという一般の読者のためにも、またさらに立ち入ってアリストテレス哲学を研究したいと願う学生諸君のためにも、なんらかの手引きになるようにと思って編集されたもので、一種の日本語訳アリストテレス選集であるとともにアリストテレス哲学への入門の書である。そのために、本書第一章ではこの哲学者の人柄や著書や学説の大要を述べ、第二章から第六章までの本文では、アリストテレスの現存著作集のうちの主要著書十数篇から、これだけはと思われる主要箇所約百四十を選んで翻訳し、これらを本文五章百余項目に配置し、その各項ごとに我流の注解を加えて読者の理解を助けるようにした。さらにその一助にもと巻末に索引を加えた。もし読者が、本文各項の翻訳部分だけでなく、拙注をも注意して読まれ、またうまく索引を利用されるなら、著者の老婆心は報いられて余りありというものである。

訳文中にある括弧（　）のなかの字句はアリストテレスの原文にある字句で、この括弧は文脈をわかりやすくするために訳者の挿入したもの。前後二つの棒線にはさまれた部分も同じく原文にある字句。しかし、括弧〔　〕のなかの字句は、原文にはなくて、ただその前（または次）の字句を理解しやすくするために訳者が換言しまたは補読した字句である。また、点線のある箇所は原文から省略された箇所。なお、各訳文の終りの括弧内にある著書名と数字などは、その訳文の出典箇所をベッカー版の頁付け（本書第一章、二〇―二二頁参照）で示したものである。

一九七二年十月

著者

目　次

第三章　第一哲学（形而上学）……一一五

第五章 実践哲学（倫理学と政治学）……二五九

第一章　アリストテレスの生涯・著作・学説

アリストテレス(Aristotelēs)は、古代ギリシャのきわめて博識で細心な自然研究家であり、ことに最も優れた生物学者であるが、さらに自然界および人間社会のことに関する在来の(紀元前第六世紀のタレスやピタゴラスなどから前第五世紀のデモクリトスやプラトンなどに至るまでの)あらゆる思想・学説を吸収し検討して、これらをその師事したプラトン(Platōn, 前四二八—三四八年)から批判的に継承した観念論的哲学のもとに統合し組織した大哲学者である。残存するかれの大量の著作とその学識の多面性とは、ことにその経験主義的・実証科学的な乃至はその弁証法的唯物論的ともみえる側面と、それにもかかわらず理性主義的・思弁哲学的な乃至は形而上学的観念論的ともみえる側面とは、その後の人類の歴史に対し、その諸科学や哲学の発展に対して、ときには促進的・革新的に、ときには保守的・反動的に、多種多様な影響を与えながら今日に及んでいる。

そこで、つぎに、本書第二章以下の本文でみられるアリストテレスの主著若干からの抄訳と付注とによって多少でも直接的にかれを知っていただくに先だち、かれの生涯・著作・学説の大要を述べておく。

一　その生涯

(一) その生い立ち

紀元前三八五年または三八四年に、エーゲ海の北西隅、カルキディケ半島の一小市スタゲイロスで、イオニア人(イオニア系ギリシャ人)の子として生まれた。この町はマケドニア本国に接近しており、すでにかれの生まれたころには事実上マケドニア王の支配下にあったが、もともとイオニア人の建設した植民市で、その市民のあいだにはイオニア文化が行なわれていた。かれの家系は、医神アスクレピオスの血統をつぐものとも伝えられ、かれの父ニコマコス(Nikomachos)は、この父祖の業を継ぎ、マケドニア王アミンタス(フィリッポス王の父)の侍医であった。したがってかれは、その少年時代の或る期間、マケドニア王の首都ペラの宮廷で生活し、また医家の慣わしによって、父の医療や手術を見習い、その手伝いもしたであろう。後年のかれに顕著な生物学者的な資質は、このようにかれがイオニア自然学で啓蒙された町に医家の子として生まれ育ったことと無関係ではなかろう。同時に、しかし、後年のかれの偏狭なまでに排外的・非国際主義的なギリシャ民族優越視の傾向は、この半未開的なマケドニア族に取りかこまれてその幼少の時期をすごしたことにその端を発するものとも言えよう。ともあれ、かれは、早くその父母に死なれて、親切な縁者の世話になり、やがてその勧めによって、十七歳のころ(前三六七年ごろ)、この田舎町では受けられない高等の教育を受けるためにと、アテネに送り出された。

(二) アカデメイア在学時代

当時すでに、ペロポネソス戦争以来、なおも戦乱のうち続く約半世紀のうちに、一般に全ギリシャのポリス制(都市国家制)は、その崩壊に直面していたが、しかしアテネは、なおいまだ全ギリシャ諸市国の政治・経済・文化の中心都市たるを失わず、そこでは、雄弁・達筆な政治評論家イソクラテスの主宰する学校と哲人国家の理想を説く哲学者プラトンの学校(言わゆるアカデメイア Akadēmeia)とが、言わば当時の全ギリシャの最高学府として、内外の人材を門下に集めながら栄えていた。そこへイオニア人の小さな田舎町から上京して来た学究的青年アリストテレスは、どうしたことか、たまたま、このプラトンのアカデメイアに入学した。だが、この偶然が、結局、かれのその後の運命を、したがって或る意味ではその後の世界の思想史・科学史・哲学史の動向を、決定することにもなるのであった。かれは、入学以来、学頭プラトンの死ぬまで二十年間も、そのアカデメイアの学員として、この学頭のもとで勉学し研究し、また教授し著作しもした。この在学中の著作は、あとでも述べるように、今日では大部分失われて現存しないが、そのわずかに伝存する断片やその他の所伝から推察すると、この二十年にわたるかれのアカデメイア在学は、かれの本来のむしろ反プラトン主義的な素質(質料)にもかかわらず、そこに形成されたかれの思想や学説のうえに消しがたいプラトン主義の烙印(形相)を刻みこんだ。

入学当時、すでに六十歳の学頭プラトンは、おそらく二度目のシチリア旅行中で不在であった。この初老のプラトンの政治家的熱意、これがプラトンを二度も三度もシラクーサイに渡航させたのであるが、この熱意は若いアリストテレスには理解されず、その後もついぞ理解されなかったであろう。すでにマケドニアによって半ば属領化されていた辺境に医者の子として生まれ育った学究的青年には、アテネのような大きな都市国家の名門出身のプラトンとはちがって、政界への大望などありえなかったであろうし、あの学頭の政治熱心がついぞ理解されなかったのもむしろ当然であろう。それよりもまずこの青年には、アカデメイアの書庫が、より多く魅力的であったに相違ない。この書庫でかれが読み耽ったであろうところのプラトンの壮年期の諸傑作は、イオニア自然学で啓蒙された思想圏内には全く未知の世界、超感覚的な概念《イデアイ》の世界、理念の世界に、この若い読書家をいざない、この世界に驚嘆の眼をみひらかせ、その結果、もともと現実の政治などには興味のない・興味があってもそれを実現させる可能性のない小都市出身の・この学究的青年を、その師プラトンよりもより以上に理論的・観想《テオーリア》主義的な形而上学者にした。のちに、プラトンやその学徒のイデア（エイドス）の説の抽象的・空想的・非現実的な超越主義を非難しつつ（本書第三章の一〇参照）、自らは、すべての存在と生成を具体的・弁証法的に、質料と形相との結合として捉え、可能性の現実性への転化発展として理解しようと努力したアリストテレスが、それにもかかわらずかれ自らの諸学説のあちこちに、ことに諸学説の各〻の頂点に、質料から全く離れて存する純形相的なもの、可能態を全く含まない非現実的・非行動的な現実態を――たとえば、本章の三の(四)、(三)、(五)でみられるであろうように、その『形而上学』では第一の不動の動者（神）を、『霊魂論』では肉体から絶縁された不死なる非受動的理性（言わゆる能動理性）を、さらにそのきわめて人間的・実践的な『ニコマコス倫理学』の最後の巻では全く非実践的な理論的観想的な生活の讃美を――持ち出さざるをえなかったがごときは、かれの若い日に自ら受け容れたプラトン主義の余音《よいん》のいかに消しがたいものであったかを示すものと言えよう。

ともあれ、入学後のかれは、この学校きっての読書家、この学校の心臓とも呼ばれた俊才として、学頭プラトンの厳格で適切な指導のもとに、同学の仲間と競って勉学し、その伸びゆく芽を伸ばしながら、やがてはただの学生・学員としてだけでなく、学頭を助けて後輩の指導に当たり、弁論術や論理学の講義などを受持ちもしたらしい。かれが生物学方面の研究に志したのも在学中のことで、おそらく学頭がかれのこの方面への才能を見抜いて奨励指導したからでもあろう。もちろん、二十年にも渉る同じ学園内での共同生活のあいだには、かれと学頭や学員たちとのあいだに、なんらかのいさかいもあり、あるいははげしい論争もあったであろう（「プラトンは愛すべき友である、だがより以上に愛すべきは真理」という有名な句は、かれの後年の著書『ニコマコス倫理学』第一巻第六章から出たものである）。ことに、そのうち次第にかれ独自の思想の形成されてゆくにつれて、当時この学校内にいちじるしくなったイデア説の数学的思弁化・神秘化の傾向に対しては反感を禁じえなかったであろう。しかしとにかく二十年間、老師プラトンへの敬愛の念は失われず、忠実なプラトン学徒として、このアテネのアカデメイアで研究生活を続けた。そしてこのあいだに、前述の著作（主としてプラトンにならった対話形式の著作）が公刊されたほか、後年完成される論理学や第一哲学（言わゆる形而上学)の或る程度の構想・原案もできていたであろう。

(三) 遍歴時代

さて、プラトンは前三四七年ごろに八十歳で歿し、甥のスペウシッポスがそのあとを継いでアカデメイアの第二代の学頭になった。――アリストテレスがその後まもなく書いたはずの講義草稿の一節(『形而上学』第一巻第九章九九二a三三)で、今日の或る人々は哲学本来の任務を忘れて数学的諸学課を哲学だとしている、と非難したとき、かれが念頭に置いていたのはこのスペウシッポスなどかと推定される。――そこで、もはやこれ以上、プラトンのいないアカデメイアに止まるには及ばなかった。かれは、同門の友クセノクラテスやテオフラストスなどとともに、小アジアのアッソスに移った。それは、当時このアッソスとアタルネゥスの僭主であったところの同じプラトン門下の友ヘルミアスの招きに応じたものらしい。とにかく、このアッソスに、かれらを中心として、アカデメイアの分校または分派ともみられる研究所が創設された。ここでアリストテレスは、約三年間、研究・講義・著述にはげんだ。残存する十四巻の『形而上学』の第一巻はこのアッソスでの講義の草稿であろうと推定される。また今日われわれの読む論理学や自然学に関する諸講義・諸論文も、すでにこのころ或る程度までその形をなしていたものと思われる。なお、このアッソス滞在中、かれは僭主ヘルミアスの姪でありまた養女であったピティアスを愛し、これと結婚した。ついでながら、この愛妻は数年後に世を去り、それ以後かれは、ヘルピリスという婦人を内縁の妻とし、この婦人とのあいだに息子をえた。『ニコマコス倫理学』の名で知られるかれの晩年の名著は、この息子ニコマコス(祖父の名によってそう名付けられた)が編集したものと言われる。

さて、アッソス滞在約三年、僭主ヘルミアスの不慮の死ののち、かれは学友テオフラストスの故郷、レスボス島のミティレネに移った。かれの動物学関係の諸著では、かれがこの海岸で動物(ことに魚貝類)の研究にも熱中した痕跡がうかがわれる。しかし、まもなく翌三四二年にか、かれはマケドニア王フィリッポスに招聘され、当時十三歳であった王子(のちのアレクサンドロス大王)の家庭教師としてマケドニアの首都に赴任した。言うまでもなくそこは、かつてかれがその幼少時代を父とともにすごしたところであり、したがって、かれより二つ年下のフィリッポス王とは幼な友だちであったかもしれない。ともあれ、かれは、このマケドニア王の宮廷で、すくなくも前三四〇年まで(すなわちこの年に王子が、王の外征中、国内を治め守る摂政の任に就いたので、すくなくもそれまで)王子アレクサンドロスの教育に従事した。

では、その教育が後年の大王になにを与えたであろうか。その東方遠征の途上でホメロスの詩を愛誦しその史蹟を訪ねたとも伝えられる大王のギリシャ文化への愛着のごとき、そのギリシャ人家庭教師の感化によるものとも言えよう。だが、あの大王の世界統一の意図や実績に対して、この哲学者が果たして積極的にどれほどの影響を与えたかは、はなはだ疑わしい。ギリシャ的教養を授けたほかに、かれはかれなりに、その最善と信じた王者の道を王子に説き、その理想とする国家統治の術をも教えたであろう。伝えによると、アリストテレスはそのころ、この王子のために『君主政治について』とか『植民に関して』とかいう論文を書いたはずであるが、遺憾ながらこれらは今日残存していない。なおまた、かれがギリシャの諸都市国家の制度に関する資料の収集（その結果の一つ『アテネ人の国制』だけは十九世紀末に発見されたが）に着手したのも、この家庭教師時代のことかと思われる。しかし、このころからの研究の成果ともみられるかれの後年の大著『政治学』でも察せられるように、プラトンのよりもさらに狭いこの質実な学究アリストテレスの政治眼には、アクロポリスから「一眸のもとに見わたされる」狭いポリス（本書第五章の一九参照）は心地よく映じたであろうが、現に崩壊に直面している狭いギリシャ的都市国家《ポリス》制の枠の外は映らず、いわんやその若い弟子がやがて数年後にはこの小さな都市国家制を踏みにじり踏み越えて建設するはずの世界帝国のごときは、その教師の眼中には全くなかったに相違ない。かれはフィリッポス王に説いてそのアジア征服を思い止まらせようとしたとも伝えられるが、かれの弟子なるその王子こそは、まさにその父王の遺志を継いでアジア征服に乗り出した大王その人なのであり、また、バルバロイ（言語のちがう異民族）に対するギリシャ民族の優越性を自然《フィシス》的・本来的と確信する教師の意に反して、その弟子こそは、やがてギリシャ民族と異民族との相互の融和、東西文化の混合を企図し実行した大王その人なのである。こうみてくると、この師弟の関係は、その後も絶えない親密な師弟関係ではあったが、決して肝胆相照らすという類のものではありえなかったであろう。

　こうして、やがてこの王子が、外征中の父王に代わって本国の政を執るにおよび、アリストテレスは閑地につき、おそらく故郷スタゲイロスに退いて研究生活を続けたであろう。そのうち、前三三八年に、カイロネイアの一戦でギリシャ諸市の連合軍はマケドニア王と王子の軍に敗れ、全ギリシャは、実質的には、ついに全くその都市国家的・政治的の独立と自由を失ってしまった。ついで前三三六年に王は暗殺され王子アレクサンドロスがその王位を継いだ。そして直ちにアレクサンドロスは、その本国とギリシャ本土を平定してのち、その大軍を東方に進めた。その留守中、アテネその他ギリシャ本土の統治は、マケドニアのアテネ駐在総督アンティパトロスに委任された。こうして、王子教育の任から全く解かれたアリストテレスは、前三三五年にふたたびアテネに出た。

(四)　学頭時代

そのアテネは、しかし、十二年前のアテネではなかった。幻想的にはアテネ市民の自治する自由な都市であったが、実質的にはマケドニア総督アンティパトロス将軍の支配する「占領下」のアテネであった。だがそれだけに、マケドニア王室と縁の深いアリストテレスには、いっそう「自由」なギリシャ文化の中心都市であった。またそのアリストテレス自らも、もはやかつてのアカデメイアの学員でもなくプラトン学徒でもありえなかった。いまのアカデメイアでは、すでに四年前に学頭スペゥシッポスは死んで、さきの学友クセノクラテスがその第三代の学頭になっていた。しかし、このアカデメイアの依然として数学的・思弁的な学風は、もはや全くアリストテレスの生物学的・実証主義的な学風とは相容れないものであった。そのためか否か、すでに五十歳のアリストテレスは、アテネ西郊のアカデメイアとは離れて北東郊外に、アポロン・リケイオスに献げられた聖域をえらび、おそらくマケドニア総督の庇護をえて、その森のなかの体育場の建物を借り受け、ここにかれ自らの主宰する学校を創設した。この学校は、プラトンの学校がアカデメイアと呼ばれたのと同様に、この聖域の守護神の名によって「リケイオン」(Lykeion, ラテン名 Lyceum) と呼ばれた。なお、ついでながら、この学校(学派)の人々は、「ペリパトス学派の人々」(hoi Peripatetikoi) とも呼ばれるが、そのわけは、伝えによると、学頭アリストテレスが、毎朝(午前中)この学校の散歩道《ペリパトス》(peripatos, 散歩にいい並木道)を散歩《ペリパテイン》しながら、上級の学員を相手に、それだけ深遠な哲学上の諸問題を議論し講説するを慣わしとしたので、「散歩する連中」というほどの意味でそう呼ばれだしたとのことである。なお、この同じ伝えによると、午後には比較的初歩ないし一般の聴衆を相手に、それだけ初歩的のないし一般向き公開的な問題を講義したとのことである。おそらく、論理学、第一哲学、自然学などは午前の部に属し、午後の一般向きのものとしては、弁論術、倫理学、政治学などが講じられたのであろう。

この学校の経営については、すでに設立の当初から、アテネ駐在のマケドニア総督の多大な精神的・物質的援助を受け、また東征中の大王からも種々の珍らしい研究資料が寄せられなどして、リケイオンは、まもなくアカデメイアを遙かにしのぐ大きな学校になったものと思われる。ことにその書庫は、書庫というよりもむしろ同時に研究室、実習室、資料室でもあるところの図書館または博物館のようなもので、実のところ、まもなく前第三世紀にアレクサンドリアに建設された大博物館《ムーセイオン》は、アテネのリケイオンに学んだ学徒たちにより、リケイオンのそれにならって設計されたものである。そこには、多くの書物・写本をはじめ、種々の標本や地図やその他あらゆる分野にわたる研究資料が集められていたものと思われる。この学校、おそらく当時のギリシャで(したがって当時の世界中で)の最高の学府に、次第に多くの学徒がギリシャの諸地から集まり、アリストテレスは、この恵まれた研究機関の長として、かれらに対し、かれらと共に、講義し討論し、研究し執筆した。かれは、伝えによると、舌もつれがして、講義のうまい人ではなかったらしい。とにかくそれだけの理由でではなかろうが、かれは、その講義の手控えとし覚え書きとして、かなり念の入った講義草稿を用意したものと思われる。"Corpus Aristotelicum"(アリストテレスの身体《コルプス》)として中世から今日に伝わり存するかれの大量の著作の小部分はすでにそれ以前に書かれていたにしても、その大部分は、このリケイオンでその学頭の手で、あるいは改めて書き直され、あるいは新たに起稿されて、今日伝存の形に書き上げられ、それぞれの講義に用いられた講義草稿であったものと推定される。かれの著作については改めて次項で述べるが、その目録を見るだけでも、この著者がいかに精力絶倫の人であり、またいかに多方面にわたって、しかもそのいずれの方面でも、そのすべてを体系的に組織することのできる博識有能な学者であったかを知るであろう。さらにもしこの人の著書の一つでも読むなら、読者はその著者がいかに細心精密でしかも鋭敏な観察力や推理力の持ち主であったかを知られるであろう。

さて、このアリストテレスは、こうして、当時のギリシャ的教養の中心都市アテネで、アカデメイアに対抗しつつますます繁栄する最高学府の長とし指導者として、研究や教授や執筆や学校経営に多忙な、しかし波瀾のすくない静かな生活を続けること十二年、前三二三年の秋、東方バビロニアからアレクサンドロス大王の突然の死が伝えられた。そこで、この訃報を吉報として受取ったアテネ市民は、直ちにその最後の反マケドニア運動に立ちあがった。この蜂起のさい、かつては大王の教師であり、その後もマケドニアの総督アンティパトロス将軍の庇護のもとにこのアテネで栄えているリケイオンの学頭であるスタゲイロス人に対して、アテネ市民がなんらかの反感・嫌疑の目を向け、かれを葬り去ろうと策謀したでもあろうことは、むしろ当然である。しかし、かれのこれまでの言動からは親マケドニア的・反アテネ的とみえるどれほどの訴因も探し出しえなかったものか、またもやアテネ市民は、かつてかれらの祖先が同じアテネの哲学者ソクラテスに与えたのと同じ不敬《アセベイア》(瀆神)の罪名を持ち出して、かれを告発しようとした(伝えによると、かれがその遍歴時代にアッソス－アタルネゥスの僭主に捧げた『徳の頌歌』のなかでこの僭主を不敬にも神として讃えているとして、告発しようとした)。しかし、同じ哲学者《フイロソフオス》でも、前四世紀のスタゲイロス生れの学究アリストテレスは、前五世紀のアテネ生れの憂国者ソクラテスではなかった。かれは、逮捕されるに先立って——或る伝えでは「ふたたびアテネ市民をして哲学《フイロソフイア》を冒瀆することなからしめんがために」と言って——アテネを脱出し、母親の生まれ故郷エウボイアのカルキスに逃れた。しかし、早くもその翌年(前三二二年)の早春、胃の病で死んだ。まだ六十二歳であった。かれのアテネの学校リケイオンは、かれの学友でもあり高弟でもあったテオフラストスによって継承された。

二　かれの著作

つぎに、アリストテレスの講義草稿その他を含めての著作全般について、古来かれの作として伝わるものの書名・論文名を挙げながら、多少の説明を加えておこう。

ところで、アリストテレスその人に、中世以来今日のわれわれに伝存する前述の著作集《コルプス》“Corpus Aristotelicum”(仮りに訳して「アリストテレス著作集」と呼ぶことにする)には含まれていない著作もかなり多くあったことは、紀元前後数世紀間の古い記録からみて明らかである。今日に伝存する限りでのアリストテレス著書目録のうち、その最も古いものには、紀元後二〇〇年ごろのディオゲネス・ラエルティオスの『哲学者列伝』(その第五巻第一章アリストテレス伝)のうちに挙げられている前第二世紀初頭のヘルミッポスの書き伝えたものがあり、ついで紀元後第五世紀ごろのヘシキオスの『辞典』のうちにみえる前第二世紀末のメナギオスのそれなどがあるが、これらにも、前記の『アリストテレス著作集』に現に含まれているいずれにも該当しないと認められる書き物の名が数多く挙げられている。ところで、他方、これらの古い著書目録やその他の関係記録からの推定によると、アリストテレスの作として知られたものどもは、すでに古くから、だいたいつぎの三種に大別されていたようである。すなわち、その第一種は多かれ少なかれ一般向き・初学者向きに書かれ、著者アリストテレス自らによって公刊されたもの、第二種は、研究資料として収集され書きためられた資料集の類、そして第三種は、その研究成果の発表として、より多く整理され組織された学術的諸論文ないし講義草稿の類である。これら三種のうち、今日伝存しているのは、だいたい第三種に属するもの、すなわち中世以来“Corpus Aristotelicum”の名で伝わり存する著作集に集められているものだけと言ってよい。第二種に属するものは、偶然にも十九世紀末に発見された『アテネ人の国制』より以外には、一つも残存せず、また第一種に属する公刊の諸著も、つぎに述べられるとおり、わずかにその幾つかの内容が間接的・断片的な記録や引用句を介してうかがい知られるだけで、他の大部分はその書名しか伝わっていない。

（一） 第一種に属するものについて

この第一種に属するものは、だいたいプラトンの対話篇の例にならって対話形式で書かれたものが多く、またその大部分は著者がアカデメイアの学員として活動していた時期、あるいは遅くも遍歴時代に執筆公刊されたものと思われる。十九世紀後半以後の諸家の考証結果によると、前記のディオゲネス・ラエルティオスが紀元前第二世紀初頭のヘルミッポスの記録（これは現存しないがアレクサンドリアの大博物館《ムーセイオン》の図書目録によった信頼に価するもの）を典拠として列挙している百四十六の書名のうち、その最初の十九篇は、ほぼ確実にこの第一種に属するものと認められる。それはつぎのとおりである。すなわち、『正義について』四巻、『詩人について』三巻、『哲学について』三巻、『政治家について』二巻、『弁論術について』（以下すべて一巻）『ネリントス』『ソフィステース』『メネクセノス』『恋愛者《エローティコス》』『饗宴《シンポシオン》』『富について』『プロトレプティコス』『エウデモス、別名霊魂について』『祈りについて』『良い生まれについて』『快楽について』『アレクサンドロス、別名植民《アポイコイ》に関して』『君主政治《バシレイア》について』『教育《パイデイア》について』の計十九篇二十七巻である。

これらのうち、古い文書のうちにこれらから引用されたと思われる断片によって間接的ながら多少でもその内容の察知されるものは、『エウデモス、別名霊魂について』(Eudēmos, ē peri psychēs)と、『哲学について』(peri Philosophias)と『プロトレプティコス(哲学への勧め)』(Protreptikos)との三篇にすぎない。このうち前二篇は対話形式の作らしいが『プロトレプティコス』は対話形式で書かれたか否か不明である。なお、ついでながら、この哲学への勧めの書《プロトレプティコス》は、のちにローマの哲学者キケロがこの書にまねて“Hortensius”を著作し、さらにこのキケロの作を読んで若い日のアウグスティヌスが真理への愛(その意味での哲学)にいざなわれたと言われるそのもとの書である。だがとにかく、これら三篇からのわずかな残存断片ながら、これらは今日のアリストテレス研究家にとっては、学頭時代より以前のかれの思想の形成・発展の過程、ことにアカデメイア在学中に耽読した学頭の壮年期の傑作にみえる超越的プラトン主義からの影響のほどを知らせるものとして重要なものである。

ところで、これら第一種に属する諸著は、公刊された関係もあってか、広く学外でも読まれ、学内(リケイオンの後継者たちのあいだ)ではとにかく、すくなくも学外では、キケロのころ(前第一世紀ごろ)まで、アリストテレスの思想・学風を伝えるほとんど唯一の資料としてギリシャ・ローマの読書界に知られていたらしい。キケロがアリストテレスを優れた雄弁家・美文家であったかのように伝えているのも、実はただこれらの公刊された書だけしか読まなかったがためであろう。しかるに、これら第一種に属する諸著は、それまで学外には知られなかったところの第三種に属する諸著が、後述のような事情で、前第一世紀の末に編集公刊されるに及んで、次第に顧みられなくなったものか、ついに散佚して、今日なお、これらのうちの一巻も書物としてまとまったものは発見されず、かろうじてただわずかの断片が古記録から採集されているにすぎない。これらの断片は、十九世紀の後半にドイツの古典学者ヴァレンチン・ローゼその他の努力によって採集され、その断片集は、まずプロシャ王立アカデミー刊行の『アリストテレス全集』の第五巻（ローゼ編、一八七〇年出版）のうちに収録公表され、また近くは一九五二年にオクスフォードのロス教授によって英訳断片選集（英訳『アリストテレス全集』の第十二巻）として出版されている。

（二）第二種に属するものについて

第二種に属する資料的諸文献について言うに、これらも紀元前後の古い記録でみると、もしこれらが今日に伝存していたなら古代ギリシャや東方の歴史や自然学関係の具体的諸事実を知るに役立つこと多大と思われるところの広範囲に渉る大量の文献であったらしい。それらは、アリストテレス自身により、あるいはその学員たちとの共働によって収集され整理されたもので、そのうちには、たとえば異民族の風俗習慣に関する記録、ピティア競技やオリンピア競技での毎回の優勝者名簿、アテネでの劇に出演した役者名簿、等々もあり、あるいはまた、のちにさらに後継者たちによって収集追加され・そのうちの或る部分はアリストテレス偽書『問題集』の著者によって利用されたかとも推定されるところの・自然的諸現象に関する数多の資料的記録もあり、さらにまた、ギリシャの諸都市国家の歴史や制度について調査研究された大量の史料的文献などもあったものと思われる。しかし、これらもすべて全くその姿を消して、今日われわれの有するものはただ一つだけ、それも十九世紀末になってエジプトの砂漠のなかから掘り出された草紙本一つだけである。それは今日、『アテネ人の国制』(Athēnaiōn politeia, ラテン名では Athenientis Respublica) と呼ばれ、おそらく上記、諸都市国家についての史料的文献のうちの重要な一つと推定される。

(三) 第三種に属する諸著について

このようにアリストテレスの第一種および第二種に属する諸労作のほとんど全部が失われたことは、しかし、その第三種に属するそれらがほぼ完全に今日のわれわれに残されたことによって、半ば以上つぐなわれたとも言えよう。しかしこれらも、或る信ずべき伝えによると、しばらくは全く日の目を見ない運命にあったようである。すなわち、紀元後第一世紀の地歴学者ストラボンや『英雄伝』の著者として知名のプルタルコスなどの所伝によると、アリストテレスの講義草稿の類は、その死後、後継者テオフラストスの手元にあったが、テオフラストスは、それらを自分の草稿とともに弟子のネレゥスに遺し与えた。そしてこのネレゥスは、これらの草稿をトロイア地方の一市スケプシスに持ち帰った。ネレゥスの死後、その相続者はこの貴重な草稿をスケプシスの或る穴倉に隠した。そしてそのまま約百五十年が経過し、紀元前一〇〇年ごろ、すでに穴倉のなかで虫や湿気でかなり害されていた学頭たちの草稿は、テオスのアペリコンという人によって買い取られ、アテネに持ち帰られ、ざっと編集されて保存されたらしい。しかしその後まもなく、アテネ市はスラの率いるローマ軍によって略奪され、アペリコンの書庫にあった蔵書は、あの学頭たちの草稿をも含めて、前八四年に戦利品としてローマに運ばれた。そしてこのローマで、ペリパトス学派の文法家ティラニオンがこれらの草稿を整理しその編集公刊を企てたらしいが、結局、それらは紀元前第一世紀の末にアンドロニコス（リケイオンの最後の学頭）によって編集公刊された、とのことである。

そこで、もしこの伝えが真実であり、その伝えるところの草稿なるものが今日に伝存するアリストテレスの諸著の、アリストテレス自らの筆に成る、最初の草稿であって、それ以外には一部もその写し《コピー》（手写本）のなかった唯一の直筆原稿であったとでもいうのだとすれば、それが学外に持ち出されたまま二百年近くも放置されたということはおかしな話である。すなわち、もしそうだとすれば、リケイオンのその後の学者たちは、その学祖の最も貴重な遺産を、しかもかれらの研究の基本的文献たるべき学祖の主要著書のほとんど全部を学外に放置したまま、すこしもそれらに接しえないで平気でいたことにもなろう。したがって、たとえば第三代の学頭ストラトンさえもが、今日の考証ではそれらの基本的文献のうちにのみ含まれていた第一哲学や自然学に関する学祖の諸著に精通していたと確認されるアリストテレス学者であるにもかかわらず、アレクサンドリアの図書館長時代にもリケイオンの学頭になってからも学祖のそうした文献に全く触れなかったというようなことになる。にもかかわらず、あの伝えそのものは、全くの作り話として棄て去ることの許されない或る真実を反映している。では、どう解したらよいか。

たしかにこの第三種に属する諸著は、すくなくも約二世紀のあいだ（キケロやアンドロニコスのころまで)は、学外では読まれなかった。しかし、他の諸記録から推察すると、ストラトンその他リケイオンの関係者のあいだでは、この二世紀のあいだにも、あの貴重な文献は、なんらかの形で読まれ伝承され、そして或る仕方で或る程度まで部類別され、巻章にも区別され、編集につとめられもしたのではなかろうか。そうだとすれば、あの伝えはこうも解されよう。すなわち、リケイオンには、すでにテオフラストスの学頭時代にあの学祖の遺された大量の草稿(直筆原稿)のほかに、おそらくそのほとんど全部または重要な部分の多くが、その写し(手写本版)乃至は講義筆記の形で幾通か保存され、これらが学内では読まれていたのではなかろうか。他方、あの学祖の貴重な草稿原本は、あの伝えのような運命の道をたどってついにローマに運ばれ、幸運にもかれの学校の後継者たちの手元に戻った。そして結局、前述のアンドロニコスが中心になって、この二世紀以上も未整理のまま放置されていた学祖自らの大量の草稿が、学内伝承のばらばらな手写本版ないしはその不完全な編集物とも照合されながら、新たに読みなおされ整理され編集されて、或る一つの権威あるアリストテレス著作集として公刊されたものと解してよかろう。

だが、あの伝えはどう解されようと、とにかくその後の多くの古記録は、前第一世紀末にアンドロニコスの名で或る一つのアリストテレス著作集が編集公刊されたことを確証している。そしてまた、この著作集に拠って作られたと認められるその後の著書目録で見ると、そこには、前述の紀元前二〇〇年ごろのヘルミッポスを典拠とする最古の著書目録に見えるあの第一種や第二種に属するものの書名は見当たらないで、新たな他の書名が多く加わっている。そしてまた他方、その後のアリストテレス注解者たち(その多くは新プラトン派の学者たち)によって読まれ、中世の写本家たちの手を経て、近代に伝承された言わゆる“Corpus Aristotelicum”は、内容も配列順もだいたいあのアンドロニコスのと一致し、これに由来するものと確認されている。ところで、このように中世の初め以来、言わばアリストテレスの全精神を宿す「身体」(Corpus)として伝承されたかれの第三種に属する著作の全内容とそれらのすでにアンドロニコスでも用いられたと認められる伝統的配列順とは、その伝承途上にまぎれこんだ幾つかの偽書をも含めて、今日では、一八三一年にプロシャ王立アカデミーで編纂刊行された『アリストテレス全集』(Aristotelis Opera)の第一・第二の両巻、ベッカー校訂のギリシャ原典の部(Aristoteles graece, ex recensione Immanuelis Bekkeri, edidit Academia Regia Borussica, 1831)によって広く一般に知られる。こうして、今日われわれの接しえて最も親しいアリストテレスは、前第一世紀のキケロには親しかったであろう著者自ら「公刊」した姿ではなくて、著者の死後二百年以上を経て現わにされた「草稿」での姿、書斎でのかれ、その学術的諸論稿に見えるかれであるが、おそらくこの「身体《コルプス》」こそ真に「アリストテレスの正体《コルプス》」でもあったとみてよかろう。

(四)　現存著書の名前(ベッカー版による)

そこで、つぎに、このベッカー校訂の原典二巻(以下これをベッカー版アリストテレス原典と呼ぶことにする)に収められたアリストテレスの現存の全著作の書名を、そこに編集配置されているままの順に列挙しながら、多少の注を加えることにしよう。なお、この列挙にあたり、各〻の書名は、まず日本語訳名(慣用の訳名は慣用によった)、その下の丸括弧内には伝統慣用のギリシャ原名とラテン訳名をあげた。さらに、各書名の下の算用数字は、ベッカー版の原典二巻に通じて付けられた頁づけに従って、それぞれの書がベッカー版のなん頁からなん頁までを占めているかを示し、読者が各書の大小を想像する便に供した。——なお、本書第二章以下のアリストテレス原典からの抄訳文の終りの丸括弧内に、たとえば『形而上学』九八一a一二—b一三とある場合、ベッカー版では各頁左右二段組になっていて、aは左欄、bは右欄を示す約束になっているので、このたとえでは、ベッカー版の九八一頁の左欄の上から一二行目から右欄の上から一三行目までとの意。ベッカー版によるこの頁づけの仕方は今日の学界では一般にアリストテレスから引用する場合にその引用箇所を示すのに用いられている。——なお、書名のつぎに「偽書」とあるものは、今日の考証結果では明らかにアリストテレス自らの作とは認められないがすでに古くからかれの作と思われてか『アリストテレス著作集《コルプス》』に入れられ、したがってそのままベッカー版にも入れられているものである。さて、これだけにして、つぎにベッカー版の第一巻の第一頁から書名(これも、原著者自らのつけたものはまれで、後の学徒に始まり伝統的にそう呼ばれてきたものが多い)を列挙しよう。

まず最初に論理学関係のもの——

『カテゴリー論』(Katēgoriai, Categoriae), 1–15.

『命題論』(peri Hērmēneias, De Interpretatione), 16–24.

『分析論前書』(Analytika protera, Analytica priora), 24–70.

『分析論後書』(Analytika hystera, Analytica posteriora), 71–100.
『トピカ』(Topika, Topica), 100–160.
『詭弁論駁論』(Sophistikoi elegchoi, De Sophisticis elenchis), 160–181.

以上の六篇は、のちに中世、第六世紀ごろから、思考・研究の「道具」という意味で『オルガノン』(Organon, Organum)と総称されてきたもので、近代の「形式論理学」は、すでにここに出来上がっていたとも言える。アリストテレスでは、これらは、かれの「理論学」「実践学」「制作術」の三大部門から成る全学術体系のうちの一科目としてでなく、これらの学問研究に先立って正しく思考し研究するために学習さるべき予備学科とされていた。

つぎに、かれの理論学または理論哲学の三部門――第一哲学、数学、自然学――のうちで最もかれの得意とした「自然学」(心理学を含む)に関する多くの著作が続く、――

(a)物理学的方面の著作――
『自然学』(Physikē akroasis, Physica), 184–267.
『天体論』(peri Ouranou, De Caelo), 268–313.
『生成消滅論』(peri Geneseōs kai phthoras, De Generatione et Corruptione), 314–338.
『気象論』(Meteōrologika, Meteorologica), 338–390.(全四巻のうち第四巻だけは、気象でなく地上の物質の化学的性質や変化の説明で、その作者は第三代の学頭ストラトン?)
『宇宙論』(peri Kosmou, De Mundo), 391–401.(偽書、内容はアリストテレス的であるが紀元前後の折衷派の作?)

以上五篇のうち、『自然学』はアリストテレスの自然学原論とも言うべき主著で、八巻から成り、その前半は純粋物理学的な原理論で、ここでは原因、運動、無限、場所、空虚、時間が問題にされ、後半第五巻以下ではとくに運動の論。だいたい学頭時代より以前の作。

(b)心理学的著作——

『霊魂論』(peri Psychēs, De Anima), 402–435.

これは「アリストテレス心理学概論」とも言わるべき三巻の名著。ただし、今日の心理学よりも広くおよそ生命や意識ある自然的物体(植物・動物・人間)の生命や意識の原理(形相・始動因)としての霊魂《プシケー》を論じたもので、生物の形相を主題とする自然学の一科目。

これのつぎに、後世「自然学小論集」(Parva naturalia)と総称される心理学的・生理学的小論文が収録されている、——

『感覚と感覚されるものについて』(peri Aistheseōs kai aisthētōn, De Sensu et Sensibilibus), 436–449 a.『記憶と想起について』(peri Mnēmēs kai anamnēseōs, De Memoria et Reminiscentia), 449 b–453 b.『睡眠と覚醒について』(peri Hypnou kai egrēgorseōs, De Somno et Vigilia), 453 b–458 a.『夢について』(peri Enypniōn, De Insomniis), 458 a–462 b.『夢占いについて』(peri Mantikēs tēs en tois hypnois, De Divinatione per Somnum), 462 b–464 b.『長命と短命について』(peri Makrobiotētos kai brachybiotētos, De Longitudine et Brevitate Vitae), 464 b–467 b.『青

年と老年について、生と死について』(peri Neotētos kai gērōs, peri Zōēs kai thanatou, De Juventute et Senectute, De Vita et Morte), 467 b–470 b.『呼吸について』(peri Anamnoēs, De Respiratione), 470 b–480 b 30.

以上の一連の小論集のつぎに、――

『気息について』(peri Pneumatos, De Spiritu), 481–486.(偽書、前二五〇年ごろの医学者の作?)がまぎれこんでいる。

(c)生物学関係の著書――

『動物誌』(peri ta Zōia historiai, De Historia Animalium), 486–638.

この書は、つぎの『動物部分論』および『動物発生論』とともに、著者の生物学者としての卓越性を示す大著であり、その分量から言うも最大の書である。つぎの二著(部分論と発生論)に対してはその資料ともなる動物の形態・生殖・発生などの諸現象を詳述したもの。ただし、全十巻中の第七、八、九の三巻は後の学徒のものか。

『動物部分論』(peri Zōiōn moriōn, De Partibus Animalium), 639–697.

『動物運動論』(peri Zōiōn kinēseōs, De Motu Animalium), 698–704.(おそらく真作)

『動物進行論』(peri Zōiōn poreias, De Incessu Animalium), 704–714.

『動物発生論』(peri Zōiōn geneseōs, De Generatione Animalium), 715–789.

以上がベッカー版の第一巻に収められ、以下はその第二巻(七九一頁に始まる)。その初めに、後世

'Opuscula'（小品集）と総称される一群の偽書（ただし大部分は後のアリストテレス学派の誰かの作）が編入されている。——

『色について』(peri Chrōmatōn, De Coloribus), 791–799.（偽書、テオフラストスまたはストラトンの作?）。『聴えるものについて』(peri Akoustōn, De Audibilibus), 800–804.（偽書、作者はストラトン?）。『人相学』(Physiognōmonika, Physiognomonica), 805–814.（偽書、前第三世紀の作?）。『植物について』(peri Phytōn, De Plantis), 814–830.（偽書、前第1世紀末の学者ダマスコスのニコラオスの作?）。『異聞集』(peri Thaumasiōn akousmatōn, De Mirabilibus Auscultationibus), 830–847.（偽書、後第二—第六世紀のあいだに収集されたものか）。『機械学』(Mēchanika, Mechanica), 847–858.（おそらくストラトンの作）。『問題集』(Problēmata, Problemata), 859–967.（偽書）。『不可分の線について』(peri Atomōn grammōn, De Lineis Insecabilibus), 968–972.（テオフラストスまたはストラトンの作?）。『風の方位』(Anemōn theseis, Ventorum Situs), 973.（テオフラストスの著書からの抄録か?）。『クセノファネス、ゼノン、ゴルギアスについて』(peri Xenophanous, peri Zēnōnos, peri Gorgiou, De Xenophane, Zenone, Gorgia), 974–980.（紀元第一世紀ごろの作?　この題名は、内容からみていっそう適切には『メリッソス、クセノファネス、ゴルギアスについて』(De Melisso, Xenophane, Gorgia)であろう）。

これら「小品集」に集められたものは、いずれもアリストテレス以後のギリシャ・ローマ世界での科学・技術・風俗等々に興味ある人々にすすめたい読み物、科学史研究者の資料である。ことに『問題集』は、医学・生理学・生物学・音楽・数学・徳論等々に関する数多の問題・奇問を問題とした三十八巻の問題集で、おそらく紀元前から後の第五―六世紀までに集められ、なかには学祖の今は失われた資料的文献、テオフラストスや医学者ヒポクラテスの著作集から採られたと思われるものもあり、その扱い方はだいたい実証的・自然主義的なアリストテレス主義で一貫している。

さて、以上で理論哲学のうちの「第二の哲学」とも呼ばれた「自然学」に関係する諸著は終わり、つぎに理論哲学の三部門のうちの――「数学」に関する著作はなかったものとみえて――「第一の哲学」に関する大著が収められている。すなわち、――

『形而上学』(ta Meta ta physika, Metaphysica), 980–1093.

今日われわれに伝わる形では十四巻から成っているが、もとは比較的独立した幾つかの論文ないし講義案であったらしい。したがってこれらが同じ書に集められた結果、重複箇所もあり、また各巻の成立年代にもかなりの隔りがあると推定される。これらが紀元前第一世紀末にアンドロニコスにより、学祖の「第一の哲学」に関するものとしてほぼ現存の形に編集され、上記の自然学関係の諸著(ta physika)のつぎに(meta)編入されたので、『自然学書のつぎの書』というほどの意味で、この「第一の哲学」に関する論稿集が"ta meta ta physica"と呼ばれたらしい。そしてこの書が中世の学者ではラテン語名で"metaphysica"(したがって近代では、英"metaphysics"，独"Metaphysik"等々)と呼ばれ、さらに書名としてだけでなく学名として、アリストテレスがたまに「第一の学」とか「第一の哲学」とか「神学」とか呼んだところの理論哲学のうちの第一の学が「アリストテレスの metaphysica」とも呼ばれるに至った（本書第二章の一〇参照）。さらにこの語は、中世から近代初期にかけて、自然界の背後、現象界の奥底にある超自然的・超感覚的・不変的なにものかに関する学というような意味で、そうしたmetaphysicalな学もこの語で呼ばれるに至った。これを移入した日本では明治初期以来「形（形体ある物）より以上の学」という意味で「形而上学」と訳されて今日に至っている。ただし、その昔アンドロニコスがこの一群の書を自然学書群のつぎに配置編入したのは、おそらく学祖のころから学内では、知りやすい自然的存在に関する学のつぎにその存在を存在として問いその根本の原理を究明する学へと進むのが学習の順でもあったからであろう。

さて、そのつぎは、かれの言う「実践学」または「実践哲学」または「人間のする事柄についての哲学」に関する諸論稿。そのうちに、（a）ポリスの人々（市民・国民）としての良い性格（ēthos）をと目ざす倫理学（性格の学 ēthikē）に関する著作と、（b）国家（ポリス）の制度・立法・行政などを問題とした政治学（ポリスの学 politikē）に関する著作とがある。すなわち、――

（a）倫理学関係の著作――

『ニコマコス倫理学』（Ēthika Nikomacheia, Ethica Nicomachea）, 1094–1181.

『大道徳学』（Ēthika megala, Magna Moralia）, 1181–1213.

『エウデモス倫理学』（Ēthika Eudēmeia, Ethica Eudemia）, 1214–1249.

『徳と悪徳について』（peri Aretōn kai kakiōn, De Virtutibus et Vitiis）, 1249–1251.（偽書）

初めの三倫理学書のうち、後世普通にアリストテレスの『倫理学』と言えば『ニコマコス倫理学』

を指す。この書は西洋倫理学史に、よきにせよ悪しきにせよ、決定的な影響を与えた十巻の大著で、円熟した学頭時代のかれの講義をのちに息子ニコマコスが編集したものらしい。この完全な形の大著とくらべ、『大道徳学』は、前第三世紀の或るアリストテレス学徒の作らしく、また『エウデモス倫理学』も一時は弟子エウデモスの作かと疑われたが、これはむしろアッソス滞在期のアリストテレス自らの未完の作をエウデモスが編集したものらしい。

(b)政治学関係の著作——

『政治学』(Politika, Politica), 1252–1342.

『経済学』(Oikonomika, Oeconomica), 1343–1353.

前者は八巻(?)から成り、その編集順序には乱雑な点が多く、成立年代にも早い層と晩い層とが混じているが、アリストテレス自らの作に相違なく、かれの『形而上学』『ニコマコス倫理学』などとならんで広く読まれてきた大著。後者は、『家政学』とも訳され、経済学史上有名なものであるが、テオフラストスの作かとも思われる部分をはじめ前第三世紀から後第四世紀にわたるペリパトス派ないしストア派の作らしいものをも含む偽書。

終りに、制作術関係の著作——

『弁論術』(technē Rhētorikē, Rhetorica), 1354–1420.

『アレクサンドロスに贈る弁論術』(Rhētorikē pros Alexandron, De Rhetorica ad Alexandrum), 1420–1447. (偽書、前第三世紀の作?)

『詩学』(peri Poiētikēs, De Poetica), 1447–1462.

この最後の『詩学』(あるいは『作詩術』)は、未完の論文であるが、ギリシャ悲劇の研究にとっても、また一般に美学・芸術学の歴史のうえでも、重要な文献。

以上が、ベッカー版の第一・第二巻に収録されたアリストテレスのとして伝わる著書の総目録である。そして、これらのほかに、さきに言った第一種に属するものからの残存断片と、前世紀末に出土の『アテネ人の国制』とを加えれば、それで今日われわれの接しうるかれの著作のすべてが挙げられたことになる。これら大量の著作に盛られたかれの思想・学説の内容や傾向は、それだけにそう簡単には説明されず、また本書の第二章以下にこれらから抜いて訳したわずかな日本語訳からでは、その片鱗を味わっていただくにすぎまいが、つぎに参考までにかれの学説の大要を記し、そして、第二章以下の本文拙訳で多少でも直接的にかれの片鱗を味わっていただくことにしよう。

三　かれの学説の大要

(一)　学問の性質・区分・方法(本書第二章参照)

ソクラテス的・ピタゴラス的の哲学を継承発展させた数学的理想主義者のプラトンでは、真に存在するのは超感覚的な一般者(云々それ自体とか云々のイデアとか呼ばれた概念的実在)であり、真の学問・真の学的認識(epistēmē)の名に価するものはそうしたイデアどもの世界を対象とする学、かれの言わゆるディアレクティケーのみであったが、このプラトンに師事してそのイデアどもの思惟界の貴さにひかれながらも、もともとイオニア自然学で啓蒙された生物学的現実主義者アリストテレスでは、真に存在するのは感覚で経験される個々の事物であり、そうした存在を対象とするかれの全学問体系の最高位に存在一般とその第一原因を対象とする「第一の哲学」別名「神学」を立てはしたものの、これのみが真の学(epistēmē)なのではなかった。その知識が真に学的であるか否かは、その対象事物に対するこちらの態度いかんにあった。すなわち、その知識が他のなにごとのためにでもなく、ただ当の物事の真理・真相を、そのいかに有りいかに成るかを、ただもっぱら知らんがために知らんとする純なる真理追求の所産であるか否かできまる。そしてこの態度の最も明らかな学的認識がかれの言わゆるテオーリア的な学《テオーレーティケー・エピステーメー》(理論学)とかテオーリア*的な哲学《フィロソフィア》(理論哲学)とかいう学である。

＊ このテオーリア(theōria)が邦語で「理論」と訳し用いられるのは、中世から近代にかけて欧州語でそのまま theory, Theorie などと訳用され、これが「実践」に対して「理論」と邦訳されているのによる。

かれは、広く人間の知能の所産、あらゆる学問技術を見渡しながら、そうした知能を「見ること」(theōria＝観照・観想・研究・理論)と「行なうこと」(praxis＝行動・行為・実践)と「作ること」(poiēsis＝制作・生産)の三つに大別し、これに応じて、当時ありえた学問技術を、三つに大別した。すなわち、「作る的な術」(poiētikē technē＝制作的・生産的な諸技術)のほかに「行なう的な学・哲学」(praktikē epistēmē, philosophia＝実践学または実践哲学)と「見る的な学・哲学」(theōrētikē epistēmē, philosophia＝理論学または理論哲学)とに区別した。そして、すでにピタゴラスかその学徒たちのあいだにあったたとえ、すなわち人間社会を劇場《テアトロン》とみて、その三つの階級をば、役者のためにその使う道具を作る職人と、その作った道具を使って観客のために演技する役者《アクター》と、この芝居を見て楽しむ観客とにたとえ、観客を最も優れたものとみたたとえ、この奴隷所有者的・有閑貴族的な考え方にならって、アリストテレスは、制作技術《ポイエーティケー》よりも実践《プラクシス》の学を、実践学よりもさらに理論《テオーリア》の学を優位に置いた。

まず理論学《テオーレーティケー》または理論哲学（本書第二章の七―一〇、および第三、第四章参照）というのは、そのいずれの学科も、存在（あると言われる事物）を対象として研究するものであり、その研究するというのは、その対象たる存在の原因を知りこの原因から説明するにあるが、存在というのにも諸義があり、これに応じて理論的諸学科は三部に大別された。すなわち、（1）それ自らの内にそれの運動・静止の原理（自然《フイシス》）をもつ存在（すなわち自然的事物）を対象とする「自然学」（physikē）と、（2）線とし面としての存在（線とか面とかいう抽象物）を対象とする「数学」（mathēmatikē）と、（3）これらの具体的自然物としての・または抽象された線とし面としての・諸存在をでなく、こうした存在を端的に存在として（すなわち存在としての存在を）対象としその原理・原因を探究する「第一の哲学」（prōtē philosophia）との三部門に分け、ここでも、この三つのうち、「第一の哲学」（後世の言わゆる形而上学 metaphysica, または第一哲学 prima philosophia）が最も基本的であるだけでなく最も優れて貴いものとされた。これらについては本書第二章の七、八、九および第三章の一―四参照。

ところで、理論《テオーリア》的なと言われるこれら諸学《エピステーマイ》（または理論的な諸哲学《テオーレテイカイ・フイロソフイアイ》）は、それぞれその対象の在り方や説明の仕方にはちがいがあるが、そのいずれの対象も、これらテオーリア的な学の対象としての限り、われわれ研究者(理論学者)の側からそれに変更を加え、他であらせることはできず(降っている雨を降っていないとすることは許されず)、われわれはただそれを客観的に観察し研究してその真実を知るにつとめるほかない。だからまた、そうした「他ではありえない」(必然的な)対象に対しては、ただそれをその有るがまま成るがままに観察し研究する「見る的」(観想的=理論的)な態度をとるほかないのである。

これに対して、「実践学《プラクティケー》」または「実践哲学」(本書第二章の一一―一三、および第五章参照)というのは「行為・実践」(praxis)に関する学であり、行為・実践は一般に人間のすることなので、この学は「人間のする事柄についての哲学」(hē peri ta anthrōpeia philosophia)とも呼ばれた。ところで、人間は、アリストテレスによると、ただたんに「物を言う(理性的な)動物」(zōion logon echon)であるだけでなく、まさにそれゆえに、人間らしい人間は、集まって自分たちのポリス(都市国家)を作りその成員として生活する「ポリス的動物」(zōion politikon)なのであった。したがって、この人間のする事柄についての哲学は、具体的には「国家の学」(politikē=そのうちに倫理学《エーティケー》と政治学《ポリティケー》とを含む広義の国家学《ポリティケー》)であった。

さて、この学は、一個の学的認識としての限り一応その対象たる市民やその国家の在り方や行ない方を見きわめ知りつくす学、その意味で理論《テオーリア》的な認識でもあらねばならなかったが、しかし、前述の理論的諸学が理論《テオーリア》を主とする学、ただ知らんがために知る学であったのとはちがって、その目的は、ただ知るにあるのではなくて行なうにあり、その知るところに照らしてその対象をより善きものへと指導し変更し改善するにあった。徳のなんであるかを知るだけでなく徳のある人間、正義の国家であらしめるにあった。だが、まさにこの学の目的がそうであったように、この学の対象も、理論学のそれのような「他ではありえない」必然的な存在ではなくて、「他でもありうる」ところのもの、変えられ改められうる事柄であらねばならなかった。

だが、それゆえにまた、かれ、理論学を最も真に学的なる学とみたアリストテレスによると、理論学ではその対象が必然的なものであるだけにその論証には厳密性が要求されるが、制作技術ではもちろんのこと実践学でも、その対象が他でもありうる可変的・偶然的な事柄であるだけに、その学の論証に対しては数学や自然学などにおけると同等の厳密性を要求すべきではなく、その結論は蓋然的な程度で満足すべきであった（第五章の二参照）。

このように、理論学ではその研究や推理の結果や結論も同じく見る的な知識であったが、実践学の推理（行為の三段論法）では、その結論はただの知識ではなくて行為・実行であった。ところで、これら理論学および実践学のほかに、これらの学の研究に先立って学習さるべきものとして、アリストテレスに、有名な論理学（後世『オルガノン』と総称されるかれの著作のうちに盛られた「分析論《アナリティケー》」）があることは、さきに著書目録をあげたときに述べたとおりであるが、かれの論理学は、その演繹論理も帰納論理も、最も主として理論的諸学の道具とし予備学科として説かれ、人間の行為や技術に関しては、とくに行為の論理とか技術の論理とかいうようなものはかれには考えられなかった。かれは余りにも人間を知りすぎていた。しかもその人間は、手の働きのゆえに最も優れた動物であるが、その手のゆえに最も賢明な動物なのではなくて賢明な理性的動物なるがゆえに手を持ち手を働らかせうるのであり（本書第四章の一四参照）、またその最も人間らしい人間が「ポリス的動物」であるのも「物を言う（理性《ロゴス》ある）動物」だからであった。こうして、人間のする事柄については、理論学においてのような厳密性や必然性は期待さるべきでないと教えるかれからは、人間の手の作る歴史の必然的法則というようなものは期待さるべくもなかった。それと言うのも、結局、作《ポイエーシス》ることよりも行《プラクシス》なうことよりもそれらの成果を見《テオーリア》ることを最も優れた人間のすることとみる理論優位の思想に、そしてこれはまた、質料よりも形相を、可能態よりも現実態を、手段よりも目的を優位に置くかれの自由市民的常識につらなるものである。そこでつぎには、この点からかれの学説の長短を略説することにしよう。

（二）形相と質料、形相優位の思想（本書第二、第三章参照）

アリストテレスの見解では、師プラトンが真に実在するもの（実体《ウーシア》）であるとしたところの云々それ自体とか云々のイデア（またはエイドス）とかいうもの（たとえば善それ自体とか善のイデアとか）は、同じ云々の名をもつ個々の事物（たとえば善いと言われる個々の事物）に共通に述語される普遍概念（たとえば善概念）の実体化された抽象物にすぎず、真に実在するもの（第一義的に実体《ウーシア》と呼ばるべきもの）は、普遍的抽象的なイデアのごときものではなくて具体的な個々の事物（たとえば善いと述語される当の・その主語なる・事物）であった。学の問題は、こうした事物（存在《オン》）を対象として、そのまさにそうあるゆえんの原理・原因を知るにあり、さらにアリストテレスによって初めて自覚的に始められたその言わゆる「第一の哲学」では、この原理・原因とはなにかが問題であった。さて、その原因追求に当たり、アリストテレスは、こうした具体的存在をまさにかくあらしめるゆえんの原因の一つを、プラトンの用いたと同じ語でエイドス(形相と訳す)と呼んだが、しかしかれは、この形相《エイドス》を、個々の存在(具体的事物・実体)から離れて別に「多の上に立つ一つ」として超越的に実在すると見られたプラトンのエイドスまたはイデアとはちがって、その当の個物そのものに内在する原理だとした。この限りでは、アリストテレスは、プラトンの普遍主義・述語主義に対しては個体主義・主語主義、超越主義に対しては内在主義の立場に立つ者と言えよう。

ところで、いまも言ったように、一般に学(学的認識)は、かれによると、まずその対象事物のかく存在しかく生成し運動するゆえんの原理・原因を知るにあったが、このことは、プラトンのしたように当の事物をそれの普遍概念(その事物の名をもつイデア)に関係させることではなくて、当の事物をそれに内在する構成要素の結合または転化として理解し説明するにあった。だが、諸学の学とも言うべき「第一の哲学」の問題は、まず一般にこうした構成要素、こうした内在的な原理・原因とはなにかであり、なにとなにとであるかであった。そこでかれは、こうした根本的な原理・原因そのものは前提を予想する推論では出てこないので類推《アナロギア》により、いろいろな事例から推して、一般に事物が少なくも二つの構成要素または原理・原因から成ると認めた。すなわち、その一つは、当の事物(たとえば銅像)をそれの素材においてまさにそのように形作り規定しているところの型、すなわち形相(eidos, forma. たとえば像型)であり、他の一つは、このように形作られ規定されている素材、すなわち質料

(hylē, materia, たとえば青銅)である(本書第三章の一二、一三参照)。そして、あらゆる具体的存在をこの両要素の結合体として理解し説明すべきであった。だが、これは、事物を静的に、すでに出来上がって存在する事物としてみてのことで、実は、すべての事物はまさにこう成ってこう有るのである。そこでアリストテレスは、その事物を動的に、その事物のこう有るに至る転化の過程——生成や運動(変化・増減・移動)の過程——をば、やがてこの一定の形相を実現しうる可能態としての質料が、その内に可能的に含んでいる形相を現実化してゆく過程として、すなわち、その可能態(dynamis)が現実態(energeia)に転化する過程として理解し説明すべきだとした(本書第三章の一四—一七参照)。そしてかれは、事実、ほとんどすべての事物事象の存在と転化を、この二対の説明概念(質料と形相、可能態と現実態)を使用して、というよりも、これらをそれぞれの事物事象に内在する要素とし力素として、それぞれの存在と転化を巧みに、具体的・発展的に理解し説明した。この点では、かれは古代ギリシャにおける現代的意味での弁証法の大先輩であり、エンゲルスが「すでにアリストテレスは弁証法的思惟の最も根本的な形態を研究していた」と言ったのは主としてこの点についてであろう。ことにこのアリストテレスが個々のあらゆる存在をそれぞれの質料(物質)との不離な連関において具体的に捕えようとした点では、弁証法的唯物論の優れた先駆者であったとも言えよう。

しかし、その青年時代に、肉体よりも霊魂を(質料よりも形相を)尊重することを学んだプラトン主義者には、その弁証法的唯物論は、弁証法的にも唯物論的にも徹底しえなかった。すべての存在をその質料と形相との結合体として具体的に捕え、すべての転化、すべての生成と運動をその可能態から現実態への移行・発展として捕えようとする努力にもかかわらず、かれの学説のところどころに、ことにそれぞれの学科の頂点に、突如として、全く質料から遊離した「純なる」形相、いかなる可能性をも含まない・非活動的で非現実的な永遠的で不変不動な・「完全な」現実態が、「純粋形相」とか「完成現実態」とかいう名のもとに、それぞれの第一原因、あるいはすべての最高原理として案出され実体化されている。その「第一の哲学」(別名「神学」)における一切存在の究極の動者としての「不動の動者」(神)がそれであり、その「霊魂論」(心理学・生命論)における「非受動的理性」やその「倫理学」ないし「政治学」における哲学者の「観想的(理論的)生活」の讃美などもそれである。そしてこれらは、かれが、その願いにもかかわらず、弁証法的唯物論者とは全く逆の形而上学的観念論者、しかもその最大の先駆者であったことを示すものであり、古代ギリシャで奴隷所有者制の確立しきったその時代を、はからずも代弁したものである。そこで、つぎに、これら一つ一つの場合について、そのおしむべき形相優位の思想を指摘していこう。

(三)　霊魂論の場合(本書第四章参照)

かれの『霊魂論』でみると、その「霊魂」(psychē)というのは、一般的には、あらゆる生物の形相であり、それぞれの生物の質料(身体)に内在する可能性の第一の意味での現実態である、と定義されている(第四章の一六参照)。すなわち、それは、生命を有する有機的《オルガニコン》な自然物(植物・動物・人間)をまさにこうした自然物たらしめているところの形相であり現実態であって、植物では自ら栄養し生育しまた他の同類を生殖する生命原理（いのち）として、動物ではこれら（栄養・生育・生殖）のほかに、移動・感覚・欲求をも司どる霊魂として、さらに動物のうちでもとくに人間では、さらにこれらのほか思惟する理性として働いている。こうして、あらゆる生物は、これらのいずれかの形での霊魂（形相）とその可能態としての身体（質料）との結合体であり、そうした形相とし現実態としての霊魂がこれの結ばれている身体から離れたときには、さきの結合体は、もはや生物（魂あるもの《エンプシコン》）ではなくて死物・死体である。

こうしてアリストテレスでは、すべての事物は一般にそれぞれの質料と形相との不離なる結合体として、したがってすべての生物はそれぞれの身体と霊魂との結合体として理解さるべきであった。かれには、種々の生物のうちとくに動物に関して、後に大動物学者ダーウィンをして驚嘆せしめた大量の優れた著作（前掲の『動物誌』『動物部分論』『動物発生論』など）があるが、これらはこの結合体としての理解の最も優れた具体例である。そして、かれの『霊魂論』は、動物のみでなく植物をも人間をも含めての全生物について、それらの各々が自らを栄養し自ら発育しその種族を生殖し、さらに移動し感覚し欲求し思惟しなどするそれぞれの段階での霊魂の働きを通論したもの、言わば生物全般をその形相の側から通論したものである。そしてこの霊魂論でも、すべての生物についてそれぞれの形相とし現実態としての霊魂（栄養能力・感覚・理性など）を、それらが内在するそれぞれの質料とし可能態としての身体物質との連関において、詳細・精密に具体的・発展的にとらえようと努めている。

こうして、すでにピタゴラスやプラトンに始まり中世以降の思想界にも顕著な霊肉二元観（霊魂と肉体との・したがってまた理性と感覚との分離、霊魂の肉体からの離存《コーリスモス》の思想）は、このアリストテレスでは克服されたかに見える（本書第四章の一七—一九参照）。

ところが、この『霊魂論』をさらに読んでいくと、動物の体内で働く感覚能力とし欲求能力としての霊魂のほかに、同じ動物でもただ人間という動物にのみ認められる思惟能力としての霊魂すなわち理性《ヌース》のことが肉体との連関において説かれてのち、これと同じ名をもつが肉体とは全く離れた別個の理性が持ち出されてくる。すなわち、さきの理性がその質料（そこで霊魂が感覚し欲求し思惟しもする肉体器官）と結ばれている限りなお可能態であり受動態であると認めつつ、まさにそれゆえに、この理性（思惟可能態としての霊魂）をして現実に思惟しているもの（思惟現実態）たらしめるゆえんの究極の原因はなにか？　と自問して、アリストテレスは、そこに、肉体と結ばれているこの受動的理性とは別に、肉体から全く離れた純なる非受動的理性があるとし、これが（あたかも光が見られうる物体を現に見えている物体にするように）思惟しうる者としてのわれわれを現実に思惟している者にするのだと断定した。そして、この非受動的理性のみは質料・可能性を全くもたないから常に現実的に思惟していて永遠不死であるとたたえている（本書第四章の二〇、二一参照）。この非受動的理性、これが後に「能動理性」（intellectus agens）と呼ばれ、中世から近代初期にかけ、霊魂（とくにその理性的部分）の不死の問題とからんで、論議の種となった。アリストテレスの目的観からすれば、あらゆる事物の可能態をそれぞれの現実態に転化させるゆえんの終極の第一原因として、永遠に輝く光のように、あらゆる質料、あらゆる可能性の全く存しない純なる現実性自体ともいうべき純粋理性の実在を要請せざるをえなかったのであり、つぎに見る「第一の不動の動者」と同様、アリストテレス自らの脱却しようとしてついに脱却しえなかった超越的プラトン主義の遺物である。

(四) 第一哲学の場合(本書第三章参照)

かれの創始した「第一の哲学」は他の諸哲学が予想し前提している諸存在の存在性を研究する学、存在を存在として研究する存在論であったが、それは同時にまた、学(学的認識)としての限り、一般にその存在の諸原因を原因として研究する原因論でもあった。ところで、その原因追求の結果、ついに到達した最後的に第一の原因が「第一の不動の動者」であり、これが「神」とも呼ばれたところから、「第一の哲学」はまた別名「神の論《テオロギケー》」すなわち「神学」でもあったが、ここでかれの「第一の哲学」もその「霊魂論」と同じ終点に落ちついた。それはこうしてであった。

さきにも述べたように、あらゆる事物(諸存在)がそれぞれそうした存在であるにいたる転化――生成と運動(変化・増減・移動)――の過程は、それぞれの質料がそうした形相をとることであり、その質料の内含する可能性がその現実態(形相)に移行することであった。この移行はまた、当の事物の質料のうちに、それの目ざす形相(目的因としての形相)が、或る動《うごかして》者(始動因としての形相――自然的事物ではそれに内在する始動因・自然、人工品ではそれの外にある制作者の意図・技術)によって、現実化されて、まさにその目ざした事物になる過程にほかならなかった。ところで、こうした事物の生成過程・運動過程は、アリストテレスによると、終りのない無限連続的な過程ではなくて、常に或る一定の終り(目的)をもっている。かれの生物学研究に基づく確信によると(一般の人々の常識でもそうであるように)、猿は常に猿を生み、人間(親)は人間(子)を生む。すなわち、生物の生成過程は、同種の他者(子)を生産することをもってひとまず完成しながら、この他者(子)はまた同種の他者(孫)をと、生み続けて、言わば非連続の連続をなす。(この完結観的・目的観的確信が、十九世紀にダーウィンの『種の起源』が読まれるまで、「進化論」の出現を妨げていた。)ところで、この突然変異を許さない同一性の連続は、動物の世界だけでなく植物界でも天体の運行でも同様に観察・観測される「事実」と認められたところから、アリストテレスでは、世界のすべては、それぞれ一定の終りをもちながら、これを繰り返して、永遠の運動を続けている。では、この世界の永遠運動の究極の原因(第一の動者)はなにか。ここでアリストテレスは、さきの「霊魂論」の場合と同様に、すべての事物の内にその原因を求める内在主義者たるをやめて、その外に別個の者、別個の実体を求める形而上学者、超越的プラトン主義者となる。すなわち、かれは、この世界全体に見える永遠運行の第一の動者として、あるいは一般にあらゆる事物の可能態を現実態に転化させるゆえんの終極の原理として、もはやそれ以上それ以外には原因のない無原因の原因者、自らは動きも動かされもしないで他のすべてを動かす「第一の不動の動者」なるものを持ち出し、これを「神」とも呼んだ。そしてこれは、もはやなんらの質料をも含まない純粋形相であり、したがってなんらの可能性をも残さない完全な現実態であって、その現実態《エネルゲイア》の名に適わしい活動は純なる思惟活動、しかもこれは、他になんらの思惟対象をも思惟目標をもたないから、ただその思惟それ自らを思惟する「思惟の思惟」であり、「観想の生活」であると

『形而上学』のアリストテレスは言う。だが、この意味での思惟は、さきの『霊魂論』でのかれの言う「非受動的理性」の思惟がそうであったと同様、実は普通の意味では活動とも行為とも言えない非活動・非実践である。しかもこの神なる不動の動者がただ全くの現実態として存在するというだけで、世界のすべてが（まずアイテールを質料とする天界のすべてが、さらにこれによって四元素をその質料とする月の下の世界のすべてが）運行し転化すると言うのである。では、どのような仕方でこの第一の不動の動者（神）が世界のすべてを動かすか。それは、あたかもわれわれの欲求や思慕の対象がわれわれをしてこの対象を欲求させ思慕させるように（たとえば桜の花が招かないでも見物客が集まってくるように）自らは動きも動かそうともしないで動かすのだと、かれは答える（本書第三章の二〇、二一参照）。これは、まさに自らはなにもしないで見ているだけで奴婢を働かせる主人の像ではないか。

（五）実践哲学の場合（本書第五章参照）

ここでも、われわれの期待やかれ自らの意図を裏切って、その実践哲学は非実践の礼讃に終っている。かれは、その『倫理学』でみると、その出発点では現実の人間生活を白日の下で直視し分析する経験本位の現実主義者であり、のみならず進んでその現実の生活を指導し改善するを目的とする行動的な倫理学の提唱者でさえあるが、しかもその終りでは、その現実の直視というのは実は現実の傍観であり、そして、さきに「現実活動」とか「現実態」とか訳される「エネルゲイア」が、実はその極致においては全く非現実的・非活動的な純なる「思惟の思惟」であり神なる思惟の「自己直観」であったように、その最も現実的・行動的と期待された生活は、実は現実の行動の世界から離れて静かに自然界を傍観する学究者流の観察研究(テオーリア)を事とする類の「観想の生活」であった。

アリストテレスでは、その理論学と区別された実践学(実践哲学とも言われた)は、さきにも述べたとおり、「人間のする事柄についての哲学」とも呼ばれて、具体的には倫理学《エーティケー》と狭義の政治学《ポリティケー》とを内容とする国家学《ポリティケー》であった。というのは、実践すなわち行為(プラクシス)は人間のすることであり、そのうちでも真に人間らしい人間は、かれの考えでは、ギリシャの自由人のあいだにのみ見える「ポリス」(都市国家)を造って生活する市民《ポリテース》すなわち言わゆる「ポリス的動物」としての人間であったからである。ところで、この「国家学」がとくに理論学と区別されて実践の学・行為の学とされた理由は、この学が、ただ単にその対象の真相を知らんがために知る学たるに止まらず、その知るところの国家とその市民の行為・行動を規制し指導し改善することを目的とする行的な学、その対象を変革する力のある学であらねばならないからというにあった。この点は、一般に倫理学の説法の無力が非難されている今日、敬服に価する。しかも実は、この非難されるゆえんが、まさにかれの倫理学にあった。

けだしかれの国家学(すなわちその実践学一般)がその対象を改造し変革しうるものとみられたのは、そうすべきだからでもあるが、同時にまた、その対象(すなわち人間のする事柄)が、理論学の対象(主として自然界)のように人間の力では変えることのできない必然的なものとはちがって、「他でもありうるもの」すなわち可変的・偶然的・主観的な事柄だからでもあった。そこで、理論学を優位にすえるかれの論理からすれば、さきにも述べたとおり、その対象がこのように可変的・偶然的な実践の学に対しては、理論学においてのような厳密性は要求さるべきでなく、蓋然的な論証で満足すべきであった。ここからして、一方では、この方面でもかれは詳細にわたる記述的・実証的な人間観察や国家制度の調査など優れた業績を遺しながら、しかも人間の個人とし集団としての行為については特別の原理原則を早急に設定しようとはせず、したがって結局は無原則的・妥協的・折衷的な中庸道徳と中産階級の国家理想が、人間の実践可能なものとして唱道されるとともに、他方では、実践と技術との卑下から、職人・農民・奴隷などのする労働はもちろん、商工業者・軍人・政治家などのする生活（その享楽的生活《アポラウスティコス・ビオス》や政治家的生活《ポリティコス・ビオス》）も、すべてはあの哲学者や自然研究者の楽しむ観想的生活《テオーレーティコス・ビオス》（本書第五章の三参照）のための下働きにすぎずとする全く非実践的な生活理想、逃避独善の個人主義倫理が芽を出している。これは、やがて紀元前第三世紀以降近代初期から十九世紀の半ばごろまで、人間に関する哲学（実践の学）から政治学（あるいは国家学・社会学）が消えて、倫理学だけが、ポリスの一員としての性格を善くする学としてではなしに、ただの個人の保身の心術‘ars vitae’として残るに至ったその源であり、ギリシャ奴隷制社会におけるポリス制国家の崩壊を反映しつつ、まもなく前第三世紀に始まる亡命ギリシャ個人の世界市民思想《コスモポリタニズム》を予告しているものであった。

（六）制作術の場合（本書第六章参照）

ここでも、人間の手よりは頭の方を優先的とするアリストテレスには、手の働きを主とする生産・制作の技術（農民・機織り・大工等々の技能）に関する論著はなく、ただ言葉での術についての『弁論術』と『詩学(作詩術)』だけがわれわれに遺された。

技術(テクネー)というのは、かれによると、人間の公私の生活において有用なもの必要なものまたは人間にとって美しいもの心地よいものを作り出す能力のことであり、まさに手をもつ唯一の動物なる人間のみのなしうる働きである。しかし、まさにそれゆえに、こうした人間の技術に対しては、さきの実践の学に対してよりもさらにいっそう、数学や自然学におけるがごとき学的な必然性や厳密性は期待さるべきでなかった。のみならず、こうした制作の技術は、『弁論術』でも読まれるように(本書第六章の一参照)、どこまでも有用なもの美しきものを作り出す能力であるところにその本領があるのであって、自ら一個の学的認識であろうとすることは自らを滅ぼすゆえんであるともかれアリストテレスは考えていた。こうして、かれの問題とした「弁論術」は人間の生活に(法廷でも国会でも)有用な術であり、「詩学(むしろ作詩術)」は人間(とくに有閑な市民)にとって心地よい美しいものを作り出す術なのであった。

かれの『詩学』は、未完の小論文ではあるが、ここでもこの著者は、博く識り、こまかく分析する驚くべく大きな頭脳の持ち主であった。そこに読まれる悲劇に関しての「感情のカタルシス(浄化)」の説や、後世、芸術制作上の「三一致」の法則として知られるものの先駆とも言われる「筋の統一」の説など、美学史上、芸術史上で注目される多くのものが、この小著のうちに包蔵されている。ことにこの『詩学』でも『弁論術』のなかでも、さきの『倫理学』でそうであったと同様、これら諸技術の方面のことに関してさえ、その著者がただの学究者流には見られない常識豊富な人間通(menschenkenner)であったことがうかがわれる。それゆえにまた、かれは、あるものをその現にあるがままの位置にすえる自然主義者であり、それゆえにふたたびまた常識円満な現実主義者であり、その置き与えられた体制の外に脱出することもこれを超越することもできない人なのであった。

さてこれだけで、アリストテレスの学説の大要を、同時にまたこの序言的第一章を、終わることにしよう。これだけでは、すくなくもかれの学説についての限り、あまりにおこがましくも非難にすぎて、アリストテレスも浮かばれないであろう。読者諸君は、どうかできれば直接にかれの遺した著作を全部、できねばその幾らかでも読まれて、諸君の内にかれを浮き上がらせていただきたい。つぎに本書の第二章以下第六章までにあげられるところのアリストテレスの主要著書からの抜き読み的な拙訳と拙注とが、それに幾らかでも役立てば、この老編訳者のよろこびである。

第二章　学問とその方法

A　学問について

一　感覚・経験・技術

すべての人間は、生まれつき、知ることを欲する。(1) その証拠としては感官知覚《アイステーシス》〔感覚〕への愛好があげられる。というのは、感覚は、その実際的効用をぬきにしても、すでに感覚することそれ自らのゆえにさえ、愛好されるものだからである。だが、ことにそのうちでも最も愛好されるのは、眼によるそれ〔すなわち視覚〕である。けだしわれわれは、ただたんに行為しようとしてだけでなく全くなにごとを行為しようともしていない場合にも、見ることを、いわば他のすべての感覚にまさって選び好むものである。その理由は、この見ることが、他のいずれの感覚よりも最もよくわれわれに物事を認知させ、その種々の差別を明らかにしてくれるからである。

ところで、動物は、(1)感覚を有するものとして自然的に生まれついている。(2)この感覚から記憶力《ムネーメー》が、或る種の動物には生じないが、或る他の動物には生じてくる。そしてこのゆえに、これらの動物の方が、あの記憶する能のない動物よりもいっそう多く利口でありいっそう多く教わり学ぶに適している。ただし、これらのうちでも、音を聴く能〔聴覚〕のない動物は、利口ではあるが教わり学ぶことはできない(たとえば蜂のごときが、またはその他なにかそうした類の動物があればそれが、そうである)。しかし、記憶力のほかにさらにこの聴の感覚をもあわせ有する動物は、教わり学ぶこともできる。(2)

さて、このように、他の諸動物は感覚表象や記憶で生きているが、経験《エンペイリア》を具有するものはきわめてまれである。しかるに、人間という類の動物は、さらに技術《テクネー》や推理力《ロギスモス》で生きている。ところで、(3)経験が人間に生じるのは記憶からである。というのは、同じ事柄についての多くの記憶がやがて一つの経験たるの力をもたらすからである。ところで、経験は、学問《エピステーメー》〔認識〕や技術《テクネー》とほとんど同様のものであるかのようにも思われているが、しかし実は、(4)学問や技術は経験を介して人間にもたらされるのである。……さて、技術(3)の生じるのは、経験の与える多くの心象〔想念〕から幾つかの同様の事柄について一つの普遍的な判断が作られたときにである。というのは、たとえばカリアス(4)がこれこれの病気にかかった場合にはしかじかの処方がきいた、またソクラテスの場合にもその他の多くの個々の場合にもそれぞれそうであった、というような判断をすることは、経験のすることである。しかるに、同じ一つの型の体質を有する人々がこれこれの病気にかかった場合には(たとえば粘液質のまたは胆汁質の人々が熱病にかかった場合には)そうした体質の患者のすべてに対して常にしかじかの処方がきく、というような普遍的な判断をすることは、技術のすることである。(『形而上学』九八〇a二一―九八一a一二)

(1)　この句は『形而上学』第一巻巻頭の有名な句。人間が知るを欲するということは誰でも承認する事実であるが、はからずもアリストテレスの形而上学(かれによればその第一の哲学)の講義がこのように、行なうことや作ること(仕事をすること)よりも、知ること見ることをすべての人が欲求するとの句で始まったことは、やがて読まれるように見ること(観想・理論)を行為や技術よりも優位におくかれの観想主義が予想される。本書第二章の七、一二、第三章の二〇、二一、同注(8)参照。なお、ここに「生まれつき」と訳された原語は「自然」と訳される語'physis'の与格形'physei'である。本章の二七、第四章の二、三、その他参照。

(2)　この前後に見える知的諸能力については、本章の三〇、第四章の一八、その他参照。

(3)　技術(technē)は、アリストテレスでは、本章の七、一二などでも読まれるように、やがて理論的認識や実践知などよりも下位の制作関係の技能と解されてくるが、ここでは、当時なお技術家や詩人たちが知者として尊敬されていた一般の考え方により、個別的な感覚的経験にくらべて、より多く学的・理論的に、普遍的な原則を心得ている者の知能、たとえば医学者ヒポクラテスの医術(医学的知識)のごときである。だから、続く次項二でも見えるように、この意味の技術・技能を持つ者は、ただの経験家・実際家にくらべれば、むしろ理論家とも言えよう。次項二の注(1)、本章の四の初めの節参照。

(4)　「カリアス」(Kallias)という名前の人にはプラトン作『ソクラテスの弁明』に出ているソフィストたちの庇護者があるが、ここではつぎの「ソクラテス」と同様、ただ個々の人間の例としてあげられた人名。

二　経験と理論――実際家と理論家

もっとも、実際に事を行なう段になると、経験は技術にくらべてなんらの遜色もないようにみえる、のみならずむしろ経験家の方が、経験を有しないでただ概念的に原則を心得ているだけの者よりも、はるかにうまく当てる。その理由は、経験は個々の事柄についての知識であり、技術〔理論〕は普遍についてのであるが、行為〔実践〕や生成〔生産・制作〕[1]はすべてまさしく個々特殊の事柄に関することだからである。（たとえば、医者は決して人間なるもの〔人間一般〕を健康にする者ではなく、健康にするにしてもそれはただ付帯的に[2]である、すなわち、医者が健康にするのはカリアスとかソクラテスとか[3]その他そのような個々の名前で呼ばれる誰かをであって、ただたまたまその誰かに人間であるという一般的述語が付けられもする〔それゆえ、付帯的には人間なるものを健康にするとも言われる〕というだけのことである。そうだとすれば、もし誰かが、個々についての経験なしにただ概念的に原則を心得ているだけであるなら、したがって、普遍的に全体を知っておりはするがそのうちに含まれる個々特殊については無知であるなら、しばしばかれは治療に失敗するであろう。けだし、治療さるべきは個々のあの人この人であるから。）

しかし、そうは言うものの、知るということや理解するということは、経験によりもいっそう多く技術に属することであるとわれわれは思っており、したがって経験家よりも技術家〔理論家〕の方がいっそう多く知恵ある者だとわれわれは判断している。このことは、知恵[4]なるものが、いずれの場合にも、知ることの方により多く関するものであることを意味するのであるが、そのわけは、後者〔理論家〕は物事の原因を知っているのに、前者はそうでないから、というにある。けだし、経験家の方は、物事のそうあるということ〔事実〕を知っておりはするが、それのなにゆえにそうあるかについては知っていない。しかるに他の方は、このなにゆえにを、すなわちそれの原因を、認知している。それゆえにまたわれわれは、棟梁[5]をば、その仕事の一々に関しても手下の職人たちよりもはるかに尊重さるべき者であり、いっそう多く知っている者であり、したがっていっそう多く知恵ある者である、と考えもするのである。というのは、かれがそのする仕事全体の原因[6]を知っているからである。（しかるに、手下の職人たちは、あたかも無生物の多くがするように、なにかをしはするが、そのすることを知らないでしている……。）だから、棟梁の方がいっそう多く知恵ある者と考えられるのは、かれが行為的〔実践的〕な者であることのゆえにではなくて、かえってかれ自らが原則を把握し原因を認知しているがゆえにである。なおまた一般に、ひとが物事を知っているか知っていないかについては、そのひとがそれを他に教えうるか否かが、その一つの証拠になる。そして、この理由からするも、技術の方が経験よりもより多く学〔学的認識〕《エピステーメー》[7]であるとみなされる。けだし、技術家は〔その知るところを他人に〕教えうるが経験あるのみの人は教ええないからである。

さらにわれわれは、いずれの感覚をも知恵《ソフィア》であるとはみなさない。もちろん、たしかに感覚は、個々特殊の物事については、きわめて信頼に価する知識である。しかしこれは、なにごとについてもそれのなにゆえにそうあるかを語らない、たとえば、火のなにゆえに熱くあるかを説明しはしないでただその熱くあるということ〔事実〕を告げるのみである。（『形而上学』九八一a—b一三）

(1) あとで本章の七、八でも読まれるように、アリストテレスは人間の精神活動を「見る」(theōria, 観想・理論)と「行なう」(praxis, 行為・実践)と「作る」(poiēsis, 生産・制作——これがここでは、生むの意で「生成」genesis となっている)とに大別しているが、ここで技術《テクネー》というは、前項注(3)でも述べたように、たとえ生産・制作の活動(医療する活動も健康を作る点で作る活動)に関するにしても、この活動に必要な一般的原則を見ている理論的(見る的)な知識の意に用いられている。ヒポクラテス派の医術がただの素人療治とちがって医学的な治療と言われるがごときである。「見る」「観想」については、本書第三章の二一、同注(8)参照。

(2)「付帯的に」の意味については、本書第三章の二の注(2)参照。

(3) 前項一の注(4)参照。

(4) この「知恵」については、すぐつぎの注(7)および本章の五を参照。

(5) ここに「棟梁《とうりよう》」と訳された原語‘architektonēs’は、土方、石工、左官、大工、指物師などの上に立ち、建てられる建築物のそれぞれの部分のことしか知らないこれら各種の職人を使いながら、その建築全体を設計し建築する親方すなわち建築技師長のこと。そこから、部分的・従属的な諸科の学に対してこれらの最上位に立つ全体的・統轄的な学を棟梁的な学とも呼ぶ。別の箇所では王者的・支配者的とも呼ばれている。次項三に挙げる『ニコマコス倫理学』の巻頭からの一節参照。

(6) アリストテレスは物事の出来上り・終り・目的を原因の重要な一つと考え、またこれをその物事の始め《アルケー》(始動因)と或る意味では同じだとした。建築物設計者の頭にある設計図(始動因・形相)が、土や石や木材(質料)においてかれの目指した建築物(目的)に成る。なお、生成の諸原因については次章の一六参照。

（7）　この学(epistēmē, 認識)や知恵(sophia)については、本章の四、五、第五章の六の注（1）参照。ただし、ここでも本章五でもその他しばしば知恵(sophia)は学（とくに理論学）またはさらに広く哲学(philosophia)とほぼ同義に用いられている。

三　棟梁的な術

あらゆる技術、あらゆる研究は、同じくまたあらゆる行為も意図も、なんらかの善いもの〔善〕を目指し求めているように思われる。(1) それゆえ、善がすべてのものの目指し求めているものと言われているのも、その限りでは正しい。ただし、目的というのにもそのあいだになんらかの差異が認められる。すなわち、当の現実活動(2)それ自らがその活動の目的である場合と、この活動とは別の或る成果がそれである場合とがある。そして、目的がその行為とは別のところにある場合には、もとよりその〔目指す〕成果の方が〔その手段としての〕活動よりもより善いものである。ところで、行為にも、また技術や学問にも、いろいろ多くあるので、それぞれの目的もまたそれだけ多くなる。たとえば、医術の目的は健康であり、造船術のは船、兵法のは勝利、家政術〔経済学〕のは富である。ところで、こうした能力《ディナミス》〔技能〕のいずれにしても、そのいくつかが或る一つの技術の下に従属しているような場合には、——たとえば、乗馬術の下に馬勒製作その他一般に馬具を製造・修理する諸技術が従属し、さらにこの乗馬術やその他すべての戦争関係の行事が一つの兵法の下に従属しているように、そのように他の技術でも、およそ或る技術がさらに上位のそれの下に立つという従属関係にある場合には、——そうしたあらゆる技術のうち、最上位に立つ棟梁的な技術[3]の目的とするものの方がこれに従属する諸技術のそれよりもより多く望ましいものである。なぜなら、前者のゆえに後者もまた追い求められるのであるから。そしてこのことは、その現実活動それ自らがその行為の目的であるもの〔理論学での認識行為など〕の場合でも、あるいはいまあげた諸〻の認識〔実践学その他諸技術〕のようにその目的がその活動それ自らとは別のなにかであるものどもの場合でも、同様である。(『ニコマコス倫理学』一〇九四a一—一八)

(1)　この一句は『ニコマコス倫理学』第一巻の巻頭の有名な句。

(2)　「現実活動」の原語'energeia'は、アリストテレス哲学の重要な概念の一つ。場合に応じて「現実態」または「現実性」とも訳され、「可能態」または「可能性」と訳される'dynamis'に対する概念である。本書第三章の一四参照。

(3)　棟梁的な技術については、本章前項二および同注(5)参照。

四　真の知恵——原理の追求

それゆえに、最初に常人共通の感覚を超えて、或るなんらかの技術を発見した者が、世の人々から驚嘆されたのも当然である。それも、ただたんにその発明したもののうちになにか実生活に有用なものがあるからというだけではなくて、むしろそれを発明したほどの者は知恵のある者であり、他の人々とはちがってはるかに優れた者であるからという理由で、驚嘆されたのである。だが、さらにいろいろな技術が発明されてゆき、そしてその或るものは実生活の必要のためのものであり、他の或るものは安楽な暮らし(1)に関するものであるが、これらの場合にもいつでもひとは、この娯楽的な術の発見者の方を、前者〔生活必需品〕のそれよりも、その認識(2)〔学問・技術〕がなんらの実際的効用をもねらっていないからという理由で、いっそう多く知恵ある者だと考えた。そこからさらに、すでにこうした諸技術がすべてひととおり備わったとき、ここに、快楽を目指してのでもないがしかし生活の必要のためのでもないところの認識が見いだされた、しかも最も早くそうした暇な生活をし始めた人々(3)の地方において最初に。だから、エジプトあたりに最初に数学的諸技術(4)がおこったのである。というのは、そこではその祭司階級のあいだに暇な生活をする余裕が恵まれていたからである。

さて、技術や認識やそのほかこれらと同類の諸能力の相互の差別いかんについては、すでに『倫理学』のうちで述べたが(5)、しかしいまここでわれわれの語ろうとするところは要するにこうである、すなわち、知恵と名づけられるものは第一の原因や原理を対象とするものであるというのがすべての人々の考えているところであるというにある。だからさきにも述べたように(6)、経験家もただたんになんらかの感覚をもっているだけのものとくらべればいっそう多く知恵ある者であり、だがこの経験家よりも技術家の方が、また職人よりも棟梁の方が、そして制作的〔生産的〕な知よりも観想的(7)〔理論的〕な知の方が、いっそう多く知恵がある、と考えられるのである。さて、以上によって、知恵がなんらか

或る原因や原理[8]を対象とする学〔認識〕であるということは、明らかである。（『形而上学』九八一b一三ー九八二a三）

(1)　「安楽な暮らし」と訳してみたが、その原語‘diagōgē’は、「時をすごすこと」「暮らし」「暇つぶし」の意で、すぐあとに「暇な生活をする」と訳された‘scholazein’と内容的には同義。本書第三章の二一ではこの語で神の生活が表わされている。自由人の理想の生活を指す語。なおこの「暮らし」や「閑暇」(scholē)については、本書第五章の三および二二参照。

(2)　この「認識」(epistēmē)は、ここでは特にエジプト人の測地術としての幾何学や計算法、およびイオニア市民(タレスなど)のあいだに起こった原理追求(その意味での知恵・学)を指す。本章の五、六参照。

(3)　前注(1)参照。

(4)　測地のための幾何学(geometria)やピラミッドを建設したほどの計算・測量の術。前注(2)参照。

(5)　『ニコマコス倫理学』第六巻の第三、第四、第五章に、知性的諸徳として知恵(sophia)、認識(epistēmē)、理性(nous)、思慮(phronēsis)、技術(technē)の五つが区別され各々詳説されている。本書本章の二、五、および第五章の六の注(1)参照。

(6)　本章の二のうちでも述べたように。

(7)　観想とも理論とも訳されるテオーリア theōria については、前々項二の注(1)、第三章の二一の注(8)参照。

(8)　こう訳した「原理や原因」「原因や原理」については次項五の注(2)、第三章の一六の注(2)参照。

五　第一原理に関する学

しかし、まさにこの学[1]をわれわれは求めているのであるから、これが〔真の〕知恵であるためには、これはどのような原因や原理[2]を対象とする学であるべきか、この問題をまず研究しなくてはならない。ところで、この問題は、もし誰かが「知者」〔知恵ある者〕についてわれわれ一般のいだいている種々の見解をとって調べてみれば、おそらくこれによっていっそうよく明らかになるであろう。そこで、まず第一に、(1)われわれは「知者」をばあらゆる物事を認識している者と解している。ただしその意味は、かれがすべての物事の一つ一つについての個別的な認識をもっているというのではなくて、ただ能うかぎりすべてをというのである。つぎは、(2)困難であって人間には容易に知れないような物事を知るの能ある者、これを知恵ある者だとする見解である。けだし感覚的に知ることは、すべての者に共通したことであり、したがって容易なことであって、すこしも知恵ありとするにあたらないからである。さらに、いずれの科の学においても、(3)いっそう正確であり、また、(4)いっそうよく物事の原因を教えうる者が、それだけ多く知恵ある者だと解されている。しかし、これら諸科の学のうちでは、(5)その学〔認識〕それ自らのゆえに望ましくまたその知ることそれ自らのゆえに望ましい学の方が、それのもたらす効果のゆえに望ましい学よりもいっそう多く知恵であり、また、(6)いっそう多く王者的[3]な学の方が、これに隷属する諸学よりもいっそう多く知恵であると解されている。けだし、知者〔知恵ある者〕は、他から命令される者たるべきではなくて命令する者たるべきであり、かれが他の者に服従すべきではなくて逆にかれよりも知恵の劣った者がかれに服従すべきであるから。

ざっとこのような種類のこれだけの数の見解をわれわれは「知恵」ないし「知者」についていだい

ている。さて、これらの〔(1)から(6)までの〕諸見解についてみるに、まず、(1)すべての物事を認識しているということは、普遍的なものの認識を最も高度に所有している者に帰属さるべき特徴であること、必然である。というのは、このような者はまた、普遍的なものの下位〔基本〕にある個々のすべてをも、なんらかの仕方で知っているからである。しかるに、(2)このような最も普遍的なものどもを認識するということは、人間にとってはおよそ最も困難なことである。というのは、普遍的なものは感覚からは最も遠くにあるからである。また、(3)諸科の学のうちで最も正確な学は、最も主として第一のものども〔第一の諸原因〕を対象とするそれである。けだし、より少しの原理から出発する学の方が、さらに多くの派生的・補助的な諸原理からのそれよりも、たとえば算数学の方が幾何学よりも、より多く正確であるから。なおまた、(4)教えうるという特徴さえ、第一の諸原因を研究する理論的な学には最も顕著である。というのは、なにかを教える人というは、その教えるなにかの一々についてその原因を語る人のことであるから。だがまた、(5)ただ知ることそれ自らのゆえに知り、ただ認識せんがために認識するという特徴は、最も可認識的[4]なものを対象とする学〔認識〕に最も著しく具わっている。というのは、ただ認識することそれ自らのゆえに認識することを選び望む者こそ最も純なる学〔認識〕を最も真剣に望む者であり、そしてこのような認識こそは最も可認識的なものを研究する学にほかならないからである。しかるに、あの第一のものどもすなわち第一の諸原因こそは、最も可認識的なものである。そのわけは、これらによって、またこれらから出発して、他のすべては知られてくるのであるが、これら第一のものどもは〔最も可認識的なものであって〕、それらの下位にあるものどもによって知られるのではないからである。また、(6)諸学のうちで最も王者的であり、いずれの隷属的な学よりもいっそう著しく王者的であるのは、各〻の物事がなにのために〔なにを目的として〕なさるべきかを知っているところの学である。そしてこの目的は、その各〻においてはそれぞれの善であり、全般的には自然全体における最高善である。さて、上述のすべてからして、われわれの求めているもの〔すなわち知恵〕の名前は、まさにこの同じ学に与えられる、すなわちそれは、第一の原理や原因を研究する理論的な学であらねばならない、というのは、善といい目的というのも原因の一種だからである。（『形而上学』九八二a四―b一〇）

(1)　われわれの求めている「この学（認識）」というのは、そのすぐまえ（本章前項四の終り）にある「原因や原理を対象とする認識」、言いかえれば、われわれ（この『形而上学』第一巻の講義に参加している研究者たち）の求めている真の「知恵」すなわち第一の「哲学」のこと。

(2)　この箇所に限らずこの講義のあちこちに「原因や原理」(archai kai aitiai)とか「原理や原因」とかと訳されている結合詞「や」(kai)は、原語では「と」「および」「または」の意の'kai'であるが、両語・両概念は、これらの箇所ではほぼ「や」とか「とか」とか「とか……とか」という程度に同義的なので、そう訳した。それぞれの意義については第三章の一の注(3)、一六など参照。

(3)　「いっそう多く王者的な」(archikōtera)学というはさきに「棟梁的な」(architektonikē)と呼ばれたのと同義。一般に「王者的な」(archikē)とあるのも同様。本章の二の注(5)および三参照。なお、こうした王者的な学をアリストテレスは、別の箇所（本章次項六など）では「自由人的な」(eleuthera)とも呼んでいる。

(4)　この「可認識的な」(epistēta)は、本章の二七の「可知的な」(gnōrima)の優れて学的な一種であり、そして「可知的なもの」というのに「自然において」または「それ自体において」と「われわれにとって」との二義があったが、ここで「可認識的な」というのは前者すなわち「それ自体において」のそれである。すなわちわれわれの感覚にとってでなく物そのものの原理・原因を認識する知恵にとって最もよく知られるもの。本章の二七、二八参照。

六　知恵の愛求（哲学）の起こりと尊さ

さて、この知恵は〔理論的な学であって〕制作的なそれではない[1]。このことは、かつて最初に知恵を愛求した人々のことからも明らかである。けだし、驚異する《ト・タウマゼイン》ことによって人間は、今日でもそうであるが、あの最初の場合にもあのように、知恵を愛求し《フィロソフェイン》〔哲学し〕始めたのである[2]。ただし、その初めには、ごく身近な事柄を不思議としこれに驚異の念をいだき、それからしだいに少しずつ進んではるかに大きな事象についても疑念をいだくようになったのである、たとえば、月の受ける諸相だの太陽や星の諸態だのについて、あるいはまた全宇宙の生成について。ところで、このようになにかに疑念をいだき驚異を感じる者はこのなにかについて自らを無知な者だと考える。それゆえに、神話の愛好者《フィロミトス》もまた或る意味では知恵の愛求者《フィロソフォス》〔哲学者〕である、というのは、神話が驚異さるべき不思議なことどもから成っているからである。したがって、まさにただ自らの無知から脱却せんがために知恵を愛求したのであるから、かれらがこうした認識を追求したのは、明らかに、ただひたすら知らんがためにであって、なんらの効用のためにでもなかった。そしてこのことは、その当時の事情がこれを証明している、すなわち〔たんなる生活のためにのみでなく〕安易で安楽な暮らしにも必要なあらゆるものが[3]ほとんど全く具備された時に初めて、あのような思慮[4]〔知恵〕が求められだしたのであるから。だから明らかにわれわれは、これを〔この知恵を〕他のなんらの効用のためにでもなく、かえって全く、あたかも他の人のためにでなく己れ自らのために生きている人を自由な人〔自由人〕であるとわれわれの言っているように[5]、そのようにまたこれを、これのみを、諸学のうちの唯一の自由人的な学であるとして、愛求しているのである。けだしこの知恵のみがそれ自らのために存する唯一の学であるから。

それゆえにまた、これ〔この知恵なる学〕を獲得して自分の所有とすることは人間にできる業ではないであろうと考えられたりするのも、当然である。というのは、人間の自然〔本性〕は多くの点で奴隷的であり、したがって、詩人シモニデスによれば「ひとり神のみ、この特権を有すべし[6]」であって、人間が人間自らの分に応じた認識を求めるをもって足れりとしないのは越権の沙汰とも考えられるからである。だから、もしも詩人たちの語るところになんらかの真実があって、神的なるものが〔詩人たちの語るがごとく〕もともと嫉妬ぶかいものであるとすれば、たしかにその嫉妬はあの越権に対して最も激しいはずであり、したがってその認識の点で優越している人々はすべて不運なものであろう。だがしかし、神的なるものが嫉妬するなどいうことはありえないことで、それは俚諺にも言うとおり「歌うたいが嘘八百を言っている[7]」のである。のみならず、他のいずれの学もこの学より以上に畏敬さるべきものとは考えられない。というのは、最も神的な学は最も畏敬さるべき学であるが、この学のみは二重の意味で神的だからである。すなわち、どのような学でも、それが神の所有たるに最もふさわしい学であれば、それは神的であり、そしてまた、それが神的なものを対象とする学であれば、これもまた神的である。しかるに、いまわれわれの求めているこの学のみは、この条件を二つとも具えている、すなわち、神はすべて〔世界の一切〕にとってその原因の一つであり或る種の原理〔もとのもの〕であると考えられており〔そしてこの学はまさにかかる神的な原理・原因を対象としているから〕、またこのような学〔このような知恵〕は、ただ神のみが、ないしは他のなにものにもまして特に最も神が、これを所有しうるであろうから。(8) なおまた、生活に必要なという点では他のいずれの学もこの学より以上であるが、より以上に優れて尊い学はこれ以外には一つもない。(『形而上学』九八二b一一―九八三a一一)

（1）見る的《テオーレティケー》よりも行なう的《プラクティケー》よりも劣る作る的《ポイエーティケー》な技術知、制作技術。本章の二の注（1）、次項七、一一、一二の各項、および第六章の三の注（1）参照。

（2）『形而上学』第一巻第二章のこの箇所に拠って、普通の西洋哲学史の本では、哲学の起源をタレスなど最初の哲学者たちの「形而上学的驚異」にありとされている。ただし、これと同様の見解はすでにプラトン（『テアイテトス』一五五D）などにもあった。

（3）この「安楽な暮らし」については本章の四の注（1）参照。

（4）「思慮」と訳される原語 ‘phronēsis’ は、アリストテレスでは、性格上の徳と区別される知性的な徳の一つとしては、理論的な知的徳としての「知恵《ソフィア》」とは異なる「実践知」（「識見」ないし「知的教養」）とされているが、ここでは理論的な「知恵」と同義に用いられ、おそらくソクラテス以前の言わゆる「自然学者たち」(physiologoi) の用法をそのまま用いたものか。プラトンの諸対話篇に見える用法などから推定すると、この語は、自然学者たちでは、より多く理論的・思索的で、かれら(‘sophoi’とか‘physikoi’とか‘physiologoi’とか呼ばれたタレス以後の学者たち)の求めた理論的知恵を指したものらしい。なお、かれらの当時にはかれらはいまだ‘philosophoi’(哲学者)とは呼ばれないで‘sophoi’(知者、知恵ある者)とか‘physiologoi’(自然学者、自然《フィシス》を語り論じた人々)とか呼ばれた。本書第四章の二の注(11)参照。

(5) 「自由人的」については前項五の注(3)参照。ここにもアリストテレスのギリシャ自由市民としての誇り・偏見が見える。なお、この「自由」は、或る意味では中世スコラでの三科 trivium と四科 quadrivium との七科が自由な学科 artes liberales と呼ばれたその自由の淵源である。

(6) シモニデス(Simonidēs)は前第六世紀後半の抒情詩人。この句はプラトンの『プロタゴラス』(三四一E、三四四C)にも引用されている。

(7) この俚諺‘polla pseudontai aoidoi’は前第六世紀の賢者ソロンの断片にもみえる。

(8) こうした理由で、この「知恵」(sophia)が、やがて「第一の哲学」とも言われ、また「神学」(theologikē)とも呼ばれ、諸学のうちの最高位にすえられる。本章の一〇(『形而上学』第六巻第一章)参照。

七　理論と実践と制作の別

われわれの求めているのは諸存在〔あると言われるものども〕の原理や原因である、ただしここでは、言うまでもなく明らかに、存在としての諸存在のそれを求めているのである。[1] というわけは、たしかに健康であることや仕合せであることなどにも原因があり、数学的諸対象にも原理とか構成要素とか原因とかがあり、また一般にあらゆる推理的な学〔認識〕やなんらかの推理知《ディアノイア》を含む学は、厳密ににせよ粗略にせよ、なんらかの意味で原因や原理をその対象として求めておりはする。だが、これらの諸学〔諸認識〕は、それぞれ或る特定の存在や或る特定の類を抽き出してこうした存在の研究に専念しているが、しかし、（1）存在を端的に、すなわち存在をただ単に存在として研究するものではなく、また、（2）その研究対象のなにであるか〔その本質〕についてはなんの説明もしないで、かえってこれから出発している。すなわち、これら諸学の或るものはこれを感覚に自明的であるとし、他の或るものはその対象のなにであるかを仮定として許しておいて、ここからそれぞれの学の対象とする特定の類の存在についてそれの自体的諸属性を、或るものは必然的に或るものは粗漏に、論証導出している。……同様にまた、（3）これらの諸学は、その対象として専念するところの存在の類が果たして存在するか否かに関しても、すこしも語らない。それというのも、事物のなにであるか〔本質〕を明らかにすることとそれの果たして存在するか否かを明らかにすることとは、同じ性質の思考の関することであるからである。

ところで、自然学《フィシケー》もまた、現に〔他の諸学と同様に〕或る特定の類の存在を対象としている、すなわち、この学はそれの運動や静止の原理〔始動因〕をそれ自らのうちに含んでいるようなそのような種類の実体〔すなわち自然《フィシス》をその原理とする自然的諸存在・自然物〕を対象としている。だがそれゆえにこの自然学が実践的《プラクティケー》な学でもなく制作的《ポイエーティケー》なそれでもないことは明らかである。[(2)] なぜなら、制作される事物においては、この事物の外にあるところの制作者のうちにその原理があるからであり（そしてその原理は制作者の理性か技術かあるいはそうした或る能力である）、また行為〔実践〕される事柄においても、その原理は行為する者〔実践者〕のうちにあるからである〔すなわちその原理は行為者の選択意志である、というのは、行為される事柄と選択される事柄とは同じだからである〕。〔『形而上学』一〇二五b三―二四〕

(1)　ここ〔『形而上学』第六巻〕では諸存在を存在として、言わば存在の存在性を主題とする「第一の哲学」の講義が始まろうとしている。なお、この「存在としての存在」(on hêi on)の意味については、本書第一章の三の三一頁、第三章の一の注(1)をも参照。

(2)　以下数行に見える区別のほか、一般に見る的と行なう的と作る的との別については、本書第一章の三の三〇頁以下、本章の二の注(1)、第六章の三の注(1)参照。

八　三つの理論学――まず自然学と数学

したがって、[1]あらゆる知的活動が実践的〔行為的〕であるか制作的〔生産的〕であるか理論的〔観想的・研究的〕であるかのいずれかであるとすれば、この自然学は理論的な学の一種であろう、しかしこれは、運動しうるような種類の存在[2]に関する理論的な学であり、多くの場合ただその質料と離れないで存するものとしてのみ定義されるところの実体[3]に関する学であろう。ところで、ここに明らかにしておかねばならないのは、ものの本質やその説明方式[4]がどのようにあるかということである。これを知らないと、われわれの探求も無駄であろう。さて、定義される当のものども、すなわちそれのなにであるか〔それの本質〕が問われている当のものどものうち、その或るものはシモン[5]〔凹んだ鼻〕のごときであり、或るものは凹みのごときである。そしてこの両者はつぎの点でちがっている、すなわち、「シモン」はその質料との結合体であるが（というのは、「シモン」は「凹んだ鼻」だからであるが）、凹みそのもの〔凹み性〕は感覚的質料なしに〔全くの形相として〕存するものである。そこで、もしすべての自然的事物がこの「シモン」のごとき結合体であるならば（というのは、たとえば鼻・目・顔・肉・骨および一般に動物や、葉・根・樹皮および一般に植物など、これらの自然的事物は、いずれもそれの説明方式のうちに運動が含まれねばならず、つねに質料と不離に結合されているからであるが）、そうだとすれば、このような自然的事物についてそれらのなにであるかをいかに探求し定義すべきであるかは明らかであり、またなにゆえに自然学の研究者が霊魂《プシケー》についてもその或る部分を、すなわちその質料から離れては存在しえないものとしての限りでの霊魂[6]を、その研究対象とすべきであるかということも明らかである。

さて、自然学が理論的な学であるということは、以上によって明らかである。だが、数学もまた理論的な学である。しかし、この学が果たして不動であり且つ〔その質料から〕離れて存するものどもを対象とするものか否かは、いまのところ不明であるとしても、すくなくも数学的諸学のうちの或る学課[7]がその対象を不動なものとし離れて存するものとして考察していることだけは明らかである。（『形而上学』一〇二五b二五—一〇二六a一〇）

（1）この節は本章の前項七に続く。

(2)　それ自らの内にその運動の原理(すなわち自然《フイシス》)をもつ存在、すなわち自然的存在。第四章の一、同注(4)参照。ここに運動というのは生滅・変化・増減・移動を含む広義の運動。第四章の六、七参照。

(3)　形相と質料との不離に結合した具体的個物(両者から成る結合体)としての第一義実体、すなわちつぎの「シモン」のように定義される個としての諸存在。次注(5)および第三章の六と七参照。なお「多くの場合」という限定は、自然学の対象としての霊魂の場合(つぎの注(6)参照)が例外的と考えられての限定であろう。

(4)　ここに「説明方式」と訳された原語'logos'は、ここではほぼ「定義」と同義であるが、一般に言葉・言表・概念・論議・理・理性・比とも訳される。詳細は第三章の一一の注(2)参照。

(5)　この「シモン」(to simon)は、英語の'snub'とほぼ同様に特に鼻についてその鼻柱の凹《くぼ》んだ団子鼻(その反対なのは鈎鼻《グリポス》)を形容する形容詞'simos'の中性形'simon'を名詞形にしたもので、この特徴のゆえにアリストテレスは好んでこの語を、つぎの本文でも知られるように、その質料と形相との不離に結合している実体(前注(3)参照)を例示する語として用い、かかる実体(形相と質料との結合体)を定義する場合に、その凹み(形相)とその鼻柱・鼻肉(質料)との不離に結ばれた「シモンのように」定義すべきだと注意するのに用いた。本書第四章の二参照

(6)　「霊魂」の原語'psychē'は、一般にアリストテレスの霊魂論では、植物にも動物にもその生命原理として内在するもの、これらを成す物体・肉体(質料)の生命(形相)として「質料から離れては存在しえないもの」(したがって、霊魂論一般は自然学の一部門)であるが、ここに特にその「或る部分」とかその「限りでの」とか限定したのは、このアリストテレスが霊魂の最高の部分としての理性のうちに質料から全く離れて存在するとした非受動的理性のことをここでも念頭に置いていたからである。第四章の二一参照。

(7)　「数学」と訳される'mathēmatikē'のうちには、ピタゴラスの徒がその学課 mathēmata とした主なる諸学

（算数学・幾何学・天文学・和声学など）が含まれるが、ここに「数学的諸学のうちの或る学課」というのは星学や和声学などでない純粋数学。なおここにいう「不動であり且つ離れて存するもの」については次項九、同注（1）（2）参照。

九　理論学のうちの第一の学

しかし、もしなにか永遠的《アイディオン》であり不動《アキネートン》であり且つ離れて《コーリス》存するところのもの[1]が真に存在するとすれば、これを認識することが或る理論的な学のなすべきことであることも明白である。とは言え、これは自然学のなすべきことではない（なぜなら自然学は或る運動するものを対象とするから）、しかしまた数学のすることでもなくて、かえってこれら両者よりもより先なる《プロテラ》〔第一の〕学のなすべきことである。すなわち、自然学は、離れて[2]〔独立の個物・個体として〕存するがしかし不動ではないところのものどもを対象とし、数学のうちの或るものは、不動ではあるがおそらく〔質料から〕離れて存しはしないでかえって実は質料のうちに存するところのものどもを対象としている。しかるにあの第一の学[3]は、離れて〔独立に〕存するとともに不動でもあるところのものどもを対象とする。ところで、およそ原因たるものはすべて永遠的なものであるのが必然であるが、第一の学の対象たるもの[4]どもは特に必然的にそうである。なぜなら、これらは、神的諸存在のうちの明らかな事象にとって〔それらの運行の〕原因なのだから。（『形而上学』一〇二六ａ一〇―一八）

（1）　本書第四章の二一に見える「非受動的な理性」や第三章の二〇に挙げられる「第一の不動の動者」（神）などを指す。

（2）　アリストテレスの用語例では、この「離れて」（choris）や「離存性」（chorismos）に、この前後にも見えるとおり、二義がある。一つは、質料から離れて（形相だけで）存するものの場合、他の一つは、他の事物から離れて（それだけで独立に）存する個物・実体などの場合である。

（3）　「第一《プローテー》の学」というは本文前出の「両者よりもより先《プロテラ》の学」のことであり、次項一〇に出る「第一の哲学」であり「神学」である。

（4）　天界に見られる神的なものども、すなわち諸天体。そして第一の学（第一の哲学）は、この天界を動かす「第一の不動の動者」（神）を対象とする点で、「神を論ずる学」というほどの意味で ‘theologikē’ (epistēmē) と呼ばれた。仮りに「神学」と訳すことにする。次項一〇参照。

一〇　第一の哲学の存在必然性

さて、こうして、三つの理論的な哲学があることになる、すなわち数学と自然学と神学とが(1)(2)（けだしここに神学というのは、もし神的なものがどこかに存するとすれば、それは明らかにあのような〔独立、不動、永遠な〕実在《フイシス》のうちに存すべきであり、そして、最も優れて尊い学は、最も優れて尊い類の存在を対象とすべきであるから〔かかる存在を対象とする第一の学は神学と呼べよう〕）。ところで、一般に理論的な諸学は他の諸学よりもいっそう望ましいものであるが、理論的な諸学のうちではこの神学が最も望ましいものである。こう言えば、しかし、誰かが疑念をおこして、この第一の哲学《ヘー・プローテー・フィロソフィア》[3]なるものは普遍的な学なのか、それとも或る特殊な類、すなわち或る一種の実在《フィシス》を対象とする学なのか、と問うかも知れない、（というのは、数学的諸学においては、そのすべてがその対象に関しては均しく同じであるわけではなく、〔同じ数学的諸学のうちでも〕幾何学や天文学はそれぞれ特殊の実在を対象としているのに、普遍的なそれ〔量一般を対象とする数学〕はこれらのすべてに共通であるからであるが[4]、）〔この問いに対してわれわれはこう答える、すなわち〕もし自然によって結合された実体より以外にはいかなる実体も存在しないとすれば、なるほど自然学が第一の学であるであろう[5]、しかし、もしなにか或る不動な実体が存在するならば、これを対象とする学の方がより先のそれであり第一の哲学《フィロソフィア・プローテー》[6]である、そしてこのように第一であるという点でこの学は普遍的でもあろう。そして、存在をただ存在として研究すること、存在のなにであるかを研究しまた存在に存在として内属するその諸属性をも研究すること、これこそはまさにこの〔第一の〕哲学のなすべきことである[7]。（『形而上学』一〇二六a一八—三二）

（1）これまで「理論的な学」（theōrētikai epistēmai）と呼ばれてきた諸学がここでは「理論的な哲学」（theōrētikai philosophiai）とも呼ばれている。

（2）「神学」については前項九の注（4）参照。

（3）ここに初めて後世（フランシス・ベイコンなどにより）'prima philosophia' 訳して「第一哲学」と呼ばれるに至るところの 'hē prōtē philosophia'（いまだ固定した学名ではないので、あえて「第一の哲学」と訳す）という呼び方が見える。次注（6）参照。

（4）　普遍的数学がその一般共通性のゆえに神学よりも先（第一）ではないかについては、つぎには答えられていないが、『形而上学』第十一巻第四章では、神学は数学の仮定する諸公理をも対象とする哲学として数学よりも先であり第一であると見られている。

（5）　しかし、自然学は、第一の学ではなかろう。だがアリストテレスは、結局、数学をとばして自然学を「第二の哲学」であると呼んでいる。

（6）　前注（3）でも触れたとおり、この「第一の哲学」というのは、この前後の行文からみてもその他の箇所でも、いまだ後世の「第一哲学」（prima philosophia）のように固定した学科名としてではなく、理論的諸学（諸哲学）のうちのどれよりも「より先の」「第一の」学であり「第一の」哲学であるとの意味でそう呼ばれた「第一の哲学」であり、この学をここに、この後世『形而上学』と呼ばれる本にみえる講義のなかで、かれが初めて建設し確立しようとしているのである。それは一切の第一の原理（不動の動者）の学である点では「神学」であり「形而上学」であるが、すぐつぎに「存在としての存在の研究云々」と定義されている限りでは「存在学」であり「第一哲学」である。本書第一章の二（二六頁）、第三章の一参照。

（7）　このように、存在としての存在を対象とし、その本質およびその諸属性を研究する、というのが、かれの「第一の哲学」の任務であった。本章の七、および「存在としての存在に内属する諸属性」については本章の一四参照。

一一　実践と制作とのちがい

他でもありうる（1）物事のうちには制作された物もあれば行為された事柄もあるが、制作と行為とは別のことである。……したがってまた、理の伴なった行為可能的性能は理を伴なった制作可能的性能とは別である。それゆえ、この両者のうちのどちらの一つも他のうちに包含されてはいない、というのは、行為は制作ではなく制作は行為ではないからである。(2) ところで、建築術《オイコドミケー》は、或る種の技術であり、たしかに理を伴なった制作可能的性能の一種である。そしてまた逆に、およそ理を伴なった制作可能的性能でないものは技術ではなく、技術でないものはそのような性能ではない。そうだとすれば、技術と真の理を伴なった制作可能的性能とは同じである。(『ニコマコス倫理学』一一四〇a一―一〇)

(1)　物事が「他でもありうる」(endechetai allōs echein)というのは、物事が「そうあるより以外(他)でもありうる」こと、可変的なこと、偶然的なこと。これに対し「他ではありえない」(ouk endechetai allōs echein)というのは、「そうあるより以外ではありえない」とのこと、その意味で必然的なこと。本書第三章の二〇の注(13)参照。行為や制作は前者(偶然的なこと・可変的な物事)に関係し、理論的な学は後者(必然的な物事)をその研究《テオーリア》の対象とする。

(2)　なされた行為は、その原理《アルケー》(始動因)を当の行為者自らの内にもち、作られた技術品では、その制作の原理は、当の技術品の外にある別のもの(技術品とは異なる・その外部にある・技術者、制作者)のうちにある。次項一二参照。

一二　認識と実践知と技能

他ではありえない(1)物事や自分で行為することのできない事柄については、誰もかれこれ商量しはしない。したがって、認識は論証を伴なうものであるのに、[2]それの前提原理が〔必然的でなくて〕他でもありうるような事柄には論証はありえないとすれば、……そしてまた、必然的な物事については商量すること不可能であるとすれば、思慮〔実践知〕は認識でもなく、[3]また技術〔技能〕でもないはずである。認識でないというわけは、個々の行為される事柄〔思慮の対象〕は他でもありうることだからであり、またそれが技術でないというのは、行為と制作とはその類を異にしているからである。こうして結局、思慮とは、人間にとっての諸〻の善と悪とに関しての理を伴なった真の行為可能的性能である、とするほかない。けだし、制作の場合では、その目的とするもの〔制作品〕は制作そのこととは別であるのに、行為の場合はそうではありえないから。というのは、善く行為すること《エウプラクシア》そのことが〔行為であるとともに〕行為の目的でもあるからである。（『ニコマコス倫理学』一一四〇a三一―b七）

（1）　前項一一の注（1）参照。

（2）　理論学での認識においては、その論証の前提原理は、実践学や制作術の場合とはちがって、他ではありえない必然的な物事であらねばならない。本章の二八、二九参照。

（3）　思慮（phronēsis）はあれをかこれをかと商量するが、必然的な事象については商量はありえない。思慮は「他でもありうる物事」に関する実践知である（本章の六の注（4）参照）。なおこの『ニコマコス倫理学』の第六巻では、性格上の徳のほかに知性的徳として知恵・理性（直観）・認識・思慮（実践知・識見）・技術知（技能）の五つが区別され詳説されている。本書第五章の六の注（1）参照。

一三　実践学の目的

われわれの現在の仕事[1]は、他の諸学がそうであるようなただの観想のためのそれではないからして（というのは、われわれは徳のなにであるかを知らんがために研究しているのではなくて、善い人に成らんがためにであり、そうでないならこの仕事はなんの役にも立たないだろうから[2]）、われわれは諸々の行為に関することどもを、どのような仕方でこれらのことを行為したらよいかを、考察する必要がある。けだし、……われわれの行為はわれわれの持つ性能のいかんをさえ決定する力をもっているからである。（『ニコマコス倫理学』一一〇三b二六―三一）

われわれは、この国家学[3]の目的を最高善であると定めておいた。そしてこの学は、国民を、或る特定の性質のものにすることに、すなわち、善い人にし、立派な行ないを行なう者とすることに、最も多く気遣うべきものである。（『ニコマコス倫理学』一〇九九b二九―三二）

（1）　いまここで（『倫理学』の講義のなかで）論じようとするのは、一般に人間の行為・実践、とくに人間の国民としての徳行についてである。

（2）　このようにアリストテレスでは、実践学で重要なのは知よりも行であるとのことが、あちこちで力説されている。本書第一章の三の（一）（三二―三三頁）、第五章の二その他参照。

（3）　アリストテレスでは、その「倫理学《エーティケー》」は「人間のする事柄についての哲学」であり、「国家学」またはその二大部門の一つであった。第一章の三の（五）（四三頁）参照。なおその目的については第五章の一参照。

一四　哲学とこれに似て非なる弁証と詭弁

明白に、それゆえ、この同じ一つの学〔愛知者の学なる第一の哲学〕が、実体についてのみでなくこれら諸概念〔一と多およびこれらから派生する同、異、等、不等、反対など〕についても説明を与えうべきである。そして哲学者たるものはこれらすべてを研究しうべきである。(1)……ところで、これら諸概念は、一としての一や存在としての存在の自体的属性であって、決して数としての存在や線としての存在やあるいは火としての存在の自体的属性ではないからして、これら諸概念のなにであるか〔本質〕やこれらに付帯する諸属性を認識することは明らかにこの学〔すなわち愛知者（哲学者）の学〕のなすべきことである。そして、このかぎりでは、これらを詮索している人々も(2)知恵の愛求者たる点ではあやまってはいないが、かれらのあやまっているのは、実体がこれらより先であるのに、このことについてなんの理解をももっていない点にある。……それを証拠立てるものはこれだ。たしかにあの弁証家たちと知者たち〔詭弁家たち〕とは、どちらも愛知者〔哲学者〕と同じ姿を装っている、すなわち、知者の術《ソフィスティケー》〔詭弁術〕は見かけだけでは知恵《ソフィア》であるし、また弁証家たちはあらゆる物事を弁証的〔問答的〕に論議し、そしてそれらすべてに共通しているのは存在であるが、かれらがこのような問題を弁証的に論議するのは明らかにこれらが哲学に固有の問題だからである。すなわちこのように、詭弁術も弁証論も(3)、ともに哲学と同じ類の問題にかかわっているからである。しかし、哲学は、その知的能力の用い方においては弁証論と異なり、また詭弁術とはその生活意図において異なっている。哲学がそれの認識をえようと努めている事柄に対して弁証論はただ試論的・非難的であり、詭弁術は見かけは知恵に似ていて実は非なるものである。(『形而上学』一〇〇四a三二—b二六)

(1) この一節に先立つ『形而上学』第四巻の第一、第二章では、哲学者《フィロソフォイ》の探求すべき「知恵《ソフィア》」がさきに「第一の学」「第一の知恵」とも呼ばれた「第一の哲学」と同一視され、したがって「哲学者」(知恵の愛求者)なるものは「第一の哲学の研究者」たるべきだとして前掲の任務——すなわち本書本章の一〇にも掲げられたように「存在としての存在についてその本質ならびにその諸属性を」研究すべきだという第一の哲学の任務——を果たすべきだとされ、この第四巻の第二章以下では特に「存在としての存在に自体的に属する」諸属性として、一・多・同・異・等・不等・類似などいう諸概念が一々詳細に検討されている。本書第三章の一の注(1)参照。

(2) すぐつぎに挙げられる弁証家たちや詭弁家《ソフィスト》たちを指す。次注(3)参照。

(3) 弁証家たち(dialektikoi)の弁証論(dialektikē)というのは、エレア派のゼノンなどの論駁の仕方とソクラテスの問答法とを混じたメガラ派(小ソクラテス派の一派)の連中の帰謬法的論駁の術で、名称は同じでもソクラテスやプラトンの'dialektikē'とも、ヘーゲルやマルクスの'Dialektik'とも異なり、アリストテレスによると、自明的にも論証的にも真偽不明なまたは全く虚偽な前提から出発し、推論過程には過ちがないが結論は虚偽か不確実なもの。詭弁術と訳される'sophistikē'は、前第五世紀のソフィストたち(プロタゴラスなど)の運動と無縁ではないがむしろソクラテスの弟子たち(キニコス派やメガラ派の連中)のうちにあった詭弁的な論議を指す。これは、アリストテレスによると、弁証家の論法と異なり、その論証の過程に言わゆる詭弁的なごまかしを交えて虚偽な結論を出し、虚偽を真実と見せかける欺瞞の術で、哲学が真理の愛求であるのに、これは弁証家のと同様に虚偽の術であるだけでなく、不道徳なものである。

B　学問の方法——論理学

一五　研究の道具——分析論

講義は相手の習性のいかんに応じてなさるべきである。というのは、人々は自分の慣れているように語られることを望むからであり、これと異なることは、親しみにくく感じられるだけでなく、不慣れであるがためにますます理解しにくく且つますます奇異に感じられてくるからである、なぜなら慣習は理解しやすいからである。……さてそれゆえに、或る人々は数学的に講義されないかぎり聴講しようとしないが、或る人々は実例を挙げてでないと聴講せず、また他の人々は証拠として詩人が引合いに出されることを要求する。また或る人々はなにもかも厳密にと要求するが、他の人々には厳密であることとそのことが（その理路に従ってゆく能力がその人々に欠けているがためか、あるいは小理窟だと見下げられてか）いやがられる。……だからして、われわれはまず、それぞれの学の対象をどのような仕方で論証すべきかについて学習していなくてはならない。というのは、認識を求めながら同時に認識を得る方法（1）を求めるということは不条理なことであり、のみならず、どちらの一つも容易には求められぬことだから。（『形而上学』九九四b三二—九九五a一四）

真理について議論した人々のうちには、それがいかなる条件において許さるべきかの問題に手を出している者もあるが、[2] これは分析論[3]〔論理学〕の教養の欠乏のゆえにあえてなしえたことにすぎない。というのは、この種の問題については、ひとは特定の研究に入るに先立ってあらかじめこれ〔真理の成立条件いかん〕を心得ているべきであり、いまだその講義を聴いているうちにはこれを詮議すべきではないからである。(『形而上学』一〇〇五b二―五)

(1)　この認識(したがって学問一般)を獲得する方法を教えるものが言わゆる論理学で、アリストテレスでは、次注(3)で知られるように「分析論」と呼ばれ、これは認識(学問=真理探求)そのものではなくて認識の方法であり真理獲得の道具と考えられた。本書第一章の三(三三頁)参照。

(2)　ソクラテスの弟子でキニコス派の祖アンティステネスのごとき者か。かれは「一つ(の主語)には一つ(の述語)あるのみ」であると同一判断のみを可能と主張し、したがって事物のなにであるかを定義することも不可能だとした。そこでかれは、この立場から、一般に真を語ろうとすれば同語反覆しか許されず、真理認識は不可能であると唱えた。

(3)　この「分析論」(analytikē)というのは、アリストテレスでは、推論を三段論法の形式に分析すること、さらに広くは推論式を命題に、命題を名辞にと分析することを意味するが、最も広義には、ここにあるように、ほぼ今日普通にいう論理学と同じである。この広義の分析論が後にストア学派からキケロの時代に、自然学、倫理学とならぶ哲学の三部門の一つとして、論理学(logikē, logica)と呼ばれだした。

一六　概念論――主語と述語

言われるものども〔言語諸形態〕のうち、或るものは結合において言われ、或るものは結合なしに〔単語で〕言われる。[1] ところで、結合において言われるものというのは、たとえば「人間は走る」とか「人間が勝つ」とかであり、結合なしに言われるものというのは、たとえば「人間」「牛」「走る」「勝つ」などである。

あると言われるものども[2]〔あるもの・存在〕のうち、(1)或るものは、或る基体《ヒポケイメノン》〔主体・主語〕について言われる〔すなわちその述語とされる〕が、しかし決していかなる基体のうちにも存しないもの[3]、たとえば、「人間」は或る基体すなわち或るこれこれの人間について言われ〔その述語とされ〕はするが、しかし決していかなる基体〔いかなる個々の人間〕のうちにも存しない。だが(2)或るものは、或る基体のうちにあるが、しかしいかなる基体についてもその述語とされないもの[4]。……たとえば或るこれこれの文法的知識は、或る基体のうちに、すなわち或る霊魂〔その知識をもつ人の心〕のうちにありはするが、しかしいかなる基体の述語ともされない、あるいはまた、この或る白さは、基体なる或る物体のうちにあるが……いかなる基体についてもそれの述語とはされない。なおまた(3)或るものは、或る基体のうちにあるとともに、この基体の述語ともされうるもの[5]、たとえば、一般に知識は、基体としての霊魂のうちにありながら、しかもなお或る基体すなわちたとえば文法的知識の述語ともされる。だが最後にまた(4)或るものは、いかなる基体のうちにもあらず、またいかなる基体の述語ともされない[6]、たとえば、この人、この馬がそれである。というのは、このような特定のものはいずれも、いかなる基体のうちにもあらず、いかなる基体についてもその述語とはされないから。すなわち要するに、不可分なもの(7)〔個物〕、数的に一つのものは、いかなる基体の述語ともならない。(『カテゴリー論』一a一六―b七)

(1) 「結合において言われるもの」とは、一語より多くから成る言い表わし(言表)、すなわち一つの文をなすもので、普通の論理学でいう「判断」または「命題」の形をしたもの。「結合なしに言われるもの」というは、単語的に言表されるもの、すなわち論理学でいう「概念」または「名辞」のこと。

(2) この「あると言われるもの」「存在」(to on, 英 the being)については、本書第三章の二、同注(1)参照。

(3) これは、簡単に言えば、「述語存在」、たとえば一般に「人間」「馬」「動物」のごとき種概念や類概念(種としての存在、類としての存在)。なお、基体(hypokeimenon)の意義については本書第三章の六および同注(1)(4)参照。

(4) 基体内属的主語存在。たとえばこの個人カリアスの霊魂に内在するこの文法学的知識。

(5) 基体内属的述語存在。たとえばカリアスの内にある特定の知識が一般に「知識である」と述語された場合の「知識」。

(6) 全くの基体的(主語的)存在、すなわち第一義的の実体(個物)。本書第三章の六、七参照。

(7) 「不可分なもの」(ta atoma, 単数形 to atomon)というのは、もはやそれ以下には分かちえない最下・単一の個。ここでは、「個々のもの」(ta hekasta, 個物・個体)と同義(本書第三章の七、同注(4)参照)。「最低・最下の種」が「不可分な種」(atomon eidos)と呼ばれるのは、もはやそれ以下の種に分けようとすれば、その種の個体(この人・この馬)しかないからであり、個人カリアスを分ければ個人ではなくなるから「不可分なもの」である。(これの逆は、本章の三〇に見える無部分的な最高普遍概念。)この不可分の意の‘atomon’がラテン語で原意のまま‘individuum’と訳され、これの欧州語が邦訳されて個体・個物・個人などと訳されるのも不可分なものだからである。デモクリトスの原子が全く「不可分な物体」なるがゆえに‘ato-

ma sōmata' とか 'atomoi ousiai' とか言われ、邦語で「アトム」と略称されることは周知のとおり。

一七　述語の諸形態（カテゴリー）

なんらの結合においてでもなしに言われるものども[1]の各々は、(1)実体[2]を指すか、(2)もののどれほどあるか〔量〕をか、(3)もののどのようにあるか〔性質〕をか、(4)それが他のなにものかに対してどうあるか〔関係〕をか、(5)どこにあるか〔場所〕をか、(6)いつあるか〔時〕をか、(7)どう置かれているか〔位置〕をか、(8)なにをつけているか〔様態・状態〕をか、(9)それのすること〔能動〕をか、あるいは(10)されること〔受動〕を指すかである。[3] ところで、まず(1)実体というのは、大まかに言うと、たとえば、人間とか馬とかであり、(2)量というのは、たとえば二尺とか三尺とかであり、(3)性質というのは、たとえば白いとか文法的とかであり、(4)関係というのは、たとえば二倍とか半分とかより大きいとかであり、(5)場所というのは、たとえば学校にとか市場でとかであり、(6)時というのは、たとえば昨日とか昨年とかであり、(7)位置というのは、たとえば横たわっているとか坐っているとかであり、(8)様態〔状態〕というのは、たとえば靴をはいているとか鎧をつけているとかであり、(9)する〔能動〕というのは、たとえば切るとか焼くとかであり、(10)される〔受動〕というのは、たとえば切られるとか焼かれるとかである。さて、上述のものども〔結合なしに言われる単語的なものども〕の各々それ自らは、ただそれだけでは、なんら肯定しも否定しもせず、肯定・否定の生じるのはこれらのいずれかが他のいずれかと結合されることによってである。というのは、およそ肯定や否定は真であるか偽であるかであるが、なんらの結合においてでもなしに言われるものども、たとえば「人間」とか「馬」とか「白い」とか「走る」とか「勝つ」とかには、真もなく偽もないからである。(4)

(『カテゴリー論』一b二五—二a一〇)

(1)　前項一六の「結合なしに言われるもの」すなわち単語的に表わされる名辞ないし概念。

(2)　ここにはただ「実体」(ousia)を指すとあるが、同じ述語諸形態をあげた他の箇所(たとえば本書第三章の五など)では、‘to ti esti kai tode ti’(もののなにであるか〔本質〕、またはこれなる或るもの〔個物〕)を指すとある。第三章の五—八参照。

(3)　以上の(1)から(10)までが、アリストテレスの十のカテゴリー(範疇)として有名な「述語諸形態」(ta schēmata tēs katēgorias)または「述語となるものども」(ta katēgoroumena)と呼ばれたものである。その原語とラテン語訳とをあげると、つぎのとおりである。(1)「実体」または「なにであるか」は、‘ousia’, ‘to ti esti’. ラ訳‘substantia’, ‘essentia’. (2)「どれほど」または「量」は、‘to poson’または‘posotēs’. ラ訳‘quantum’, ‘quantitas’. (3)「どのように」または「性質」は、‘to poion’, ‘poiotēs’. ラ訳‘quale’, ‘qualitas’. (4)「対してどうあるか」(関係)は、‘to pros ti’. ラ訳‘quod ad aliquid’, ‘relatio’. (5)「どこ」(場所)は、‘pou’. ラ訳‘ubi’. (6)「いつ」(時)は、‘pote’. ラ訳‘quando’. (7)「どう置かれているか」(位置)は、‘keisthai’. ラ訳‘positio’. (8)「なにをつけているか」(所有・状態)は、‘echein’または‘hexis’. ラ訳‘habere’, ‘habitus’. (9)「すること」(能動)は、‘poiein’. ラ訳‘agere’. (10)「されること」(受動)は、‘paschein’. ラ訳‘pati’. 第三章の二、同注(4)参照。

(4)　真とか偽とかは、アリストテレスでは、事物そのものの内には存せず、ただ思想(判断)のうちにある。

結合なしに言われるものに関しては、思想のうちにさえ真偽はない。次項一八参照。

一八　判断――肯定と否定

言表《ロゴス》[1]はすべてなんらかの意味をもっているが、……言表のすべてが断定的なそれなのではなくて、それのうちに真か偽かの含まれているそれのみが断定的なそれすなわち命題《アポファシス》〔判断〕である。というのは、たとえば祈りの語句は言表ではあるが、それには真も偽もないから。そこで、これら命題以外の言表は度外視することにして（というのは、これらについては弁論術または作詩術〔詩学〕が考察すべきだから[2]）、ここでは、断定的なそれ〔命題〕だけが当面の研究課題である。

さて、こうした断定的な言表すなわち命題〔判断〕のうち、ただそれだけで一つをなせるもの〔単純なもの〕に、第一には肯定、つぎに否定[3]があり、その他はすべて結合詞によって一つをなせるものである。ところで、こうした命題はいずれも動詞ないしは動詞の時称変化が含まれていなくては成り立たない、というのは、たとえば「人間」をなんとか言い表わす場合、それがこれこれで「ある」とか「あるであろう」とか「あった」とかいうように、その他なにかそのように、付加されないでは、命題にならないからである。（『命題論』一七a一一―一二）

肯定とは、或るもの〔基体・主語〕について或ること〔属性・述語〕を是認する断定であり、否定とは、或るものから或ることを拒否する断定である。（『命題論』一七a二五―二六）

(1) ここに「言表」と訳された原語'logos'は、広くは「話」「言葉」「文句」の意であるが、ここではつぎに読まれるような真偽を含む「断定的言表」(ho apophantikos logos)が問題になる。この「言表」(命題・判断)が物事の本質・形相を指している場合には、本書ではこの意味の'logos'を「説明方式」とも訳した。本章の二九の注(1)、第三章の一一の注(2)参照。

(2) 弁論術や詩学は真偽を問題にしない点でも学(認識)でなく制作術の部に入れられる。第六章の一参照。

(3) 「肯定」(肯定判断)の原語は'kataphasis'，「否定」(否定判断)のは'apophasis'.

一九　名詞と動詞

名詞《オノマ》は、約束《シンテーケー》によるなんらかの意味をもつが時を含まない音声であり、それのいずれの部分〔字母〕も他から切り離されては意味をもたない。(『命題論』一六a一九—二〇)

動詞《レーマ》は、本来の意味に加えて時をも合わせ示すものであり、[1] そのいずれの部分も離れて単独には意味をなさず、そしてそれは、いつでも他の或るものについて述べられることどもの記号《セイメイオン》である。(『命題論』一六b七—八)

肯定および否定は、いずれも、〔一定の〕名詞と動詞とから成るか、あるいは不定な名詞と動詞とから成るかである。そして、動詞なしには、[2] いかなる肯定も否定もありえない。(『命題論』一九b一二—一四)

(1) 「動詞」の原語'rēma'は、語られるものの意で、単語的な'onoma'(語)に対してはむしろ語の結合(語句・

文）を呼ぶ語であるが、文法的には名詞としての語オノマに対して「動詞」を指す。‘rēma’という語そのものには、日本語の「動詞」という語と同様、時の観念は含まれていないが、レーマと呼ばれる語（動詞）そのものは名詞とちがい時称変化をもっている。ドイツ語では動詞は‘Zeitword’と呼ばれている。

（2）　ギリシャ語の動詞には人称・時称が含まれているから、主語名詞は表面に出ないでも、すくなくもなんらかの動詞さえあれば、なんらかの肯定はできる。

二〇　論証とその前提

まず第一に語らねばならないのは、この研究〔分析論の研究〕がいかなる対象についてであるか、またいかなる学に属するものかを、である、すなわち論証《アポデイクシス》についての研究であり、また論証的な学に属するものである、とのことを。つぎに定義して明らかにしておかねばならないことは、前提《プロタシス》とはなにか、項《ホロス》〔名辞〕とはなにか、(1)推論《シロギスモス》〔三段論法〕とはなにか、またそのうちでも完全な推理はどのようなもの不完全なのはどのようなものかをである。さらにこれらのつぎに明らかにしておかねばならないのは、或るこれこれのものが全体として〔全称的に〕或る他のこれこれのもののうちにあるとかあらぬとかいうのはなにか、すなわち、われわれがなにものかをそのすべてについて〔全称的に〕述語するとかいずれについても述語しない〔全称否定的に述語する〕とか言うのはなんの意味かをである。さて、前提というのは、まず〔一般には〕、或るものについて或ることを肯定《カタファンティコス》しまたは否定する《アポファンティコス》言表《ロゴス》のことであるが、この言表には、（1）その或るものの全体についてのそれ〔普遍的・全称的な言表〕と、（2）その部分においてのそれ〔特称的言表〕と、（3）そのどちらとも不定なそれ〔不定称的言表〕とがある。ここに私が「全体について」〔全称的〕と言うのは、或ることが或るもののすべてに属するか、またはそのいずれにも属しないか、そのどちらかの場合のことであり、(2)「部分において」〔特称的〕と言うのは、或ることが或るものの或る部分に属するか、属しないか、あるいは必ずしもそのすべてにではないか、そのいずれかの場合のことであり、(3)そして「不定な」と言うのは、全体的とか部分的とかいう定まりなしに、或ることが或るものに属するか属しないかの場合のことである、たとえば「反対のものどもは同じ学の対象である」とか「快楽は善ではない」とかがこれである。

ところで、論証での前提《アポデイクティケー・プロタシス》〔論　証《アポデイクシス》においてその前提となる判断〕は、弁証術《ディアレクティケー》〔問答法〕での前提とはちがっている。すなわち、論証で前提するは、矛盾する二つの言表のうちの一方を認容するにあるが（というのは、論証する者はその前提について問答するのではなくてそれを〔確実・自明な真理として〕認容するのだからであるが）、弁証論でのそれは矛盾するものどもの〔どちらをとるかを〕問うことそのことだから。しかしこの両者のちがいは、その各〻のする推論の成立過程とは無関係であろう。なぜなら、論証する者も、また弁証する者も、ともに、或ることが或るものに属するか否かを〔一応その推理の前提命題として〕認容して推理《シロギゼタイ》するのだから。したがって、推論での前提は、上述のとおり、ただ無条件に、或るものについて或ることを肯定している〔肯定判断〕か否定している〔否定判断〕かであろうが、論証での前提は、それが真であり基本的諸定立によって容認されたものである限りにおいてであり、他方、弁証論での前提は、当の弁証家からすれば、矛盾する二つの言表のうちから随意に撰択されたどちらか一つであるが、推論する者からみれば、それはただ本当らしく見え、もっともらしく思われることの容認にすぎない。(『分析論前書』二四a一〇—b一二)

(1)　「項(名辞)」(horos)については、本章の二二の注(3)参照。

(2)　ここに「全体について」(katholou)というのは、或ること(たとえば動物であるということ)が他の或るもの(たとえば人間)の全体に属する場合、すなわち全称肯定、たとえば「すべての人間は動物である」のごとき、および、そのいずれにも属しない場合、すなわち全称否定、たとえば「すべての人間は植物ではない」のごときである。

(3)　「部分について」(kata merei)というのは、或るものの或る部分が他の或ることに属するか否かの場合、すなわち特称肯定か特称否定かである。たとえば「或る動物は理性的である」(特称肯定)または「或る動物は理性的でない」(特称否定)。なお、最後の「不定な」(adioriston)というのは、全称的とも特称的とも明示されていない命題、すなわち本文にある二つの例のうち前者は不定称肯定、後者は不定称否定である。

二一　推論の原理――矛盾律

哲学者なるものが、実体を全体としてありのままに《ヘーイ・ペフィケン》研究《テオーレイン》する者であるとともに、諸〻の推論の原《アル》理《カイ》をも検討すべき者であることは明らかである。ところで、各〻の類の物事について最もよく精通している者がその当の物事の最も確かな原理を説くに適しているからして、したがって、存在としての存在を研究対象としている者が最も適切にあらゆる存在の最も確かな原理を説きうる。そしてこの者はすなわち哲学者である[1]。そしてこのあらゆるものの最も確かな原理というのは、これについてはなんぴともあやまることの不可能なもののことである。なぜなら、このような原理は、一方では必ず最も可知的《グノーリモーターテー》[2]なものであらねばならず、……同時にまた、他方では、無仮定的《アニポテトン》なものであらねばならないからである。すなわち、およそ存在するなにものかのわかっている者なら誰でも所有していなくてはならないような原理は、仮定《ヒポテシス》とは言われないし、また誰がなにを認識するときにも知られていなくてはならないようなものは、誰もみなそれを〔その特定の研究に入るに先立って〕すでにあらかじめ所有していなくてはならないからである。

さてそれゆえに、このような原理がなによりも最も確かなものであることは明らかである。では、それはどのような原理であるか、つぎにわれわれは、それを述べよう。それはすなわち、「同じもの〔同じ属性・述語〕が、同時に、また同じ事情のもとで、同じもの〔同じ基体・主語〕に存属し且つ存属しない、ということは不可能である」という原理である[3](なおこれら〔同時にとか同じ事情のもとでとかいう条件〕より以外に他の条件をも、用語上の不備非難をふせぐために付加する必要があれば、付加してもよい)。だがとにかく、これがすべての原理のうちで最も確か《ベバイオタテー》な原理《アルケー》である。それは上述の特[4]徴を具備しているからである。けだし、なんぴとも「同じものがあり且つあらぬ」と信じることは不可能だから、たとえ或る人々はヘラクレイトスがそう言った[5]と思っているにしても。というのは、そう言うことは可能だとしても、ひとは必ずしもその言うとおりを信じておりはしないからである。そして、もし「反対のことどもが同じものに同時に存属することは不可能である」[6]とすれば（むろんこの前提原理にも例の条件がさらに付加されてよいが）、そしてまた、或る判断《ドクサ》〔意見〕に対して逆にこれを否定する判断がそうした「反対のこと」であるとすれば、同じひとが同じものをあると信じると同時にあらぬと信じることの不可能であることは、明白である。なぜなら、この点であやまるなら、その人は二つの相反する判断《ドクサ》を同時にいだく者となろうからである。それゆえ、およそ論証をする者はすべて、この原理〔矛盾律〕を論証の終極の判断《エスカテー・ドクサ》〔信念〕として、その論証をこの原理にまで還元する。なぜなら、〔この判断すなわちこの矛盾律は〕その本性上、他のすべての公理《アクシオーマ》にとってさえ、それらの原理《アルケー》〔出発点・第一前提〕なのだから。（『形而上学』一〇〇五b五―三四）

（1）ここに哲学者（第一の哲学の哲学者）の任務の一つがあげられ、矛盾律など思考の根本原理を否認する者ども（弁証家・詭弁家たち）を弁駁する仕事が、この『形而上学』第四巻の第三章以下で始められている。

（2）本書本章の二七、同注（5）参照。

（3）後世「矛盾律」と呼ばれる思考の根本原理は、思想史上ここで初めてこのように定式化された。この定式のうち「同時に」と訳された原語‘hama’は、ラテン語の‘simul’と同じく、時間的には「同時に」であるが場所的およびその他の多くの場合には「一緒に」「共に」というに近く、「或るものAがBであると共にBであらぬことは不可能」というがごときである。要するに、その直ぐつぎに「同じ事情のもとで」「同一条件のもとで」（原語では簡単に‘tōi autōi’）とあるように「同じ仕方では」不可能というにある。それはアリストテレス自らが「その他どのような」限定を付加してもよいと補説しているとおりである。

（4）この原理（矛盾律）が最も可知的な（gnōrimōtatē）という特徴と無仮定的な（anypoteton）という特徴。

(5)　万物流転の説で有名なヘラクレイトスがこのとおり「同じものがあり且つあらぬ」と言ったか否かは不明であるが、かれの残存断片には、戦は平和であるとか善も悪も神にあっては同じであるとかいう句がある(ディールスの断片集、断片一〇、五八、六〇、六七など)。言わば「反対の一致」「矛盾の統一」をつとに直観した人で、同一律(したがって矛盾律)を固執した最初の形而上学者パルメニデスに対しては唯物弁証法の最初の発言者とも言えよう。

(6)　これが矛盾律のいま一つの定式化。ここに「反対のことども」というのは「Bであるということ」と「Bであらぬ(非Bである)ということ」。「同じもの」というのは「A」。ゆえにこの矛盾律の定式は、「AがBであると共に非Bであることは不可能」とも換言される。

二二　推論(三段論法)とその原則

推論《シロギスモス》〔三段論法〕[1]というのは、そこに或ることどもが措定され、それらから或る他のことが、それらがこのことであるので、[2]必然的に結果してくる論法である。ここに私が「それらがこのことであるので」と言うのは、それらがしかじかであるによってしかじかの結論が出てくるとの意であり、そしてこのことはまた、かく必然的に結論が出てくるためにはそれら以外のいかなる項《ホロス》〔名辞〕[3]をも付け加える必要がないとの意でもある。

ところで、完全な推論と私の呼ぶのは、そこに措定されたことどもより以外には、それらから出てくる結論の必然性を明らかにするために、なんらの他のものをも付け加える必要のない推論のことである。これに反し、不完全なというのは、そこに措定されているものどもから必然的に導き出されはするものの・明らかに前提として挙げられてはいないところの・一つか幾つかの名辞の付け加えを必要とするような推論のことである。（『分析論前書』二四b一八—二六）

すべての推論において、その項どものうちのいずれか一つは肯定的に述語されていなくてはならず、また〔両前提命題のいずれか一つは〕全称的であらねばならない。というのは、もし全称的でないなら、（1）推理はありえないか、（2）当面の課題との関係がつかないか、あるいは（3）原理〔論点〕を要求す[4]ることになるかであろうから。（『分析論前書』四一b六—九）

（1）　推論、推理、三段論法などと訳される原語の‘syllogismos’は、語の構造からみると‘syn-’（結ぶ）と‘logos’（言表・命題・判断）の組み合わせであるように、二つまたは二つ以上の命題を前提とし（中名辞を媒介として）そこから結論を導出することで、広くは帰納法（本章の二四参照）をも含むが、まずここでは後世の言わゆる三段論法または演繹推理を指す。言うまでもなくこれらはアリストテレスによって初めてここに確定されたものである。なお、『トピカ』（一〇〇a二五）では、推論が「前提になにごとかが与えられていて、これら措定されたものごととは異なるものが必然的に出てくる論法」と定義されている。

（2）　「それらがこのことであるので」という一句はアリストテレスの三段論法に関する見解について注目すべき句である。その意味は、すぐつぎの補説でも知られるように、「それら（或ることども＝前提命題）のうちにすでにこのこと（或る他のこと＝結論）が含まれているがゆえに」それらの前提から必然的にこの結論が出てくるというにある。

（3）　「項（名辞）」と訳された原語‘horos’は、「限り」「境界」「終り」などの意から、アリストテレスでは「定義」の意にも用いられるが、ここでは、つぎの「端《たん》」と訳された‘akron’が「端《はし》」「頂上《いただき》」の意から推論において中項（媒名辞M）で媒介される両端のもの（大名辞Pと小名辞S）の各々を呼ぶに用いられているように、この'horos'は命題の両限界（主語Sと述語Pとの両項）を指し、しばしば両端と同一視され、ラテン語ではこれがほぼ同義の語'terminus'と訳し用いられて以来、英語の'term'から日本語では「項」「名辞」と訳用されている。なお、本章の二三の第一格の諸注参照。

（4）　この「原理を要求する」の原文'to ex archēs aitēsetai'は、後に論理学で'petitio principii'（「原理要求」または「論点先取」）の誤謬・論過と呼ばれるに至るもの。

二三　三段論法の格

（一）第一格

さて、推論の三つの項(1)〔名辞・概念〕が、その終端のもの〔小名辞S〕はすべて全く中間《メソン》のもの〔中名辞M〕のうちにあり、そして中間のものはすべて全く始端のもの〔大名辞P〕のうちにあるかあるいはあらぬか(2)であるように、相互に関係し合っているとき、両端《タ・アクラ》のもの〔SとP〕は完全な推論をなして必然的に結合されている。ところで、ここに私が中間《メソン》のものと呼ぶのは、それ自らは或る端《アクロン》のもの〔大名辞P〕のうちにあり他の端のもの〔小名辞S〕はそれ自らのうちにあるもの〔中名辞M〕のことである(3)。またこれは、その位置からみても(4)中間をなしている。そして両端のものというのは、それ自らが他のもの〔中間のもの〕のうちにあるそれ〔始端S〕と他のものがそれ自らのうちにあるそれ〔終端P〕との両者である。[5] そこで、もしPがすべてのMの述語とされ、MがすべてのSの述語とされるならば、Pは必然的にすべてのSの述語とされる。[6]（『分析論前書』二五b三二―三九）

（1）　推論（三段論法）はつぎの三つの項、すなわち、㈠その結論で述語Pとなる始端のもの（大きい端のもの＝大名辞・大概念P）と、㈡結論で主語Sとなる終端のもの（小さい端のもの＝小名辞・小概念S）と、㈢大小両前提の各々のあいだにあって大小両端のもの（PとSと）を媒介する中間のもの（中項・中名辞・媒概念などと呼ばれるM）とを必要とする。

（2）　中間のものMが「すべて全く……Pのうちにある」または「……あらぬ」というのは、Mが大前提でPの主語として全部（全称的に）述語Pのうちに含まれる（全称肯定される）かまたは全く含まれない（全称否定される）かの場合、すなわち、大前提でMが周延している場合。次注（3）および（5）参照。

（3）　この「中間のもの」（to meson）というのは、中項または中名辞と呼ばれるもので、一般に推論では始端と終端との両端（大名辞と小名辞）を媒介する働きをするので媒概念（略記してM）とも呼ばれる。このMが、この第一格（次注（5）参照）においては、一方では始端のものPで述語され（Pに包まれ）、他方では終端のものSを述語する（Sを包む）形になっている。このようにMがSを包みPに包まれる関係にある点にこの第一格の長所・完全性がある。

（4）　「位置からみても」中間にある、というのは、この第一格が、ギリシャ原文では、P・M・Sがつぎの本文拙訳でも見られるように、「もしPがすべてのMの、MがすべてのSの述語とされるならば、云々」という配置で定式化され、したがってMの位置がPとSとの中間にあるとの意である。

（5）　「端」「端のもの」（akron）については前項二二の注（3）参照。この「両端」の各々が本文で見られるとおり「始端《プロートン》」とか「終端《エスカトン》」とか呼ばれ、また次節（第二格のところ）では、これらがそれぞれ「大きい端《メイゾン・アクロン》」とか「小さい端《エラットン・アクロン》」とか呼ばれている。

大前提　M（中）――P（大）
小前提　S（小）――M（中）
結　論　∴S ――P

（6）　この形の推論が、後世の形式論理学で三段論法の「第一格」(first figure) と呼ばれるに至るものであるが、この呼称はアリストテレス自らがこの直ぐつぎ（二六b三三）に「このような形態《スケーマ》を私は第一《プロートン》のと呼ぶ」と言っているのに始まる。上図はこの第一格を図式的に表わしたもの。

(二)　第二格(1)

同じものが、或るものにはそのすべてに〔その述語として〕属し他の或るものにはそのいずれにも属しない場合(2)、あるいは、これら各〻のもののすべてに属しまたはそのいずれにも属しない場合(3)、このような推論の形態《スケーマ》を私は第二のそれ〔第二格〕と呼ぶ。そして、この場合において、中間のものは、私の言う意味では、両端のもののいずれに対してもその述語となるものであり、両端のものはどちらもこの中間のものによって述語されるものである。そのうち、大きい端のもの〔大名辞P〕の方は中間のものにより近く、小さい端のもの〔小名辞S〕の方はより遠くにあり(4)、そして中間のものは両方の端の外側にあり、その位置からみれば最初にある。ところで、推論は、この第二の形態においては、完全な推論ではありえないであろうが、端のものどもは、全称的であっても全称的でなくても、可能である。（『分析論前書』二六b三四―二七a三）

推論のこの形態〔第二格〕からは、全称的にせよ特称的にせよ、肯定的な結論は出てこないで、結論はすべて否定的である(5)。（『分析論前書』二八a七―九）

P(大)——M(中)
S(小)——M(中)
∴ S——M

（1）　前節の注(6)でも触れたように、第一の形態《スケーマ》と呼ばれた第一格に続けて、ここに「第二の形態」(今日では「第二格」と呼ばれるもの)が説かれる。これは上図のように表わされる。

（2）　「同じもの」というのは同じ中間項(媒概念M)のこと。この同じ媒概念が或る端のもののすべてを包摂し、他の端のもののすべてを拒否している場合、すなわち媒概念が一端を全称的に肯定し、他端を全称的に否定している場合、この推論は正しい。

（3）　しかし、同じ媒概念が各〻の端の「すべてに属し」または全く「属しない」ということは、正しい推論としては許されない。にもかかわらずアリストテレスがここにこの場合をも挙げたのは、この格における媒概念の大小両概念に対する関係のありうるすべての場合を列挙しただけのことで、かれ自身も続けて述べているとおり、第二格においては、前提のいずれか一つは否定命題であらねばならず(でないと媒概念不周延の誤謬を犯す)、しかも両前提が共に否定命題であっては媒概念は大小いずれの概念とも絶縁されて媒介の役をなさず、結論がえられない。したがって各端の「すべてに属し」(両前提が共に肯定)または「属しない」(両前提が共に否定)という場合は実はありえないのであった。

（4）　ここに「より近く」「より遠く」というのは、この格における両端(大小両概念)のどちらが、その普遍性の度合い(周延度)において、中間のもの(媒概念)のそれにより多く近いか遠いかを指す。

（5）　前注(3)参照。

(三)　第三格(1)

しかし、同じものに、或るものはそれのすべてに属し、他の或るものはそれのいずれにも属しないとき、あるいはこれら両者のどちらもがあの同じもののすべてに属するか、またはそれのいずれにも属しないかであるとき、[2] このような推理の形態を私は第三のそれ〔第三格〕と呼ぶ。この形態においては、私の言う意味では、中間のものは両方の或るものども〔両端、PとS〕によって述語されており、これら両端のものは〔中間のものMを〕述語しておるものである。この場合、大きい端のもの〔P〕は中間のもの〔M〕よりより遠くにあり、小さい端のもの〔S〕は中間のものにより近くある。そして中間のものは両端のものの外側に立ち、位置においては最後にある。そこで、この形態〔第三格〕においてもその推論は完全なものではありえないが、推論としては、両端のものが中間のものに対して全称的であろうとなかろうと、成り立つことは可能である。[3]（『分析論前書』二八a一〇―一七）

この形態の推理では、肯定的のにせよ否定的のにせよ、全称的な結論は出てこない。（『分析論前書』二九a一六―一八）

（1）この第三の形態では、同じもの（媒概念）が端の両者によって述語されている、すなわち同じ中名辞が大小両名辞の各々に対して主語の位置を占めている。図式的に示せば上図のとおり。

M（中）――P（大）
M（中）――S（小）
∴ S ――P

（2）この後者の場合、すなわち両者（大小両概念）が同じもの（媒概念）のいかなる部分にも属しないような場合は、前節の注（3）にも述べたように、この第三格では両前提否定の誤謬を犯すもので、こうした推論は成立しないが、ここでもただ形式的に媒概念と大小両概念との関係可能な場合を一応あげただけである。

（3）以上に、『分析論前書』に見える推論の三つの格についての定義だけを抄録したが、この書ではさらに推論の格や式、その換質換位、さらにその諸様相について詳細に説かれていること言をまたない。なお、格についていては、形式的にはもう一つの格形態が可能であり、後の論理学書には普通この可能な第四格が加えられている。これは、これを最初に加えた者と誤伝されるガレノス（Galēnos, 後第二世紀のローマの医学者）の名によってガレノスの格とも呼ばれる。図式的には上図のように表わされる。

P（大）——M（中）
M（中）——S（小）
∴ S ——P

前掲の三つの図で媒概念の位置を見くらべると、形式的にはたしかに第四の形態がほしい、またこの形態（第四格）の推論が全く不可能なわけでもない。しかしこれは、無駄な推論形式であるがためだけでなく、アリストテレスでは、媒概念の位置よりもその含む範囲の広狭（媒概念の両概念に対する包摂関係）が問題であり、この点では、媒概念の含む範囲が、いずれか一端の概念よりは広くて他端のよりは狭い場合（第一格）と、両端のいずれよりも広い場合（第二格）と、両端のいずれよりも狭い場合（第三格）との三つの場合しかありえないからこの格は顧みられなかったのであろう。

二四　帰納からの推論（帰納法）

ただたんに弁証での推論や論証でのそれが前述の諸形態（推論の諸格）によって成り立つというだけでなく、弁論術での推論も、さらにまた一般にいかなる説得のためのそれでも、……そうして成り立つということを、いまこれから語らねばならない。というのは、およそなにごとでも、われわれが信じさせられるのは、推論によってか、あるいは帰納からかであるから。

ところで、帰納法《エパゴーゲー》というのは、帰納からの推論だが、これは、或る端のものと中間のものとの関係を他の端のものによって推論《シロギサスタイ》するものである。たとえば、MをSとPとの中間のものとすれば、PによってSはMに属する〔すなわちMはSである〕と証明するのがそれである。実のところ、われわれは、こうした仕方で帰納をおこなっているのだから。たとえば、Sを長命なもの、Mに相当するものを胆汁の出ないもの、そしてPに相当するものを人・馬・騾などという個々の長命なものどもとしよう。この場合、SはPのすべてに属する（そのわけは、すべてのPは長命なもの〔S〕だからである）。しかるに、M（すなわち胆汁の出ないもの）であるということもすべてのPに属する。そこで、もしこのPがMと換位しうるなら、そしてこの中間のもの〔M〕がその外延においてPよりも広くはないならば、必然的にSはMに属する。(1)（『分析論前書』六八b一〇—二四）

或る意味では、帰納法《エパゴーゲー》は推論《シロギスモス》に対立している。というのは、後者は中間のものによって或る端のものを第三のそれに属する〔すなわちSはPである〕と証明するものであるのに、前者すなわち帰納法は、この第三の端によって、他の端を中間のものに属する〔すなわちMはPである〕と証明するものだからである。そこで、自然においては、中間のものによる推論〔演繹法《シロギスモス》〕の方がより先でありより多く《グノーリ》可知的《モーテロス》であるが、われわれにとっては帰納による推論〔帰納法〕の方がより多く明瞭《エナルケストロス》である。(2)（『分析論前書』六八b三二—三七）

弁証術での論法にも種々あるが、……一方には帰納法があり他方には推論〔演繹法〕がある。ところで、推論のなにであるかは、すでに述べたとおりであるが、帰納法というのは、個々〔部分的・特殊的〕

のものどもから一般的〔全体的・普遍的〕なものへの上り道である、たとえば、或る老練な舵手は最も巧みにその舟をあやつる、同様に、或る老練な馭者もその仕事を巧みにやる、そうだとすれば一般に老練な者はすべてそれぞれの仕事に巧みな者である、というようなのがそれである。そして、帰納法は、推論〔演繹法〕にくらべて、より多くひとを承服させる力〔説得力〕をもち、よりいっそう明瞭であり、いっそうよく感覚的に知られて一般大衆に通じやすい。ただし、反対論者〔議論がましい人々〕に対しては、推論の方が帰納法よりもより多く強圧的であり、またいっそう効果的でもある。〔『トピカ』一〇五a一〇—一九〕

(1)　この帰納法(epagōgē)の例は今日の形式論理学に帰納推理の例としてよく引用されるもの。なおここに「このPがMと換位しうるならば」と限定されている点は、これだけでもアリストテレスがただの演繹法だけでなく帰納法についてもその始祖であることを示すものと言えよう。

(2)　「自然において」と「われわれにとって」については後出、本章の二七、同注(1)参照。

二五　分割法に対して

類によってのあの分割の方法[1]が上述の方法[2]のうちの一小部門であることは、容易に知られる、というのは、あの分割《ディアイレシス》は、言わば力の弱い推論のようなものだから。なぜかというに、それは、そのまさに自ら証明すべき点を前もって要求して[3]おり、そして常に〔その求めている当のものよりも〕より上位のなにものかを推論しているだけだからである。だが、まず第一に、まさにこのことに、あの方法を用いた人々は誰もみな気付かなかった。それでかれらは、この方法で、物事の実体についての・そのなにであるか〔本質〕についての(4)・論証を成り立たせることが可能であるかのように人々を説得しようと試みた。したがって、かれらには、その分割をしてゆくことによってどれほどのことを推論することができるのか、わかっていなかった、しかもそれがわれわれの述べた方法でならできることなのに、それにも気付かなかった。(『分析論前書』四六a三一―三九)

(1)　類によってのあの分割(diairesis)の方法というのは、プラトンがその『ソフィステース』(二一九A―二三七A)や『政治家』(二五八B―二六七C)のなかで、物事の定義を(たとえば政治家のなにであるか to ti esti を、すなわちそのなにであるかのあり体 ousia を)問い求めてゆく方法で、その物事の属する最高の類から順に下にその種から種へと二分法により最低の種にまで分割してゆく定義発見法。本書第三章の一二参照。

(2)　上述の方法というのは、ここまで(『分析論前書』第一巻の第一章から第三十章の終りまで)に論述されたアリストテレスの得意の推論《シロギスモス》の仕方を指す。

(3)　本章の二二の注(4)参照。

(4)　ここに物事の実体(ousia)というのは、その物事の本質(to ti esti)としての実体。本書第三章の六参照。

二六　既知からの出発

およそ教授でも学習でも思考によることはすべて既にまえもって〔各自の〕所有する知識から生じる。(1)

このことはその個々の場合を通覧する者には一目瞭然である。数学的諸学[2]もこの仕方で達せられるのであり、その他の個々の学問技術もそうである。同様にまた、諸論議[3]についても、推論〔演繹法〕によるそれにせよ帰納法によるそれにせよ、そうである。というのは、どちらの論議も、既にまえもって知られているものを用いて知識を授けるのであって、一方〔推論による論議〕は、既にその相手〔学習者・聴衆〕がその前提を承知しているものとしており、他方〔帰納によるそれ〕は、個々のものごとが既にまえもって明らかであるとのゆえをもって全体的なもの〔普遍〕を証示するものである。またこれらと同様の仕方で弁論術での論議は人々を説き伏せる、すなわちそれは、挙例法によるか推量法[4]によるかであるが、前者は一種の帰納法であり、後者はまさに推論〔演繹推理〕である。〔『分析論後書』七一a一―一一〕

（1）この一句で『分析論後書』の論述がはじまる。これはこの書での論証に関する研究態度を予告するだけでなく、アリストテレスの経験から出発する学風を簡潔に示すものである。次項二七、二八参照。
（2）「数学的諸学」については、本章の八の注（7）参照。
（3）「諸論議」と訳された'logoi'は、弁証家たちの議論を指す。本章の一四、同注（3）参照。
（4）挙例法(paradeigma)、推量法(enthymēma)については『弁論術』第二巻の第二十章以下に説かれている。

二七　「自然において」と「われわれにとって」の別

真理についての研究は[1]、或る意味では困難であるが、或る意味では容易である。その証拠には、なんぴとも決して真理を的確に射当てることはできないが、しかし全体的にこれに失敗しているわけではなく、かえって各人は[2]自然に関してなにかを〔なんらかの真を〕語っており、そして、ひとりひとりとしては、ほとんど全く、あるいはごくわずかしか真理に寄与していないが、しかもすべての人々の協力からは、かなり多大の結果が現われている。したがって、このように真理が、あたかも俚諺に「戸口までも行けない者があろうか」とあるようなものだとすれば、この意味では真理の研究は容易であろう。しかし、全体としてはなんらかの真を有しえてもその各部分についてはこれを有しえないという事実は、まさにその困難であることを明示している。

ところで、困難というのにも二つの意味があるが、おそらくここでいう困難の原因は、事柄それ自体のうちにあるのではなくて、われわれ自らのうちにあるのであろう。[3]というのは、あたかも真昼の光に対する夜鳥[4]〔こうもり〕の目がそうであるように、そのようにわれわれの霊魂の目すなわち理性もまた、自然においてなにものよりも最も明らかな事柄に対してはそうだからである。(『形而上学』九九三a三〇―b一一)

さて、「より先のもの」と言い「より多く可知的なもの」と言うのに、それぞれ二通りの意味がある。というのは、自然において[5]より先のものと言うのとわれわれに対してより先のものと言うのとは同じことでなく、また〔端的に〕より多く可知的なものと言うのとわれわれにとってより多く可知的なものと言うのとも同じことではないからである。ここに私が「われわれに対して」〔または「われわれにとって」〕より先のとかより多く可知的なとか言うのは、感覚により近いもののことであり、ただ端的

(6)により先のとかより多く可知的なとか言うのは、感覚からより遠く離れているもののことである。ところで、最も全体的〔普遍的〕なものは、感覚からは最も遠く離れているものであり、個々の事物は最も近いものである。（『分析論後書』七一b三三—七二a三）

なお、ここで注意すべきは、ものの論じ方に原理《アルケー》から出発する仕方と原理へと帰り行く仕方との別があるということである。この点では正当にも、すでにプラトンも〔『国家』五一一Bなどで〕われわれの道は原理からか原理へかと問い、この道にそって論究してゆくを常としていた。……というのは、むろんわれわれは明らかに可知的な事柄から出発すべきであるが、この明らかにというのにも二通りの意味がありうるからである。すなわち、その一つはわれわれにとってそうである場合、もう一つは端的にそうである場合である。そこで、いまわれわれの場合には、おそらく、われわれにとって明らかに可知的な事柄から出発すべきであろう。（『ニコマコス倫理学』一〇九五a三〇—b四）

（1）この最初の一節は『形而上学』の第二巻（第一巻A《アルファ》の巻のつぎに編入されてα《アルファ・エラットン》の巻と呼ばれる小論文）の巻頭の一節。このわずか三章から成る未完の小論文は、おそらく第一哲学のというよりも自然学の講義の初めに一般に真理認識（その意味での科学的研究一般）のための序説、真理探求者のための心得書きのようなものであるが、アリストテレスの研究態度を知るためだけでなく、一般に味読に価する小論文である。その見本としてその冒頭の一節をここにあげた。

（2）この「自然」(physis)というのは、この前後の文脈から見ても、また直ぐ前の'alētheia'（「真理」「真実」）や直ぐ後の「自然において」(physei)などから推してもわかるように、在来の自然学者たち(physiologoi)がその名で問い求めていた「自然」すなわちあらゆる物事の「あるがまま」「客観的真実・真相・真理」のことであり、『形而上学』第一巻第三章に、自然学者たちが「あらゆる存在についてその真理を」探求したとあるその「真理」と同義的であろう。本書第四章の二の注(11)参照。

（3）この「事柄それ自体において」(en tois pragmasin)と「われわれ自らのうちに」(en hēmin)との対置は、つぎの「自然において」と「われわれにとって」との対置と同様、今日の言葉では客観的と主観的、本質的と現象的を区別し始めたアリストテレスに特徴的な思考法を示している。次々注(5)参照。

（4）次注(5)参照。

（5）物事を「その自然において」(tēi physei)または「自然に即して」(kata physin)と「われわれにとって」(hēmin)または「われわれに対して(われわれとの関係において)」(pros hēmas)とに区別して分析考察する仕方はアリストテレスに特徴的なものである。なおこの「自然において」の代りに「それ自体において」または「自体的に」(kath' hauto)または「端的に(無条件的に)」(haplōs)とも言い、「われわれにとって」の代りに「感覚にとって」(aisthēsin)とも言っている。ここでは、この区別によって同じく「より先」とか「より可知的」「より明らか」とかいうにも「自然において」のと「われわれにとって」のとの二義があるとされ、そのようにその他の物事や概念をも区別して考察している。これは、後世、物事を「客観的」と「主観的」、「客観的(絶対的)真実に即して」と「主観への現われにおいて」、「絶対的・無条件的」と「相対的・条件つき」等々と区別して考える考え方に連なるものであり、この区別の起源である。

（6）「端的に」と訳された原語は'haplōs'で、ここでは「自然において」と同義的で、「われわれにとっては」というような条件・限定なく「単に全く」その物事「ずばり」にはの意。この「端的に」は、場合に応じて、「簡単に」「単純に」「漠然と」「一般的に」の意にも、「直接に」「無条件的に」「絶対的に」「厳密な意味で」などの意にも用いられ、しばしば「付帯的に」に対する「自体的に」の意をもっている。本書第三章の二の注(2)(3)、第四章の六の注(3)参照。

二八　認識と論証

われわれがそれぞれの事物を、ソフィスト〔詭弁家〕たちのするような付帯的な仕方でなしに端的に(1)認識していると思うのは、当の事物がそれによって存するところのそれなる原因をまさにその事物の原因であって、その他ではありえない(2)と知っていると思う場合にである。とにかく、明らかに、認識するということ〔学的な知識をもつということ〕はなにかこのようなことである。というのは、実のところ、認識をもっていない人々にしても認識をもっている人々にしても〔ともにそのように思っているが〕、ただ前者はそのように知っていると思っているだけだが、後者は〔そう思っているだけでなく実際に〕そのように知っているのだから。したがって、端的に認識の対象たるべきものは、他ではありえないもの〔必然的なもの〕である。

さて、そのほかにも認識の仕方はあろうが、それは後に述べることにして、いまここでわれわれの言いたいのは、論証《アポディクシス》による知り方もあるということである。ところで、私が論証と言うのは、認識をもたらす推論のことであり、そして認識をもたらす推論と言うのは、まさにこれをうること〔その結論に達すること〕によってわれわれが認識していると言われるゆえんの推論である。そこで、もし認識するということがいまわれわれの定めたようなことであるとすれば、必然的にまた、論証的な認識の前提原理は(a)真であり、(b)第一であり、無媒介的(3)であり、(c)結論よりもより多く可知的なもの[4]、より先のものであり、結論に対して原因たるものであらねばならない。なぜなら、これらの条件を満足させる前提原理のみがその論証の結論にとって固有適切だからである。むろん、これらの条件の備わっていない推論もありえよう、しかしそれは論証ではなかろう、なぜなら、認識を生み出さないから。だからして、論証的な認識の出発点なる前提原理は、(a)真であらねばならない、なぜなら、〔真で〕あらぬものごとは認識されないからである、あたかも正方形の対角線がその辺と共測的《シンメトロス》であるという〔真ならぬ〕ことが認識されえないように[5]。またその論証は(b)第一の、論証不可能な前提からであらねばならない。なぜなら、もしそうでないなら、さらにその前提の論証をえない限り、認識はできないであろう、というのは、論証可能なものについては、認識するということは、付帯的にでなく〔真に端的に〕認識するというのである限り、それの論証をもつことにほかならないからである。さらにまた論証の前提原理は、(c)その結論の原因であり、結論よりもより多く可知的なものであり、より先のものであるべきである。けだし、事物の原因を知っている《エイドーメン》場合にのみ、われわれは、その事物を認識《エピスタメタ》しているのであり、それが原因であるからには、より先のものであり、またそれは既にまえもって知られているものであらねばならないから。そして、既にまえもって知られているというのは、……たんにそれの意味がわかっているというだけでなく、それが事実そうあるということが知られているとの意である。(『分析論後書』七一b九—三三)

(1)　ソフィストたち(本章の一四参照)のするように対象の偶然的属性を(言葉なら、その言葉じりを)でなしに、対象それ自体を、その原因や本質的属性を(言葉なら、その指す事柄の真意を)認識し云々の意。ここの「端的に」は「自然において」「自体的に」と同義。前項二七、同注(5)(6)参照。

(2) それより「他ではありえない」すなわち「必然的にそれである」。本章の一一の注(1)参照。

(3) 「無媒介的」は直訳的には「無中間者的」。ドイツ語なら'un-mittel-bar'であり、原語は'ameson'であって、「直接的」と同義。次々項三〇参照。

(4) より多くそれ自体において可知的なもの。前項二七の注(5)参照。

(5) ここの「ある」および「あらぬ」は、真としての存在および偽としての非存在である。ここでは、言うまでもなく、「正方形の対角線はその辺と共測的(通約的《コンメンシ・ラブル》)ではあらぬ」というのが真である。本書第三章の二、同注(5)参照。

二九　定義と論証

論証の出発点なる原理〔前提原理〕は一つの定義《ホリスモス》である。しかるに、この原理なる定義については……論証はありえない。(『分析論後書』九〇b二四―二五)

(1) 事物の定義はその事物のなにであるかを、すなわちこの意味での実体〔本質〕を規定するものであるが、論証は、明らかに、すべてこれを〔すなわちその事物の定義を〕その基に置き、そのなにであるかを〔前提として〕容認するものである。たとえば数学的諸学では、「一つ」とはなにであるか、「奇」とはなにであるか〔すなわち「一つ」とか「奇」とかの定義〕をその論証の基に置いており、その他の諸学でも同様にそうであるように。(『分析論後書』九〇b三〇―三三)

事物の定義はその事物のなにであるかの言表《ロゴス》〔それの本質の説明方式〕である、と言われているからして、明らかに(1)その一つは、名詞または名詞の形をしたものがなにを指意しているかについての言表である。……そして(2)もう一つの定義《ホロス》は、それのなにゆえに《ディア・ティ》そうあるかを明らかにする言表である。したがって前者は、なにかを指意しはしても証明しはしないのに、後者は明らかに、事物のなにであるかについての一種の論証のようなものである。……けだし、「なにゆえに雷は鳴るか」を語ることと「雷鳴とはなにであるか」を語ることとのあいだには、こうした差異がある、すなわち、「なにゆえに？」と問われた場合には「火が雲のなかで消されるがゆえに」とでも答えるであろうが、「雷鳴とはなにであるか？」に対しては「火が雲のなかで消されるときに起こる音響である」とでも答えるであろうから。したがって、同じ言表にも異なる言い方があって、前者は一連の論証であるが後者は定義である。[2] さらに(3)もう一つ、雷鳴の定義《ホロス》には「雲のなかでの音響」というのがある。これは雷鳴のなにであるかについての論証の結論だけである。（『分析論後書』九三b二九―九四a九）

定義は類と種差とから成る。[3]（『トピカ』一〇三b一五―一六）

(1) 物事の定義(horismos)とはその物事の本質の言表(logos)である。以下本書では、この「言表」を「説明方式」とも訳す。第三章の一一の注(2)、一二の注(3)参照。なお、この定義とこれで規定される当の事物の本質との関係については、次の第三章の一二、一三参照。

(2) それゆえに、論証は、線のように前提から結論に進む運動であるが、定義は、点のように分割されない一つをなしている、とも言われている。

（3）　定義される事物の種差(diaphora)とはその事物の種を同じ類内の他の種と区別する差別性のことであるが、この類(genos)と種差とは、アリストテレスではしばしば、内容上の一致からして、それぞれその事物の質料と形相(eidos, 種)に対応するものとされ、類は質料と、種差は形相と同一視されている。

三〇　知的諸能力の発生

論証によって認識することが、その〔論証の出発点なる〕第一の無媒介的[1]な前提原理を認知している者にでなくては不可能であるということは、さきに述べたとおりである。しかし、この無媒介的な原理の認知《グノーシス》については、(a)果たしてこれが〔論証による認識と〕同じ認識であるのか、同じでないのか？　また(b)果たしてそれら〔前提原理と結論と〕の各〻にそれぞれについて認識があるのか、あるいはその一方については認識があるが他方については或る別の類の知があるのか？　という難題を持ち出す者もあろう。さらにまた(c)果たしてそうした〔無媒介的原理を認知する〕性能はもともとわれわれのうちに具わっている〔本有的な〕ものではなくて、〔生後に〕われわれに生まれてくる〔後天的な〕ものなのか、あるいはもともと具わっているものだが気付かれないでいるものなのか？　という問いも出よう。だがしかし、そうした性能をわれわれが有っているとすれば、それは途方《アトポン》もない〔不条理な〕ことである。というのは、それは、われわれが認識よりも精確な認知を有ちながらこれに気付かないでいるというような〔不条理な〕ことになるからである。しかしまた、先には有っていないで後に獲得したものだとすると、どうしてわれわれは前もって有する認知なしに認知したり学び知ったりするのか？　それは、前にも言ったとおり、不可能なことだから。そこでとにかく、明らかに、われわれはそうした知的性能を有することもありえず、だがまた、なにも知らずなんらのそうした性能を有ちもしないで、しかもそれがわれわれに生じてくるということもありえない。

　そうだとすれば必然的に、われわれは或る能力《ディナミス》(2)を有っているとせねばならない、そしてこの能力は、明確さの度においてはいまだ上述の諸性能〔認識や認知など〕ほど優れてはいないはずである。そして、こうした能力は、明らかにすでにあらゆる動物に具わっている。というのは、かれらは、われわれが感覚と呼ぶところの或る識別する能力をもって生まれているからである。(3)そして、この感覚はすべての動物の内に存するが、しかし或る動物の内にはその感覚印象《アイステーマタ》が留まり続けるが、或る他の動物の内には残留持続しない。こうして、この残留持続の生じてこない動物には、感覚することより以外には全くなんらの認知もないか、あるいは少なくもその印象の残留しない対象に関してはなんらの認知もないか、そのどちらかである。しかし、この残留の生じる動物には、感覚して後にもその感覚印象をその霊魂の内に保留し続けることができる。そして、そこでこうした残留持続がたびたび繰り返されると、ここに或る差別が生じる、すなわち、或る動物にはそれら〔残留印象の多くからそれら〕を概括する言表〔言葉〕が生じるが或る動物には生じないという差別が。さて、こうして、感覚から、われわれが呼んで記憶《ムネーメー》と称するものが生じる。そして、同じ事柄についての記憶がたびたび繰り返されると、それらから経験《エンペイリア》が生じる。というのは、数多くの記憶がすなわち一つの経験だからである。さらに経験から、あるいはむしろ、経験のうちにある個々の事柄のすべてから、霊魂の内にそれら全体の固定されて全体的〔普遍的〕なものが生じるとき、このあらゆる多なるもののうちに一なる同一性をたもつところの多とならんでの一(4)から生成に関しては技能《テクネー》〔技術〕が始まり、存在に関しては認識《エピステーメー》〔学問〕が始まる。

したがって、これらの知的性能は、既定の形をとってわれわれに内属しているのではなく、いわんや他のいっそう高級の知的性能から発生したものではなくて、全く感覚から生じてくるのである。それはあたかも、戦場で戦列の総退却が起ころうとする場合、まず一人が踏み止まると、もう一人が踏み止まり、ついでもう一人が、というようにして、この踏み止まりが、最初に退却し始めた一人にまで及ぶとき、戦列が旧に復するようなものである。そして霊魂はもともとそのような変化過程を受け容れうるようにできている。……すなわち、或る幾つかの無差別なもの〔概念的には未剖の個々のもの〕のうちの一つが踏み止まっているとき、霊魂の内に最初の全体的なもの《ト・カトルー》〔最下の普遍概念〕が生じる。というのは、感覚するのは個々のものであるが、その感官知覚の内容は普遍的なものだからである。たとえばそれは人間であってカリアスという個人ではないからである。ついで、これら最初の段階での全体的なものの内でさらに〔よりいっそう全体的なものの〕踏み止まりが起こり、こうしてついに無部分的なもの《タ・アメレー》(5)の、すなわち最も全体的〔普遍的〕なもののそれに至るまで、踏み止まりの段階が続く。たとえば、これこれの〔人間とか馬とかいう〕動物の種は、〔一段階上位の〕動物という類への一段階であり、そしてこれはさらにその上の、というように。こうして明らかに、第一のもの〔前提原理〕

は、帰納によってわれわれに認知されるものであること必然である。けだし、感覚でさえ、自らの内に全体的なものを生みつけるのは、このようにしてであるから。

さて、われわれがそれによって真をえるところの思考《ディアノイア》関係の諸性能のうち、その或るものは常に真であるが、或るものは虚偽を受け容れることがある。たとえば、意見《ドクサ》〔臆断〕とか推量《ロギスモス》とかは後者であるが、認識《エピステーメー》とか直観《ヌース》〔理性〕[6]とかは常に真である。そして、この直観を除いては、この類の性能のうち他のどれよりも正確なのは認識であるが、しかし、論証の出発する前提原理は論証〔の結論〕よりも先によりよく可知的なものであり、認識はすべて理路《メタ・ロゴー》を辿る〔推論的な〕ものであるから、前提原理を認知するのは認識ではないであろう。しかるに、理性の直観を除いては、認識ほど真を捕えうるものは他には存しないのであるから、この直観《ヌース》こそ前提原理を認知する性能であろう。このことはまた、論証の原理は論証それ自らではなく、したがって〔論証による〕認識の原理は認識ではない、ということから考えてみても、明らかである。そこで、このようにわれわれは、認識を除いては、これよりほかに真なるものを有っていないとすれば、この理性の直観こそは認識の原理〔出発点〕であろう。

（『分析論後書』九九b二〇—一〇〇b一五）

（1）　前々項二八の注（3）参照。

（2）　前提原理を認知する或る知的性能がわれわれ人間に本有的か後天的（生後獲得的）かの問題から、ここにアリストテレスは潜在的能力ともいうべきもの（やがてかれ独自のものとして明らかにされる現実態に対する可能態）を持ち出して、知識の本有性を想定するプラトンの想起説とその生得性を説く自然学者の経験論との対立を調停した、あたかも近世、大陸の理性論（デカルトなどの）と英国の経験論（ロックなどの）とを調停したライプニッツのように。

（3）　以下に述べられる知的諸能力の発現については、なお本章の一、第四章の一九、二〇を参照されたい。

（4）　「多とならんでの一」の原語は‘hen para ta polla’で、「多の側にある一」または「多の許にある一」とも訳されよう。たとえば個々の人間（多）に内在する人間一般（一）ともいうような普遍。プラトンのイデアは実はこうした普遍概念なのに、かれはこれを個から離れて優位に立つ実体としたので、アリストテレスはこのイデアを「多の上に立つ一」と呼んで斥けた。次の第三章の一〇の注（4）参照。

（5）　ここに「無部分的なもの」と直訳された‘ta amerē’は、部分がないという点では個としての「不可分なもの」（ta atoma）——本章の一六の注（7）参照——とも思われようが、これは個物の不可分なのとは逆の方向で不可分なもの、すなわちラテン語で summa genera（最高の類）とも呼ばれた最高普遍概念（すなわち述語諸形態《カテーゴリアイ》）のことで、他の概念はその定義が類と種差との両部分から成るに反し、これら最高の類概念は、種をもたないから、類と種差とでは定義されないからである。

（6）　理性（nous）およびその直観性については、本書第三章の二一、第四章の二〇、同注（2）、二一参照。『ニコマコス倫理学』のなかで五つの知性的な徳の一つとされている「理性」は、前提原理を直観する性能と規定されている。

第三章　第一哲学(形而上学)

一　第一哲学の対象

存在を存在として研究し、またこれに自体的に属するものどもをも研究する一つの学がある。(1) この学は、言わゆる部分的〔特殊的〕諸学のうちのいずれの一つとも同じでない。というのは、他の諸学のいずれの一つも、存在を存在として全体的に考察しはしないで、ただそれの或る部分を抽出し、これについてこれに付帯する諸属性を研究しているだけだからである、たとえば数学的諸学がそうである。(2) さて、われわれが諸原理や最高の諸原因を(3)探求しているからには、明らかにそれらは或る自然《フィシス》〔実在〕の原因としてそれら自体で存在するものであらねばならない。ところで、存在するものどもの構成要素《ストイケイア》〔諸元素〕を求めた人々(4)も、もしこうした諸原理を求めていたのだとすれば、必然的にまたそれらも、付帯的意味である〔存在する〕と言われる諸存在の構成要素(5)ではなくて、存在としての存在の構成要素であらねばならない。それゆえにわれわれもまた、存在としての存在の第一の諸原因をとらえねばならない。(『形而上学』一〇〇三a二一―三二)

(1)　ここに「存在としての存在」(to on hēi on)および「これに自体的に属するものども(自体的諸属性)」(ta toutōi hyparchonta kath' hauto)を研究《テオーレイ》する「或る一つの学」(epistēmē tis)というのは、言うまでもなく本書前章でも読まれた「第一の哲学」すなわち後世の言わゆる「形而上学」である。前章の七、同注(1)(2)、一〇、同注(7)、本章の二、四参照。なお、「存在としての存在」やその「自体的諸属性」については、前章の一四、同注(1)、本章次注(2)、本章の二の注(1)(3)など参照。

(2)　「全体的」(katholou——全体《ホロン》について)は、後にラテン訳から近代語たとえば英語では'universal', 日本語に訳されて「普遍的」であり、「部分的」(en merei——部分において)は、同様にして英語では'particular', 邦訳されて「特殊的」である。これをここでいう諸学について言えば、「第一の哲学」は「普遍学」と言われ、他の諸学は「特殊科学」(諸科の学)と言えよう。さらにここに「数学的諸学」(hai mathēmatikai tōn epistēmōn)というのは、算数学・幾何学・天文学・和声学などで、これら(一般的に言えば「数学」)は、存在を端的・自体的に存在として考察しはしないで、存在の特定な部分についてのみ、すなわち存在を(存在としてでなく)数とし点とし線とし図形とし等々として、要するに存在を数学的存在とし数学的対象として考察している。同様に自然学的諸学も、存在をそれぞれ特定の自然的存在として研究している。したがってまた、これら諸学は、当然、それぞれに特定の対象存在の諸属性・諸付帯性(ta symbebēkota)をも研究すべきであるが、これら諸属性はそれぞれの対象存在にとっては自体的な付帯性(自体的属性)であっても、存在としての存在にとっては単に付帯的(偶然的)な付帯性すなわち偶然的属性たるにすぎない。存在としての存在の属性・付帯性については、本書第二章の一四、同注(1)、本章の二の注(2)参照。

(3)　この「諸原理や諸原因」という言い方については本書第二章の五の注(2)を、また「原理」および「原因」の諸義については本章の一六および同注(3)(6)(7)等々を参照。

(4)　ここに「自然《フィシス》」というは客観的実在というほどの意。本書第四章の二の注(11)参照。つぎに、この「人々」のうちには、まず、万物の「もとのもの」（原理《アルケー》）を求めて言わゆる四元素をあげ、これらを、ここに一構成要素」と意訳された原語で‘stoicheia’と呼んだ最初の人と伝えられるエンペドクレスが挙げられようが、続くアナクサゴラスや原子《アトム》論者など前第五世紀の自然学者《フィシオロゴイ》たちも入れてよかろう。この構成要素、要素、元素、原理などと訳される‘stoicheia’（単数形では‘stoicheion’）というのは、もともとギリシャ語で一般に一つの語またはその音節・語節（syllabē）を構成する要素としての「字母」（アルファベット、abc、いろは）を指す語であり、そこでこの語がローマの学者ではおそらくabcのようなものという代りに「lmn《エルエムエン》のようなもの」というほどの意味でか‘elementa’と訳し用いられ、ここから近代語では英語なら‘elements’、や‘elemental’等々、そしてこれらが日本語では「元素」「要素」「原理」や「初歩的」「原理的」等々と訳されるに至った。四元素については本書第四章の一三、同注（1）参照。なお、推論を成す前提原理、知識の根本命題などの意から、後にラテン語名‘Elementa’（英‘Elements’）で知られるユークリッドの『幾何学原理』もこの語で‘stoicheia’または‘stoicheiōsis’と呼ばれたが、これは、この書に集められた幾何学の公理・定義・定理などの諸命題が幾何学的世界を構成する基本的要素と解されたからである。

（5）　それゆえにわれわれ（第一の哲学の研究者）もまた（幾何学的の線としての点としての存在でも自然的なものとしての存在でもなしに、端的・無条件的に）存在としての存在の第一の諸原理・諸構成要素をとらえねばならない。本章の一六の注（3）参照。

二　存在の諸義

「存在《オン》」と言うのにも[1]〔すなわち物事が「存在する」とか云々で「ある」とか言われるのにも〕、その付帯性においてそう言われる場合と、それ自体においてそう言われる場合とがある。

まず、(一)付帯性において(2)「ある」と言われるのは、たとえばわれわれが、(a)「公正なものが教養的である」と言い、あるいは(b)「人間が教養的である」と言い、あるいは(c)「教養的なものが人間である」と言うがごときである。これはわれわれが、或る建築家にたまたま教養的という属性が付帯しているか、あるいは教養的な者にたまたま建築家たるの資格が付帯しているかのゆえに、「教養的なものが建築している」と言うのと同様である。なぜなら、ここで「甲が乙である」というのは「甲が乙に付帯的である」という意味だからである。このことは上例(a)(b)(c)のいずれの場合でもまさにそのとおりである、すなわち、われわれが(b)「人間が教養的である」と言い、あるいは(c)「教養的なものが人間である」と言い、あるいは(a)「色白いものが教養的である」とか「教養的なものが色白である」とか言う場合に、最後の(a)の二つの例では、その両方の属性〔教養的と色白さと〕がともに同じ一つのもの〔基体なる人間〕に付帯しており、最初の例(b)では、述語〔教養的なという属性〕が実在する基体〔人間〕に付帯しており、もう一つの例(c)すなわち「教養的なものが人間である」では教養的という属性が或る人間に付帯しているからである。そしてこの付帯的意味ではまた、色白くないものもあると言われる、というのは、この色白くないという属性が付帯しているところの当のもの〔その基体なる或る色白くない人間〕はある〔存在する〕からである。さて、このように、付帯性においてあると言われるものごと〔付帯的諸存在〕は、(a)その両方〔主語と述語と〕がともに或る同じもの〔同じ基体なる人間〕に属し、そしてこの或る同じものが存在しているがゆえに、あると言われ、あるいは(b)述語の〔教養的という〕性質が属するところの主語〔基体なる人間〕が存在するがゆえに、あると言われ、あるいは(c)そのもの自らが自らの〔教養的なという〕属性の述語となっているところのそのもの自ら〔人間それ自体〕が存在するがゆえに、ある〔または存在する〕と言われる。

つぎに、(二)それ自体においてある[3]〔または存在する〕と言われるのは、まず述語〔カテゴリー〕の諸形態によってそう言われるものどもである。[4]なぜなら、ものが云々である〔または存在する〕というのにも、それらがいろいろ異なる形態で述語されるだけそれだけ異なる多くの意味があるからである。けだし、述語となるものども〔述語諸形態〕のうち、その或るもの(1)はその主語のなにであるか〔実体・本質〕を、或るもの(2)はそれのどのようにあるか〔性質〕を、或るもの(3)はそれのどれだけあるか〔量〕を、或るもの(4)はそれが他のなにものかに対してどうあるか〔関係〕を、或るもの(5)はそれのすること〔能動〕または(6)されること〔受動〕を、或るもの(7)はそれのどこにあるか〔場所〕を、或るもの(8)はそれのいつあるか〔時〕を指し示すものであるが、あると言われるものにもこれらと同じだけ多くの意味があるからである。……

なおまた、(三)ものがあるとか云々であるとか言うとき、そのあるというのは真であるとの意を含み、あらぬと言うは真ではなくて偽であるとの意を含んでいる。[5]そしてこのことは肯定の場合でも否定の場合でも同様である。たとえば「ソクラテスは教養的である」と言う場合、そうあると言うことは真であるとの意であり、あるいは否定的に「ソクラテスは色白くなくある」と言うのも、その色白くないことが真であるとの意である。逆に「対角線は辺と共測的〔通約的〕ではあらぬ」と言う場合、そのあらぬと言うのは〔もしそれを共測的であると言うなら〕偽であるとの意である。

さらにまた、(四)あるとか存在とか言うとき、上述の述語諸形態であると言われるそれぞれのある〔存在〕が、(1)その可能態においてある〔または可能的に存在する〕ことを意味する場合と、(2)完現態においてある〔または現実的に存在する〕ことを意味する場合とがある。(6) というのは、たとえばわれわれは、可能的な見る者〔見ることのできる者〕をも現実的な見る者〔現に見ている者〕をも、ともに見る者であると言い、同様にまた、知識を用いうる者をも現に用いている者をも、ともに知識ある者であると言い、あるいは、現にすでに静止の状態にある者をも静止することの可能な者をも、ともに静止する者であると言うからである。このことは実体の場合でも同様である、(7) すなわちわれわれは、ヘルメスが石のうちにあると言い、(8) 半分の線が線のうちにあると言い、あるいは、いまだなお成熟していないものをも穀物であると言う。ただし、それらがいつから可能的にそうあるのか、いつまではそうでないのかについては、他の箇所で規定されねばならない。(9)(『形而上学』一〇一七a七―b九)

この端的に言われる存在にも多くの意味がある、すなわち、その一つは(一)付帯的な意味での存在であり、他の一つは(二)真としての存在と偽としての非存在であるが、これらのほかに第三には(三)述語の諸形態(たとえば、なにであるか〔実体・本質〕、どのようにあるか〔性質〕、どれほどあるか〔量〕、どこにあるか〔場所〕、いつあるか〔時〕、その他このような〔あるものやあり方についての〕問いに応答する述語の諸形態)があり、さらにこれらすべてに通じて、(四)可能態における存在と現実態における存在とがある。(『形而上学』一〇二六a三三―b二)

（1）　この節は「哲学用語辞典の巻」とも呼ばれる『形而上学』第五巻第七章‘on’の項の全文。この「存在《オン》と言うのにも」(to on legetai, 英訳すれば Being is said, または Being means)という言い方については、次項三の注(1)にゆずり、まずここでは、この「存在」または「あるもの」と訳される‘on’の意味について注意しておこう。これは、「ある」または「存在する」という意味の動詞‘einai’(ラテン語では‘esse’)の中性形分詞で、いろいろな意味で「存在する」または「ある」(云々がある、云々である)と言われる物事を指す。「ないもの」でも「ないものである」と言われるような「もの」、その他一般に日本語で「もの」とか「こと」とか言われるあらゆる「物事」(ラテン語で‘res’、英語で‘thing’)を指す。日本語で「Sがある」と言う場合の「ある」(=「がある」の「ある」)は、Sが存在する・実在する・生存している等々の意であるが、このSが「Pである」(たとえば人間である・白くある・五尺ある等々)と述語される場合の「ある」(=「である」の「ある」)は、Sそれ自らが端的にある・存在するというのとは異なり、このSをなんらか他なるPであると述べ、PをSに連関させる役をする「ある」である。このように同じ「ある」(einai, esse, be, sein, etc.)でも、両者はその意味・役割りを異にするので、西洋の学界では前者(「がある」の「ある」)を「存在としてのある」(existential be)と呼び、後者(「である」の「ある」)を「連辞(copula)としてのある」と呼んで区別している。印欧語と語系を異にする日本語ではこうした区別の必要は感じられず、したがって、古代ギリシャで、パルメニデス以来、ソフィストたちのあいだでも論議の種になった「存在とはなにか」という永遠の問題(本章の四、同注(3)参照)も、日本には縁遠いものであった。これが問題とされ、この区別が意識されたのは、まさにつぎに見られるようなアリストテレスの存在概念の分析の結果である。

（2）　「付帯的」と訳された原語は‘symbebēkos’(ラテン訳‘accidens’)、「付帯性」のは‘to symbebēkos’(ラテン訳‘accidentia’)、「付帯性において」「付帯的に」のは‘kata symbebēkos’(ラテン訳‘per accidens’, 英訳では‘by accidence, accidentally’)である。この「付帯的」と限定される物事(「付帯性」「付帯的存在」‘to kata symbebēkos on'）のうちに㈠全く偶然的・非本質的なのと、㈡必然的・自体的な属性（自体的付帯性）とがある。前者㈠は「或る物事に属しそれの真実を告げはするが、必然的にでもなく多くの場合にでもないこと」、たとえば誰かが植樹のために穴を掘っていて宝物を発見した場合、宝の発見は穴を掘っていた誰かにとっては「付帯的」（つけたり的・偶然的）と言われる（『形而上学』第五巻第三十章）。あるいはまた「或る物事の定義でも特有性でも類でもないが、その物事に属するもの、また同じ物事に属することも属しないこともできるもの」とも定義される（『トピカ』第一巻第五章）。この意味は、つぎの本文の例、本書第二章の二や第四章の二に見える医者の例などで類推されたい。この㈠の場合は「偶然的」と訳されてよいが、後者㈡の場合はたんなる偶然ではない。これは、「それぞれの物事にそれ自体において属するものではあるが、その物事の実体（本質・定義）のうちには存しないこと」、たとえば三角形にとってその内角の和が二直角に等しいことは、三角形の定義をなすものではないが三角形自体に属する必然的属性で、これは前者と区別して「自体的付帯性」（to symbebēkos to kath' hauto, ラテン訳 accidentia per se）とも言われる。

（3）「それ自体において」または「自体的に」と訳される原語は'kath' hauto'（ラテン訳'per se'）。これにもつぎの諸義がある。すなわち、或る物事の「それ自体」というのは、㈠そのもの自ら、すなわちその物事がまさにそれであるその物事の本質。例、「カリアスはそれ自体においてカリアスである、」なぜならカリアスはカリアスの本質・カリアスそれ自らであるから。㈡その物事の定義（説明方式）のうちに含まれているすべて、例、「カリアスはそれ自体において動物である、」なぜならかれは人間であり動物の一種であり人間の定義には動物が含まれているから。㈢その物事が或る属性をその直接最近の基体として受け容れておりまたはこの属性をその物事自らの部分のうちに受け容れている場合のこの属性。例、「人間はかれ自体において生命ある者である、」なぜなら生命を直接に自らに受け容れている霊魂は人間の部分の一つだから。㈣その物事自らより以外にはいかなる原因をももたないもの。例、人間は、動物・二本足など多くの原因をもってはおるが、しかもなお、「人間はかれ自体において〔自体的に〕人間である。」㈤或る基体がそれのみ自ら離れて単独にそれ自体でそのようにあるとき、ただその基体にのみ属するそのような属性をそれの自体的属性(to kath' hauto)という。(『形而上学』第五巻第十八章より)

(4) アリストテレスは「述語の諸形態」(ta schēmata tēs katēgorias)としての「ある」を、おもにその主語(基体)についての問いの形のちがい(なにであるか、どのようにあるか、どこにあるかなど)に応じて、ここでは八種の「ある」(あり方)に分けている。さきに『カテゴリー論』(本書第二章の一七参照)では、この八つのほかに「位置」(keisthai)と「状態」(echein)を加えて十のカテゴリーをあげている。これが、アリストテレスの十の範疇として知られ、カントのが思惟の範疇(思惟形式)と呼ばれるのに対してこれは存在のそれ(存在形態)と呼ばれる。ただし、これら八つまたは十のうち、とくに初めの三つおよび場所のカテゴリーは、物事を分けて考えるのにも用いられている点では、アリストテレスにとっては思惟形式でもあった。本書第二章の一七の注(3)、第四章の六の注(1)参照。

(5) 前者を「真としての存在」(to on hōs alēthes)と呼び、後者を「偽としての非存在」(to mē on hōs pseudos)と呼ぶ。日本語でも「Aである」のあるを強調して「Aである(Aだ!)」と言う場合、または「Bではなくて Aである」と言う場合には「Aであるというのが真である」の意をもっているが、ことにギリシャ語では、その「ある」(einai)は「そう思える」とか「そうみえる」とかに対して「そうみえるが実は(本当は)こうある」というように「真である」の意をもち、現に'to on'の与格で'tōi onti'と言い、またその副詞形を加えて'ontōs on'と言えば「本当に」「真に」の意に用いられる。

(6) ここには「完現態」(entelecheia)においての存在とあるが、これは本項次節の終りに「現実態」(energeia)においての存在とあるのと同義と解してよかろう。この可能態とし現実態としての存在については本章の一四、同注(1)を、また'entelecheia'の訳語としての「完現態」については第四章の一六の注(2)を参照。

(7) これは、上例のごとく見る・知る・静止するなど他の述語形態(性質・量・能動など)の場合だけでなく実体のカテゴリーに属するものども(次例のヘルメス像や線や穀物など)の場合でも同様、との意。

(8) 「ヘルメスが石のうちにある」という句は、アリストテレスが、一般に或る素材(質料、たとえば石)のなかにそれからできる或る具体的なものの型(形相、ヘルメス神の像形)が可能的に内在しているとのことを示す例として好んで用いる句。「石のなかにも神います」とでもいうような俚諺があったのか。

(9) 以下の一節は本書第二章の一〇にあげた一節に続き、この項の前節の要約のごときもの。「端的に言われる存在」とは「存在としての存在」のこと。

三　諸存在と実体

さて、「存在」〔または「あるもの」〕というのにも多くの意味がある。[1] しかしそれら〔多義の存在〕は、或る一つのもの・或る一つの実在《フイシス》[2]・との関係において「ある」と言われるのであって、同語異義的にではなく、[3] あたかも「健康的」と言われる物事がすべて一つの「健康」との関係においてそう言われるようにである。詳言すれば、その或るもの〔たとえば栄養物〕は健康をたもつがゆえに、或るもの〔たとえば医薬〕は健康をもたらすがゆえに、また或るもの〔たとえば血色《けつしょく》のよさ〕は健康のしるしであるがゆえに、さらに他の或るもの〔たとえば身体〕は健康を受け容れるものであるがゆえに、ひとしく「健康的」と言われるのである。同様にまた、「医術的」と言われるのは「医術」との関係においてである、たとえば、或るものは医術を修得しているとのゆえに、或るものは本来この術にかなっているとのゆえに、また或るものは医術の働きであるとのゆえに、いずれも「医術的」と言われる。なおこれと同じように言われる物事はそのほかにもいろいろ見いだされよう。しかし、まさにこのように、物事は多くの意味である〔または存在する〕と言われるが、そう言われるすべてのあるもの〔存在〕は、或る一つの原理[4]との関係において「ある」と言われるのである。すなわち、その或るものはそれ自らが実体[5]であるがゆえにそう言われ、他の或るものはこの実体の限定〔属性〕なるがゆえに、また或るものは実体への道〔生成過程〕にあるがゆえに、あるいは実体の消滅または欠除であり、あるいは実体のもつ性質であり、あるいは実体を作るもの《ポイエーティコン》または産み出すもの《ゲンネーティコン》であるがゆえに、あるいはまた、このように実体との関係において「ある」と言われる諸存在のそれら〔属性・生成・消滅・欠除・性質・等々としてのある〕であるがゆえに、あるいはさらにそれらのあるのうちの或るものの否定または実体そのものの否定であるがゆえに、ひとしくそう言われるのである。だからわれわれはまた、あらぬもの〔存在の否定・非存在〕をも、あらぬものであると言うのである。(『形而上学』一〇〇三a三三―b一〇)

（1）　この一句 'to on legetai pollachōs' は、直訳すれば「存在《ト・オン》は多様《ポラコース》に言われる《レゲタイ》」である。意訳すれば、「ある（または存在する）というのにも多くの意味がある」または「物事はいろいろな意味である（または存在する）と言われる」等々である。これは、本章の二や五にも見えるように、この 'to on' に限らず一般に用語の諸義を区別するに当たって、アリストテレスの好んで用いた句の一つである。この「ある」または「存在」の意味については、前項二およびその注（1）参照。

（2）　この「実在」の原語 'physis' は多くの場合「自然」と訳される語であるが、しばしば或る客観的に実在する物事や、後に出る第一義的の・基体としての実体を指す。本書第四章の二、同注（10）（11）参照。

(3)　この「一つのものとの関係において」(pros hen, または aph' henos)というのは、「類比によっての一(または類比的・類推的の一)」(kat' analogian hen)とも言われる。アリストテレスの用語法では、「一つに即して」(kath' hen)は「同一義《シノニム》」(synōnyma)とも言われ、これに対するものは「同語異義《ホモニム》・同名異物」(homōnyma)と言われる。同一義的というのはその名称も定義も同じもの、同語異義的というのは動物名のさそりと星座のさそりとのようにその名称と定義との異なるものである。そこで、ここの「一つのものとの関係において」または「類比的の一」というのは「同一義的」のと「同語異義的」のとの中間に立つもので、或る意味では「一つに即して」(同一義的)の一と同じである。その具体的意味は本項や次項四の例で類比により察知されたい。なお、こうした類比・類推による物の考え方は、アリストテレス哲学に根本的なものであり、中世スコラで問題になった'analogia entis'の源泉である。形相と質料、可能態と現実態などいう基本的概念の意味はただ類比によってのみ了解される。

(4)　この一つの「原理」(archē)というのは、さきの「実在」(physis)と同じであり、つぎの「実体」を指す。

(5)　「その或るものはそれ自ら実体であるがゆえにあると言われる」ところのこの「実体」(ousia)は、述語としての実体(たとえば「これは人間である」における「人間」)ではなくて、その主語(基体)なる実体(たとえば「これ」なるこの個人)である。そしてこの「或るもの」自らが「真にある(存在し実在する)もの」(ousia＝実体)なるがゆえに「云々(人間)である」とも述語され、また「云々のように(白く)ある」(そうした性質のものとしてある)とも述語されるのである。なお、こうした「実体」の意味については本章の五、六を、またその原語'ousia'がもともと「ある」の意をもち「最も真に存在するもの」「最も貴重な物」を指す語であることについては本章の六の注(1)を参照されたい。

四　存在の学は実体の学

さて、あたかも健康的と言われるすべての物事について一つの学〔すなわち医学〕があるように、(1) その他の場合にもこのことは同様である。ただしその意味は、たんに一つに即して〔同一義的に〕言われる物事の場合にのみこれらの研究が一つの学に属するというのではなくて、或る一つの実在との関係において〔類比的に〕言われる物事の場合にもそうである、なぜならこれらもまた或る意味では一つに即して言われるものどもであるから。(2) そうだとすれば、ある〔または存在する〕と言われる諸事物〔諸存在〕を存在として研究することは、明らかに一つの学のする仕事である。ところで、どのような場合でも、学は主としてその第一のものを、すなわちその他のものどもがこれに依存しこれによって呼ばれ理解されるところのこれなる第一のものを、対象としている。そこで、この第一のものが実体であるところの学〔第一の哲学〕の場合には、諸々の実体についてその原理や原因をとらえることが哲学者のなすべきことであろう。（『形而上学』一〇〇三b一〇—一九）

それゆえ実に、あの古くから、今なお、また常に永遠に問い求められており、また常に難問に逢着するところの「存在とはなにか？」という問題は、帰するところ、「実体とはなにか？」である。(3) けだし、このものを、或る人々は一つであると言い、(4) 他の或る人々は一つより多くあると言い、そしてそのうちの或る者どもは限られた数だけあるとし、(5) 他の或る者どもは無限に多くあるとしているから。(6)

だからわれわれもまた、このように〔実体として〕存在するものについて、そのなにであるかを、最も主として、第一に、いな、言わばひたすらこれのみを、研究すべきである。（『形而上学』一〇二八b二―七）

（1）この節は前項三に続く一節である。
（2）「一つに即して」および「一つの実在との関係において」の意味や相違については前項三の注（3）参照。
（3）この一節は、『形而上学』第七巻第一章で存在の諸義を実体との関係で詳説してのち、その結びで、実体こそ哲学者の最も専念すべき永遠の課題であると宣言した有名な一節である。
（4）ミレトス学徒、ヘラクレイトス、エレア学徒を指す。
（5）エンペドクレスやピタゴラス学徒を指す。
（6）アナクサゴラスや原子論者たちを指す。

五　第一義的の存在――実体

「存在」〔または「ある」〕というのにも多くの意味がある、このことはさきに各〻の概念の諸義をあげた箇所[1]でわれわれの区別したとおりである。すなわちそれは、（一）或る意味では、もののなにであるかをまたはこれなる或るものを指し、[2]（二）他の意味では、そのもののどのようにあるか〔性質としての存在《ある》〕を、あるいはどれほどあるか〔量としての存在〕を、あるいはその他のそのように述語される物事のそれぞれを意味する。物事はこれだけ多くの意味である〔または存在する〕と言われるが、これら諸義の存在のうち、第一義的の存在(3)は、言うまでもなく明らかに、もののなにであるかを指し示すそれであり、これこそはものの実体を指し示すものである（というのは、たとえばわれわれが「これはどのようにあるか」と問われた場合には、われわれはこれを「善くある」とか「悪くある」とか言うが、「三尺ある」とも「人間である」とも言わない。だが、「なにであるか」と問われた場合には、「白くある」とも「熱くある」とも「三尺ある」とも答えないで、それは「人間である」とか「神である」とか言うからである）。しかるに、この第一義の存在〔実体〕より以外の物事があると言われるのは、このようなあるもの〔第一義的の存在すなわち実体〕の量であり、あるいは性質であり、あるいはそれの受動態であり、あるいはその他それのなんらかの規定であるがゆえに〔云々であると言われるの〕である。それゆえにまた、「歩行する《バディゼイン》」とか「健康でおる」とか「座している」とかいう述語が果たしてそれらそれぞれのある〔存在〕を意味しているであろうか、という疑問(4)を提出する人もあろう。……というのは、それらの各〻はいずれも、本来それ自体で存在している物事ではなく、またそれぞれの実体〔基体〕(5)から離れて別に存しうるものでもないが、しかし、もし「歩行する者《バディソン》」とか「座せる者」とか「健康なる者」とかいうなに者かが存すれば、こうした者どもはいっそう優れて存在の部に属するであろうから。たしかにこれらの者どもの方がいっそう優れて存在である、なぜならこれらにはそれぞれその基体として或る一定のものが存在し（そしてこのものが前述の実体であり個物であるが）、これが明らかにこれらの述語のうちに含意されているからである。というのは、「善いもの」とか「座せる者」とかは、それぞれそれの基体を含意することなしには無意味だからである。だからして明らかに、これ〔この基体なる実体〕があるがゆえにあれら〔実体以外の述語的諸存在〕の各々もまたこれのなにかであるのであり、したがって、第一にあるもの〔第一義の存在〕は、すなわち、或るなにかであると言われるものではなしに端的にある〔存在する〕と言われるものは、実体であるにちがいない。

(『形而上学』一〇二八a一〇—三一)

(1) 「各々の概念の諸義をあげた箇所」というのは「哲学用語辞典の巻」とも呼ばれる『形而上学』第五巻の第七章'on'の項を指す。この項は本書では本章の二に訳出されている。本章の二、同注(1)参照。

(2) 他の箇所(本章前項二、三、四、第二章の一七など)では、物事の「なにであるか？」の問いに応じる存在形態として「なにであるか」(to ti esti, すなわち問われている当の物事の「本質」)または「実体」(ousia, すなわち本質としての実体)があげられたが、いまここでは、ただ「なにであるか」だけでなく「なにであるか(本質)をまたはこれなる或るものを」(to ti esti kai tode ti)というように「これなる或るもの」(to tode ti)が加えられている。これは、ラテン語では'quod quid', 英語では'the this'とか'this concrete whole'とか訳され、アリストテレスの存在論では「これ」と指し示されうるこれなる具体的個物、「個」「個体」「不可分なもの」「形相と質料との結合体」を指す一般的な呼び名、すなわち一般に「なにであるか？」と問われている当の事物そのものを指す語である。本章の七で区別される呼び名では、この問いに答える述語としての存在(「本質」「類」「形相」などいう第二実体)と区別される「第一義の実体」、すなわち主語・基体としての実体が'tode ti'であり「これなる或るもの(個物・個体)」である。ただし、当の事物がまさにこれの形相で呼ばれるところの形相・型式が「これ」と呼ばれる場合もある。本章の次項六、同注(8)参照。

(3) 「第一義の存在」というのは、「どのようにある」とか「どれほどある」とかいうのでなく、真に最も端的・無条件的に「ある」「存在する」と言われるに適わしい存在、すなわち「実体」(ousia)としての存在。

この「実体」については、次項六の注(1)参照。

(4) 普通にギリシャ語(のみならず印欧語一般)では、述語に連辞《コプラ》「ある」がつきものである。たとえば「SはPである」のように。しかし「Sは歩行している」というような命題ではその述語「歩行する」(badizein)には、「ある」が含まれていないではないか、というのがこの疑問。これに対するアリストテレス自らの答えは、「Sは歩行している者(badizon)である」と言いかえてみればよい、というにあった。

(5) 歩行している当の者、健康であるその当人。

六 実体の諸義

ウーシア[1]〔実体〕と言われるのは、(一)単純物体[2]、たとえば土や火や水やその他このような物体、また一般に物体やこれら諸物体から構成されたものども、すなわち生物や神的なものども[3]、およびこれら各〻の諸部分のことである。これらはすべて実体《ウーシア》と言われるが、そのわけは、これらが他のいかなる主語〔基体〕の述語〔属性〕でもなくてかえって他の物事がこれらの述語〔属性〕であるところの〔主語的・基体的な〕ものどもであるからである[4]。しかし他の意味では、(二)このように他の基体の述語となることのない諸実体のうちに内在していて、これらの各〻のまさにそのように存在するゆえんの原因たるものを実体と言う。たとえば生物では、それに内在する霊魂[5]〔生命原理〕がそうである。さらにまた、(三)このような諸実体の部分としてこれらのうちに内在し、これらの各〻をこのように限定してこれと指し示すところのものをも実体と呼ぶ。そしてこれは、これがなくなればその全体もなくなるに至るような部分である。たとえば、或る〔プラトン学派の〕人々の言っているように、面がなくなれば物体がなくなり、線がなくなれば面がなくなるがごときである。また一般に、かれらの考えでは、数もそのような実体である、というのは、数がなくなればなにものも存在しなくなり、数がすべてを限定しているというのだから。さらに、(四)もののそもそもなにであるか(6)〔本質〕、――このそもそもなにであるかを言い表わす説明方式(7)がそのものの定義であるが、――これがまたその各々のものの実体と言われる。これを要するに、実体というのには二つの意味があることになる。すなわち、その一つは、もはや他のいかなる基体〔主語〕の述語ともなりえない最後の基体〔個物〕であり、他の一つは、これなる或る存在であり且つ離れて存在しうるものである、すなわち各々のものの型式または形相がこのようなものである。(8)(『形而上学』一〇一七b一〇―二六)

「実体」という語は、四つより多くの意味でではないにしても、すくなくも主としてつぎの四つの意味で用いられている。(9)すなわち、(一)もののなにであるか〔本質〕と、(二)普遍的なもの〔普遍概念〕と、(三)類とが、それぞれの事物の実体であると考えられており、さらに第四には、(四)それぞれの事物の基体がそれの実体であると考えられている。

ところで、基体というのは、他の事物はそれの述語とされるがそれ自らは決して他のなにものの述語ともされないそれのことである。(10)それゆえに、まず第一にこの基体の意味を規定しておかねばならない。なぜなら、事物の第一の基体が最も真にそれの実体であると考えられているから。ところで、

（1）或る意味では、「質料」がそうした基体であり、（2）他の意味では「型式」[11]が、また（3）或る他の意味ではこれら「両者から成るもの」[12]がそれである。――ここに私が質料と言っているのは、たとえば銅像について言えば青銅がそれであり、型式というのはその像の型であり、両者から成るものというのはこれらの結合体なる銅像のことである。したがって、もしも形相〔型式〕が質料よりもより先であり、より多く真に存在するものであるならば、同じ理由によって、形相はまた、形相と質料との結合体よりもより先のものであろう。

さて、いまここに、実体とはそもそもなにかということの概略だけは述べられた、すなわちそれによると、実体というは、他のいかなる基体〔主語〕の属性〔述語〕でもなくてそれ自らが他の属性〔述語〕の基体〔主語〕であるところのそれであった。（『形而上学』一〇二八b三三―一〇二九a九）

（1）　この項の初めの一節は『形而上学』の第五巻（言わゆる「哲学用語辞典の巻」）の第八章‘ousia’の項の全訳、続く一節は同第七巻第三章の前半である。本項を「実体の諸義」と題したが、実は「ウーシアの諸義」とでもすべきであろう。その諸義は本項で察知していただくこととし、ここではこの原語‘ousia’の原義とアリストテレスの分析したその諸義の訳語について略説しておく。この語は、動詞‘einai’（ある・存在する、ラテン語では‘esse’）の女性形分詞‘ousa’から出た名詞で、同じ動詞の中性形分詞‘on’が名詞として（本章の二の注（1）で述べたように）「あるもの」「存在」と訳されるだけでなく「物」「物事」（ラテン語なら‘res’、英語なら‘thing’．一般に物的‘re-al’なもの）を指すのと同様、「物」「実物」というほどの意であった。ことに日本語で「田地持ち」「金持ち」などが「物持ち」とも言われる場合の「物」の意に近く、もともと‘ta agatha’(goods, Güter)が「善いもの」の意でありながら「財宝」の意に用いられたように（第五章の一の注

(2)参照)、それの持主の善さ・価値・存在理由がそれの有無・多少で決定されるような「大切な物」すなわちその持主がそれのゆえに金持ちとし地主としてちやほやされるゆえんのその「所有物」その「財産」(property, Eigentum)を意味した。すでに古くからホメロスでもこの意味で用いられ、アリストテレスの『倫理学』や『政治学』にも「資産」「富」と同義に用いている箇所がある。そのラテン語訳から出た英語の‘substance’という語が「実体」「本質」の意だけでなく「財産」の意に(したがって‘man of substance’が「物持ち」「資産家」の意に)も用いられるのは、この‘ousia’の古くからの含みを保存しているものである。しかも、日本語でいう「物」とは含みがちがって、これが「存在する(実際にある)物」であるだけに、存在しないもの・つかみえないもの・空想的なものは、物ではなく、物の数でもなかったであろう。それは、地主にとってはその所有する土地、富者にとってはその資産、貴族にとっては家柄・名声など、要するに自分たちにとって善いもの、財宝・善財(ta agatha, Die Güter)であった。しかし、果たしてこれらが真に実在するもの・真に善なるものであろうかと、諸〻の善さ・諸〻の徳の「なにであるか」(to ti esti)を問い、その「なにであるか」のその「真にあるゆえんのあるもの」を‘ousia’の名で問い求めたソクラテスやプラトンを経て、ここにこの語‘ousia’は、あらゆる「あるもの」(諸義の存在)のうちの最も真に基本的な「あるもの」として、その「第一の哲学」の主題とされたわけである。そしてその諸義の分析結果は本項以下に読まれるとおりである。さて、この語を「実体」と訳したのは、英語や独語での訳語‘substance’や‘Substanz’が日本語で実体と訳される慣例によったもので、これは、アリストテレスがその第一義的な‘ousia’としてあげた‘hypokeimenon’(基体と訳す)としての‘ousia’が「下に立つもの」というほどの意味で‘substantia’と訳されたのに由来する。なお、この「基体」については本項の注(4)を、またその「なにであるか」とし「本質」としての‘ousia’が‘essentia’とも訳されたことについては本項の注(6)を参照。

(2)　単純物体(ta hapla sōmata)については本書第四章の四、同注(4)参照。

（3）　ここに「神的なものども」(daimonia)というのは、天界に見える諸物体すなわち諸天体(星辰)のこと。

（4）　次項七や九でも読まれるように、この「他のいかなる主語〔基体〕の述語〔属性〕でもなくてかえって他の物事がこれらの述語〔属性〕であるところの〔主語的・基体的な〕ものども」というのが、第一義の実体(言わゆる第一実体、prōtē ousia)についてのアリストテレスの得意の定義である。これは、文法的には常に主語ではあるが他のなにものの述語ともならず、事実的・客観的には常に自らは基体であって他のなにものの属性でもない主体的存在の意である。ここに「主語」または「基体」と訳し分けられた一語‘hypokeimenon’は、「下に置かれているもの」というほどの意味の語で、のちにラテン語で‘subjectum’(主語と訳さる)と‘substratum’(基体と訳さる)とに分かち訳されたとおりの二義をもっている。ここから、今日、日本の学界で「主語」が「主体」と同義的に解され、またヘーゲルがSubstanzはSubjektであると言ったのも、遠くこのアリストテレスの一語二義性に由来すると知れよう。本章の九の注(1)参照。

（5）　「霊魂」(psychē)は、アリストテレスでは、あらゆる生物に内在する「始動因」でもあり「目的因」でもあり、また一般に生物の「質料」(肉体)に対する「形相」であり、その「可能態」に対しては「完現態」(現実態)でもあった。本書第四章の一六参照。

（6）　この「そもそもなにであるか」(本質)の原語は‘to ti ēn einai’(ラテン語訳では、直訳的には‘quid quod erat esse’、普通には一語で‘essentia’、英語では‘essence’、ドイツ語では‘Wesen’と訳される)。詳しくは本章の一三の注(6)参照。

（7）　「説明方式」の原語は‘logos’。ここのダッシュ内の原文を直訳すれば「それ(本質)の言表《ロゴス》が定義《ホリスモス》だが」である。このロゴスの諸義については本章の一一の注(2)参照。

（8）　この二つのうち、さきの一つこそ‘tode ti’すなわち「これなる或るもの」(具体的個物)であるが、ここではさらに「他の一つ」として、「これなる或る存在」(tode ti on)があげられ、そしてこれは、さきの具体的個物(質料と形相との不離に結合された個物)とはちがって質料から「離れて存在するもの」(chōriston)とされ、各〻のもの(個々の事物)の型式や形相(hē morphē kai to eidos)がそれであると言われている。本章前項五の注(2)参照。

(9) 上掲の区別のほかに、ここでは「実体《ウーシア》」の諸義が、主としてこの語の意義・適用範囲の方面から「本質」(to ti ēn einai, ラ essentia)と「普遍」(to katholou, ラ universalia)と「類」(to genos, ラ genus)と「基体」(to hypokeimenon, ラ substratum)との四つに区別されている。次項七で見られる第一実体と第二実体との区別で言えば、これら四つのうち、初めの三つは第二実体であり最後の基体が第一実体である。

(10) ここに読まれる基体の定義は、これなる個物とし結合体としての実体(言わゆる第一実体)の定義にほかならない(本項の末文および次項七の冒頭参照)。しかも直ぐつぎに読まれる基体(すなわち第一実体)のうちに形相と質料との結合体のみならず型式(形相)と質料との各〻が含まれるとされている。それゆえ、ここに言う形相と質料とは、類とし普遍としての第二実体的なものではなく、これなる結合体(基体)を成すこれなるこの形相、この質料を指すものと解すべきであろう。次項七の注(1)参照。

(11) 「型式」(morphē)というのは、だいたい「形相」(eidos)と同義であるが、多くの場合、感覚的・具体的な事物の形相を指すに用いられる。したがってこの場合には感覚的形相とでも訳されよう。本章の五の注(2)、一三、一六、同注(6)(9)参照。

(12) 「両者から成るもの」の原語は、ここでは‘to ex toutōn’(これらから成るもの)とあるが、他の箇所ではしばしば‘to ex amphoin’(両者から成るもの)と呼ばれており、また、‘to synolon’(「結合体」と訳す)とも呼ばれる。形相と質料との不離に結ばれた「個物」(to tode ti)、「不可分なもの」(to atomon)を言う。第二章の一六の注(7)、第三章の五の注(2)参照。

七　第一実体と第二実体

実体とは、その勝義の・第一の・また最も主として用いられる意味では、いかなる基体〔主語〕の述語ともならず、またいかなる基体〔主語〕のうちにも存属しないもののことである。[1] たとえば、この人とかこの馬とか〔いうようにこれと指し示される特定の個物〕である。しかし第二義的には、これら第一義的に実体と言われるこれら〔この人とかこの馬とか〕をそのうちに含む〔包摂する〕ところの種、およびこれらの種を含むところの類もまた、実体と言われる。[2] たとえば、この人やあの人は人間という種のうちに含まれ、そしてこの種を含むところの類は動物であるが、この場合、これら、種としての人間やその類としての動物は、第二義的に実体と言われる。（『カテゴリー論』二a一一—一九）

およそ実体と言えばこれなる或るもの[3]〔これなる個物・個体〕のことと考えられている。たしかに、第一義での実体の場合には、この語は、疑いもなく真にこれなる或るものを指し示している。なぜなら、これが指し示している当のものは不可分なもの[4]であり、数的に一つであるから。しかし、第二義での実体の場合には、たとえば人間とか動物とか言うとき、なるほどその言い方しだいでは、なんらかこれなる或るもの〔この人とかこの馬とかいう個物〕を指し示しているかにも見えるが、実はそうではなくて、むしろそれがどのような種類のものかを指し示している。というのは、これら〔人間とか動物とかいう語〕の指意する当のものは第一の実体の場合のような数的に一つのもの〔この人、あの動物〕ではなく、かえって数的に多くのものども〔あれこれの人々や動物ども〕についてこれら〔人間や動物〕がその述語となるのだから。(『カテゴリー論』三b一〇—一八)

(1)　第一実体についてのいつもの定義がここではこのように述べられている。前項六、同注(4)参照。

(2)　これらが言わゆる第二実体 'deuterai ousiai' である。前項六の後半に読まれた実体の区分では「類」とか「普遍」とかがそれであり、要するに、第一実体なる基体の述語となる実体、「なにであるか?」の問いに答える述語形態としての実体である。なお、ここではその例として「種」とこれを含む「類」とがあげられているが、この「種」は、その原語では、「形相」と訳されるそれと同じ 'eidos' であって、原文で読む者は、文脈に応じて読み分けねばならない。「種」とし第二実体としての 'eidos' は第一実体としての基体に内在する「形相」としての 'eidos' の言わば述語面への反映である(前項六の注(10)参照)。ラテン語では、「形相」としての 'eidos' は 'forma' と訳して 'materia'(質料)に対置され、「種」としてのそれは 'species' と訳して 'genus'(類)に対置された。

(3)　「これなる或るもの」(to tode ti)については、本章の五の注(2)参照。

(4)　この「不可分なもの」(atomon)については、本書第二章の一六の注(7)参照。

八　実体の特徴

実体の最も特有な点は、それが同じであり数的に一つでありながら反対のものどもを受け容れうる[1]ものであることである。けだし、実体より以外のものごと[2]については、誰も、数的に一つでありながら反対のものどもを受け容れうるというような特有な点を挙げることはできないであろう。たとえば、数的に一つであり同じであるところの色、これが白くあるとともにその反対の黒でもあるというようなことはありえないであろうし、また同じであり数的に一つであるところの行為が悪でもあり善でもあるということはありえないであろう。まさにそのように、その他の実体以外のものごとでも、そう[3]であろう。しかるに、実体となると、これは数的に一つであり同じものでありながら反対のものどもを受け容れることができる。たとえば、この人は、一つであり同じものでありながら、ときには色白くなり、ときには色黒くもなる、あるいは温かく、または冷たく、あるいは悪く、または善くもありうる。これとはちがって、その他の〔実体以外の〕ものごとには、そのような特有な点[4]は認められない。

（『カテゴリー論』四a一〇―二二）

（1）「反対のものども」(ta enantia)というのは、たとえば「生と滅」「白と黒」「善と悪」「増と減」「大と小」「長と短」「東と西」「過去と未来」など。

（2）「実体より以外のものごと」というのは述語諸形態のうち、実体以外の諸形態、すなわち性質(色・温冷・善悪など)、量(大小・長短など)、その他、時間・場所など。

（3）「その他の実体以外のものごと云々」というのは、上例の色、行為などいう性質としての存在より以外の諸形態に属する反対のものどもの場合。前注（1）（2）参照。

（4）このように「一にして同じでありながら反対のものどもを受け容れうる」という点とともに「離れて独立に存在する」という離存性が個としての実体の特徴とされている。本章の一〇の注（3）参照。

九　第二実体——種と類

第二義の実体のうちでは、種の方が類よりもより多く実体である。なぜなら、種の方がより多く第一義の実体に接近しているからである。というのは、ひとが第一義の実体のなにであるかを説明しようとする場合、そのひとは、当の実体の属する類を挙げるよりもむしろその種を挙げることによって、より多く知られ易く且つその実体にいっそう多く特殊的なものを挙げて説明することになろうからである。たとえば、この某氏を説明しようとする場合、これを動物であると言うよりも人間であると言った方が、より多く可知的であろうから(というのは、人間であると言う方がより多くこの個人某の特殊性を示しており、動物であると言うのはあまりにも共通一般的でありすぎるから)であり、あるいはまた、この木を説明するのに植物であると言うよりも樹木であると言った方がより多く知られ易いものを挙げることになろうからである。

さらにまた、第一義の実体は、これが他のすべての事物〔諸存在〕にとってその基に横たわるもの〔基体・主語〕であり、そして他のすべては、これの述語、あるいはこれに内属するものどもであるがゆえに、最も多く真に実体と言われるのである。ところで、この第一の実体が他のすべてに対する関係は、あたかも種が類に対するがごときである。というのは、種はその類に対して基体(1)〔主語〕だからである(なぜなら、類は種について述語されるが、種は類に対してその述語とはならないから)。こうして、

また、以上の事実からしても、種の方が類よりもいっそう多く実体である。[2]（『カテゴリー論』二b七―二二）

（1）第一実体が第二実体に対する関係は、主語が述語に対するよりもより以上に基体が属性に対する関係である。しかるに種(eidos)が類(genos)に対する関係は基体としてよりも主語としての文法的な関係である。ところで、本章の六の注(4)にも述べたように、アリストテレスは'hypokeimenon'という一語を、属性に対する基体(ラテン訳ではsubstratumまたはsubstantia)の意から類比的に、述語に対する主語(ラテン訳ではsubjectum)にも転用している。これは、ものの本質の定義を言い表わす説明方式の両要素(種差と類と)がそのものの自体を成す両要素(形相と質料)と類比的に同じだとされたのと同様である。

（2）種は、個物(第一実体)ではなくて、個物に対してはむしろ第二実体の部であるが、これを含む類よりはより多く第一実体(個物)に近く、ことに最低の種(不可分の種atomon eidos)はほとんど全く当の個物、個物の形相(eidos)と同じである。この意味で、種は「類よりもいっそう多く実体である」と言われる。

一〇　イデア説批判

これらのうちでは、[1]「存在」と「一」との方が、「原理」や「元素」や「原因」などにくらべれば、より多く実体的であるが、しかし「存在」や「一」さえもいまだ実体ではない。けだし一般に共通的なものはなにものも決して実体ではないからである。なぜなら、実体は、ただその実体それ自らに属するかまたはそれをその実体とするところのそのものを含有するものに属するかであるより以外には、他のなにものにも属さないものであるから。なおまた、一つであるものは同時に多くの場所に存在することはできないはずであるが、共通的なものは同時に多くの場所に存属するからである。こうして、それゆえに、いかなる普遍もその諸個物から離れて別には存在しえないこと明らかである。

だが、形相《エイドス》を語る人々(2)は、それらを離れて独立に存在するものと説いているが、いやしくもそれらが〔かれらの主張するように〕実体である限り、この点ではかれらは正しい(3)。しかし、かれらはエイドスを多の上に立つ一(4)であると説いている点では、正しくない。その正しきをえなかった理由は、実際にどのような事物があのような実体（すなわち個々の感覚的実体とは別に存在する不滅な実体）であるかを挙げ示すことが、かれらにはできなかったからである。それがためにかれらは、消滅的な事物はわれわれにも知れているので、これらの消滅的なものとその種《エイドス》（形相）において同じであるところのものを〔不滅な実体として〕作り出した、たとえば「人間それ自体」とか「馬それ自体」とかを、ただそれぞれの感覚的な事物の名に「それ自体」という語を付け加えるだけのことによって。（『形而上学』一〇四〇b二一—三二）

形相が存在するということ、あるいは、一なるなにものかが多なるものどもから離れて存在するということは必然的ではないにしても、しかし、論証が成り立つとすれば、そのためには、多なるものどもについて一なるものがそれらの述語とされうるということは、必然的に真である。なぜなら、もしその可能性がないなら、普遍的なもの(5)は存在しえないであろうし、もしまた普遍的なものが存在しないなら、中間のもの〔媒概念〕も存在しないであろう、したがって、論証は成り立たないであろうか

ら。（『分析論後書』七七a五―八）

（1）　タレスが万物のもとのもの（原理《アルケー》）を水であると説いて以来その後の自然学者たちは、空気だ火だ四元素だのと、万物の原理、原因、元素を――原理とは、原因とは、元素とはなにかと問うことなしに――挙げてきた。エレア学徒はさらに唯一の実在として存在だの一だのを挙げた。いまアリストテレスはこの箇所『形而上学』第七巻第十六章で、これら（原理・原因・元素・存在・一）が、自分の主張する実体《ウーシア》であるか否かを問題にし、そこからプラトンが実体《ウーシア》であるとした形相（エイドス）の批判に移る。

（2）　エイドスを実体であると主張したプラトンおよびその学徒、言わゆるイデア論者たち。アリストテレスの説く形相は師プラトンのエイドス（または、ほぼ同義のイデア）を批判した上で名前もろとも継承したものと言えよう。なお、アリストテレスの有名なイデア説批判は『形而上学』第一巻第九章に詳しい。

（3）　アリストテレスでは「実体」は、第一実体としての個物（結合体）も不動の動者（神）も「離れて独立に存在する」ものであった。そしてこの「離存性」をアリストテレスは実体の特徴の一つとしている。（本書第二章の八、九、第三章の七、九参照。）この点ではイデア論者の説くところは正しい。

（4）　しかし、かれらはそのエイドス（イデア）を「多の上に立つ一」(hen epi pollōn)としている点では正しくない。この場合、「多」というのは、たとえば美のイデアに与かる個々の美しいと呼ばれる現象的諸個物を指し、「一」というのは、これら諸個物の呼ばれると同じ名のイデア、すなわちこの例では美のイデア、美それ自体を指す。アリストテレス自らは、他の箇所でも、プラトン派のイデアを批判的に呼ぶにこの「多の上に立つ一」という句をもってし、これに対して自らの実体（普遍概念とし本質としての第二実体）をば「多とならぶ（または多と共にある）一」(hen para ta polla)、すなわち多なる個物に内在する普遍として特徴づけている。本書第二章の三〇、同注（4）、次注（5）参照。

（5）　普遍は、アリストテレスにおいては、個物から離れて存在する実体（イデアのごとき）ではないが、或る実在であり、ことに論証の、したがって認識（学問）の可能のためには必然的に個に内在すべき普遍的述語概念であった。ここに中世スコラの普遍論争における調停派、概念実在論（実念論）が予見されている。

二　個物は定義されない

実体は二種に、すなわち結合体と説明方式とに、[1]区別されるが、――そして前者は、私の言う意味では、それの説明方式[2]〔形相〕が質料と結びついているもの〔個物〕としての実体であり、後者は端的にいうその説明方式そのものであるが、――結合体としての実体には消滅がある（というのは、この実体には生成があるからであるが）、しかし説明方式としての実体には、それが消滅過程にあるというような消滅[3]は決してない。というわけは、それには生成もないからである、すなわちたとえば「家」の場合、「家なるもの」[4]は生成しはしないで、生成してくるのはただ「この家」[5]の存在だからである、のみならず、生成も消滅もないのだから、「家なるもの」は存在しているがまた存在していない〔とも言える〕、というのは、なにものもこの「家なるもの」を産みはせず作り出しもしないからである。

さて、それゆえに、個々の感覚的実体には、定義もなく論証も存しないのである。そのゆえは、これら感覚的個物はそれぞれその質料を有し、しかもその質料なるものは、本来、これを有するがゆえに当の感覚的個物が存在することも存在しなくなることも可能なものであるゆえんのものだからである。そしてこのような可能なものであるがゆえに、個々の感覚的実体はすべて消滅的なものなのである。ところで、論証は必然的な物事〔他ではありえない物事〕に関することであり、……他でもありうる〔消滅的な〕物事に関係するのはただの臆見《ドクサ》にすぎないとすれば、個々の感覚的実体に関してはなんらの定義も論証もありえない[6]こと、明らかである。けだし、消滅可能な事物は、それの認識をもっている者にとっても、それがかれの感覚範囲から消え去っているときには、不明瞭だからである。……とかく物事を定義したがる人々が、誰でも、個々の感覚的事物のいずれかを定義しようとする場合に、常にこのことに失敗するのを自ら認めざるをえなくなるのは、このためである、すなわちそれは、もともと定義されえない事物だからである。(『形而上学』一〇三九b二〇—一〇四〇a七)

(1)　ここにいう実体の二種は、本章の七で読まれた第一実体と第二実体とである。ここに「結合体」(synolon)というのは質料と形相(説明方式)との両者から成る個物・第一実体である。本章の六の注(12)参照。これに対し、つぎの「端的(無条件的)にいうその説明方式」(ho logos haplōs)というのは、「質料と結びついている」ところのという限定条件のない説明方式(すなわち質料の捨象された形相とし本質としての説明方式)であり、だいたいさきの第二実体としての本質や普遍、種や類に相応するもの。なお、この「説明方式」の原語'logos'の諸義については、次注(2)参照。

(2)　この前後に「説明方式」と訳されているその原語の'logos'も、「存在」「実体」「本質」などの場合と同様、その多義性のゆえに、それらに通じる適訳語は見当たらないので、とくにつぎのような意味に用いられている場合にこの訳語「説明方式」を当てた。すなわちそれは、すでに本書の前章(第二章)の一八、同注(1)、同章の二九、同注(1)、三〇に、「言表」という訳語で、物事の本質の定義との関係において説かれ、さらに本章の六、同注(7)その他この項の前後、とくに次項一二、同注(2)、およびその次の項一三などで読まれるように、物事の本質の定義を言い表わす数語の結合(その物事の最近の種差とその類を指す語と語から成る命題)そのもの、およびこの命題の指意する当のもの(その物事の本質、形相、本質としての実体)を意味する語として用いられている場合である。詳しくは上記の各項およびその注で察知されたい。これが、アリストテレス哲学では、その用語‘logos’の最も主要な意味であるが、さらに‘logos’(言葉)を用いて「物を言う」(legein)ことのできる人間の言語能力・概括力・知能・論理性を指す語として「理」「理性」とも訳されるような場合もあり、またこれらと関連して「道理」「理由」の意に、また「比」「割合」「計量」の意に用いられている場合もある。「人間は物を言う(ロゴスを持つ)動物である」における‘logos’については本書第五章の一五、同注(6)、同二一の注(1)を、また‘analogon’(類比関係)については本章の三の注(3)を、‘syllogismos’(推論)については第二章の二二の注(1)を、参照されたい。なお、この語がラテン語では‘ratio’(理知・理性)と訳され、そこから英語では人間は‘rational animal’と言われ、だがまたこの同じ‘ratio’が英語では「比」の意味に用いられる。このロゴスがヘラクレイトス、ストア派、『ローマ書』、プロティノス、中世哲学、さらに近くはヘーゲルの「論理学」その他でなにを意味したかは、ここでは贅言しないことにする。

(3)　「消滅過程にあるというような」(houtōs hōste phtheisthai)そのような「消滅」は「説明方式」(形相)にはない、というのは、すぐつぎに、「家なるもの」(家の形相)は「生成しも消滅しもしないのだから……存在していないとも存在していないとも」言えるとあるように、生成するのはその質料(この木や石)を具有する結合体(この家)であって、その形相(家なるもの)そのものは生成の過程にはあらず、同様に消滅するのもこの結合体がであって、形相そのものは消滅の過程にはなく、ただ結合体の生成したときにはそこに存在していると言われ、消滅し終ったときには存在しないと言われるようなそのようなものである、との意。

(4)　この「家なるもの」(to oikiāi einai, 家なること。家なる概念、家の本質)については、前注(3)参照。

(5)　「この家」(to tēide tēi oikiāi, これなるこの家たること)というのはこれこれの質料から成れるこの形のこの家。前注(3)参照。

(6) 定義されるのは個物の本質(そのなにであるか)がであって、その質料を具有するこれなる個物(感覚的実体)は定義されも論証されもしないで、ただ感覚で直観するあるのみ。本書第二章の二九、三〇参照。

一二　定義(本質規定)の統一性

つぎに、……定義について『分析論』のなかでは[1]言及されなかった方面のことを言い足そう。というのは、さきにあのなかで挙げられた難問は、このわれわれの実体についての論に役立つところが多いからである。さて、その難問というのはこうである。すなわち、それの説明方式がそれの定義であるところのそれ〔本質〕が一つであるのは、そもそもなににによってであるか?[2]　たとえば「人間」については、「二本足の動物」というのがそれの定義であるとされるが(というのは、かりにこれを「人間」の説明方式だとしてのことだが)、この場合、なにゆえにこれが一つであって多(すなわち「動物」と「二本足」との二つ)ではないのか?　というのは〔なぜこれが問題になるかというに〕、たとえば「人間」と「白さ」との場合、これらのうちの一方が他方に属していないときには、両方は〔一つではなくて〕多であるが、しかし一方が他方に属していて、その基体の方すなわち「人間」がなんらか〔他方すなわち「白さ」によって〕限定されているようなときには、両方は一つである、すなわちここに、一つのものが生成し、一つの「白い人間」が存在しているわけである。しかるに、「動物」と「二本足」との場合には、その一方が他方に与かるという関係には置かれていない。なぜなら、〔この説明方式において「動物」は類であり「二本足」は種差の一つであるが〕一般に類はその種差に与かるとは考えられないからである。というのは、〔もし与かるとすれば〕同じものが同時に反対のものども〔白さと黒さと〕に与かるということになろうからである。けだし類がその種に区分されるところの種差はたがいに反対のものどもであるから。……しかるに、或るものの定義のうちに含まれる諸要素は一つであらねばならない。なぜなら、定義は一種の説明方式であり、一つの実体の説明方式であるからして、[3] この定義は或る一つのものの説明方式であらねばならない。そしてそのゆえは、われわれの主張するとおり、[4] 実体は或る一つをなせるもの〔或る全一体〕であり、或るこれなる個物を意味するからである。

　そこでまずわれわれは、分割法による定義について考えてみなければならない。[5] けだし〔この定義の仕方によると〕その定義のうちには分割系列の第一位にあげられる類とその種差とより以外には他のものは含まれていない。その他の類はこの第一の類とそれに継ぎそれに伴なう諸〻の種差とから成っている。たとえば、「人間」の第一の類を「動物」だとすれば、そのつぎの類は「二本足の動物」、そのつぎは「二本足の無翼の動物」であり、さらにその他にも多くの種差があるとすれば同様にそれだけ多くの種差を伴なう動物である。しかし要するに、どれほど多くの種差と類とをもって説明されようとどれほど少しで説明されようと同じことであり、したがってまた、少しで説明されようと二つきりで説明されようと同じことである。そしてこの二つというのは、一方は種差、他方は類である、たとえば「二本足の動物」で言えば「動物」は類、「二本足」はその種差である。そこで、もし類が、その類としての種から離れて別に端的に存在するものでないとすれば、あるいは存在するにしても質料として存在するものだとすれば、……明らかに定義は種差から成る説明方式である。しかしわれわれは、〔定義を求めて類をその種差に分割してゆくとき〕種差をその種差の種差にと分割してゆかなくてはならない。……ところで〔種差からその種差へと分割してゆく過程は〕どこまでも進んでついにそれ以下には種差のないもの〔最下・最低の種〕にまで到達せねばやまない。……そしてこの最下の種差がその事物の実体[6]であり定義である。（『形而上学』一〇三七b八―一〇三八a二〇）

（1）『分析論後書』第二巻で定義の説明をしたときに、の意。本書第二章の二九参照。

（2）事物の「なにであるか」(to ti esti)すなわちその事物の「本質」を言い表わす「説明方式」(logos)がその事物の本質についての定義であるが、事物・実体の「説明方式」は命題・判断の形をなしていてすくなくも類と種差との二つから成るのに、それが一つの事物・実体の本質を表わすものとして一つであるのは、なにゆえか。これが以下の問題となる。本書第二章の二九の注(1)、本章前項一一の注(2)参照。

（3）前注(2)参照。

（4）たとえば本書本章の八でも読まれるように、実体(個としての第一実体)は、アリストテレスの主張では、いずれもそれぞれ一つのまとまった独立の存在たるべきであった。

（5）プラトンの「分割法」(本書第二章の二五、同注(1)参照)によるなら、類を取扱う場合、類をその最低の種(不可分の種《アトモン・エイドス》)にまで分割すべきであり、これを数について言えば最下の素数二と三とにまで分割すべきである。

（6）ここに言う事物の「実体」は、その事物の本質とし形相とし説明方式としての実体。

一三　形相と質料の融一

事物の定義は数語から成る一つの説明方式《ロゴス》(1)であるが、これが一つであるのは、詩『イリアス』が〔多くの語句の〕つながりによって一つであるようにではなくて、(2)或る一つの事物のであるがゆえに一つなのである。そうだとすると、「人間」を一つのものとするのは、いったいなにであるか？　なにゆえに「人間」は一つであって多ではないのか？　たとえば、それが「動物」と「二本足」との二つでないのはなにゆえか、ことに或る人々の言うように(3)「動物それ自体」や「二本足それ自体」が存在するとすれば「人間」はこれら二つでありそうなものなのに、なにゆえに「人間」はこれら「自体ども」ではないのか？　またこのようにして、人間どもは、それぞれ、「人間それ自体」あるいは「一それ自体」に与かることによって(4)ではなしに、あの二つに、すなわち「動物それ自体」と「二本足それ自体」とに与かることによって存在するということになり、そして一般に「人間」は一つのものではなくて一つより多くのもの、すなわち「動物」と「二本足」とであるということになるであろうのに、なにゆえにそうではないのか？

だから、もしあの人々がこのように、その慣わしとする定義や説明の仕方で進むならば、明らかにかれらは、この難問を究明し解決することは不可能である。しかるに、もし実際、われわれの主張するように、(5)この「人間」のうちの一方〔類なる動物〕はその質料で、他方〔種差なる二本足〕はその型式

〔形相〕であり、また一方は可能態においてあり、他方は現実態においてあるのだとすれば、もはやこの問いは、なんらの難問とも思われないはずである。なぜなら、この難問は、あたかも「丸い青銅」を仮りに「衣」の定義であるとした場合におこるはずの難問と同じだからである。というのは、この「衣」という名前は仮りにその説明方式「丸い青銅」の指し示す一つのものの記号であることに定められているのだから、当面の問題は、結局、この「衣」において「丸さ」と「青銅」とが一つであるゆえんの原因はなんであるか、というに帰するからである。だが、こうなると、もはや明らかにこれは難問ではなさそうである、というのは、すでに一方〔青銅〕は質料であり他方〔丸さ〕は型式であるから。では、このことの原因は、すなわち可能的に存在するもの〔丸くもありうる青銅〕が現実的に存在する〔現に丸くある〕にいたることの原因は、生成する事物の場合では、能動するもの《ポイエーサン》であるより以外のなにものであろうか？　というのは、可能的に球であるものが現実的に球であるにいたるということには、他になんらの原因もなく、こうあることがこの両者のまさにそれであったあるもの〔本質・本性〕なのであったから。[6]〔『形而上学』一〇四五a一二―三三〕

　ところで、あの難問のゆえに、〔これを解決しようとして〕或る人々は「与かる」[7]という概念を持ち出し、そしてこの与かることの原因はなにか、またこの与かることとそのことはなにかを問題としている。またそのために、或る人々は共存という概念を持ち出している、たとえばリコフロン[8]は、認識とは認識することと霊魂との共存であると言っている。また他の或る人々は、生命を霊魂と肉体との結合であるとか結束であるとか言っている。しかしこのような説明の仕方ならなにでも勝手に適用される。だが〔このような仕方を適用すると〕たとえば健康であることは霊魂と健康との共存だの結束だの……あるいは、この青銅が三角形であるのは青銅と三角形との複合だのというようなことになろう。しかし、このような〔無意味な〕ことになる理由は、かれらが事物の可能態と完現態とを一つにする説明方式〔定義〕を求めながら同時にこれらのあいだの差別をも問い求めているからである。しかし実際には、前述のように、(9)事物の最後の〔事物に最も近い〕質料とその型式とは、前者は可能的に、後者は現実的に、同じであり一つである。だから〔かれらのように問い求めるのは〕あたかも「一」の原因はなにかと問い、さらにその「一つであること」の原因はなにかと問い求めるがごときである。というのは、すでに各〻の事物はそれぞれ或る一つのものであり、その可能的なあり方と現実的なあり方とはなんらか一つなのだから〔この事実の原因をさらに問うのは無意味である〕。それゆえに〔ここで正当に問い求めらるべき原因としては〕各〻の事物をその可能態から現実態へと動かす者(10)があるということ以外には、他になんらの原因もない。(『形而上学』一〇四五b七―二二)

(1)　本書第二章の一八、同注(1)、同章の二九、同注(1)参照。なお、この項でも「説明方式」と訳された'logos'の多義性を念頭において読み分けていただきたい。前々項一一の注(2)参照。

(2)　他の箇所(『形而上学』第七巻第四章)には、もしそうだとすると「詩篇『イリアス』」の語句全体がこの名前「イリアス」の定義である、というようなことにもなろうが」実はそうではない、とある。

(3)　「動物それ自体」その他そうした「云々それ自体」というイデアの実在性を主張するプラトン学徒。

(4)　「与かることによって」(kata methexin)というのは、イデア論者たちが個物(たとえば個々の人間)の存在するゆえんはそれと同じ名のイデア(たとえば「人間それ自体」)に「与かる」(metechein, 英 participate, 独

teilnehmen)によってであると説明した。だが、アリストテレスは、この「与かること」(methexis)とか「共有すること」(koinōnia)とかでは説明にならないとして斥け、(ここにかれのイデア説批判の一つがみえる)そしてつぎのように質料と形相との結合とし可能態の現実態への転化として説明すべきだと主張する。

(5) これが、事物の生成と存在についてのアリストテレスの得意の(また後世の思考方法に多大な影響を与えているところの)説明の仕方である。前注(4)、次頁一四の注(1)参照。

(6) この「可能態」と「現実態」との一つであることについては、本項次節後半参照。なお、ここに「まさにそれであったあるもの」というのは、くどい拙訳で、もっと短かくは、ものの「そもそもなにであるか」とか「とはなにであるか」とも訳され、「なにであるか?」の問いに応じる当のもの、「もともとそうあるそのもの」のこと。原語では'to ti ēn einai'、中世スコラでは直訳して'quid quod erat esse'、簡訳して'essentia.' そこから、英 essence, 独 Wesenswas, Wesen などと訳され、そして日本語では一般に'essence'が「本質」と訳されるので、拙訳でもだいたい「本質」と訳したが、実は、'ousia'を「実体」と訳す場合と同様、「本質」という語では原義やラテン訳、英独訳などに含まれている「ある」(einai, esse)の意が全く消え、逆に「質」が余分に加わってこまるが、「ある」の意を含めて読まれたい。

(7) この「或る人々」はイデア論者たち。この「与かる」や「与かること」については、前注(4)参照。

(8) リコフロン(Lykophrōn)はゴルギアスに学んだソフィストの一人。

(9) 本項前節の終り(一〇四五a二三―三二)。「まさにそれであったあるもの」云々とあるまでの数行で言ったように。

(10) この「動かす者」(kinousan)は、本項前節の終りに見える「能動するもの」(poiēsan)と同じもので、結局、可能的なものが現実的になるあらゆる転化の終極の原因としてあげられるところの・それ自らはなんらの可能性をも残さない・全くの現実態なる「第一の不動の動者」を指す。本章の一九、二〇参照。

一四　可能態と現実態

現実態《エネルゲイア》というのは、当の事態が、可能態《デイナミス》において〔または可能的に〕とわれわれの言うようなそのような仕方においてでなしになにかのうちに存属していることである。[1] ところで、われわれがなにものかを「可能態においてある」と言うのは、たとえば木材のうちにヘルメス〔の像〕があると言われ、[2] あるいは線の全体のうちにその半分があると言われるがごときである（というのは、全体からその半分が抽離されうるという意味でであるが）、のみならずまた、現に研究活動中でない者でも、研究する能のある者であれば、その者をもわれわれは知識《エピステーモナ》ある者〔学者〕であると言う。[3] それに対して「現実態においてある」と言うのは、まさにそれら〔木材に刻まれたヘルメス像、線の半分、研究活動中の学者〕である。さて、いまわれわれが〔現実態と可能態とについて〕言おうと欲するところは、明らかにその個々の場合からの帰納によって示される、そしてまた一般にひとは必ずしもあらゆる物事についてその定義を要求すべきではなく、場合によってはただそこに類比関係を見出だすだけで足れりとすべきである。[4]〔たとえばいまの場合〕現に建築活動をしている者が建築しうる者に対し、目ざめている者が眠っている者に対し、現に見ている者が視力をもつが眼を閉ざしている者に対し、或る材料から形作られたものがその材料に対し、完成したものが未完成なものに対してのような類比関係を。そこで、この対立項の一方によって現実態が規定され、他方によって可能的なものが規定されるとしよう。だからまた、ものが現実態においてあると言われるのも、あらゆるものがひとしく同一義的にそう言われるのではなくて、甲が乙のうちにまたは乙に対してあるようにそのように丙は丁のうちにまたは丁に対してある、というような類比関係によってそう言われるのである。けだし、その或るものは運動の能力〔可能性〕に対する現実の運動〔現実活動〕のごときであり、他の或るものは質料〔素材〕に対するそれの実体〔形相〕のごときである。[5]（『形而上学』一〇四八a三〇―b九）

諸〻の行為のうち、限りのある行為は、[6]いずれの一つも目的〔終り〕そのものではなくて、すべてその目的に関するものである、たとえば、痩身にすることの目的は痩身である。しかるに、痩せる身体部分そのものは、痩身にする過程においてある限り、運動のうちにあって、この運動の目的を含んではいない。それゆえに、痩身にすることは行為でない、あるいはすくなくも完全な行為ではない（なぜなら、それは終りではないから）。ところで、行為は〔すくなくも完全な行為は〕、それ自らのうちにその終り〔目的〕を含んでいるところの運動である。たとえば、人は、ものを見ているときに同時にまた見ておったのであり、思慮しているときに思慮していたのであり、思惟しているときに思惟していたのである。[7]これに反して、なにかを学習しているときにはいまだそれを学習し終ってはおらず、健康にされつつあるときには健康にされ終ってはいない。よく生きているときに、かれは同時によく生きていたのであり、幸福に暮らしているときに、かれはまた同時に幸福に暮らしていたのである。[8]そうでないなら、この生きる過程は、痩身への過程と同様に、いつかすでに終止していたはずである。だが、実はそうではなくて、かれは生きておりまた生きておった。そこで、これらの過程のうち、一方は運動と言われ、他方は現実態と言わるべきである。けだし、およそ運動は未完了的である、すなわち、痩せること、学習すること、歩行すること、建築することなど、すべてそうである。これらは運動であり、しかもたしかに未完了的である。というのは、人は歩行しつつあると同時に歩行し終っておりはせず、家を建てつつあると同時に建て終っておりはしない。そのようにまた、なにものもそれが生成しつつあると同時に生成し終っておりはせず、動かされていると同時に動かされ終っておりはしない、かえって、これら〔動かされていることと動かされたことと〕は別のことであり、そのようにまた動かしているものと動かしたものとも別のものである。しかるに、見ていたのと、これと同時に見ているのとは、〔別の者がではなくて〕同じ者がであり、また同じ者が思惟していると同時に思惟していたのである。そこで、このような〔現在進行形と現在完了形とが同時的な〕のを私は現実態《エネルゲイア》と言い、そしてさきのを運動《キネーシス》と言う。(9)(『形而上学』一〇四八b一八—三五)

(1)「可能性」「可能態」「潜勢力」(英語では‘potentiality’)と訳されるに至る原語‘dynamis’は、「能力」「性能」というほどの意味をもち、古代ギリシャ数学では英語で‘power’と訳される「冪《べき》」「累乗」の意にも用いられ、また近代物理学でいう‘dynamics’(力学)の語源でもあるが、この語が、「現実活動」「現実性」「現実態」(英訳では‘actuality’)などとも訳されるに至る原語‘energeia’に対する語として「可能性」「可能態」の意に用いられだしたのは、アリストテレスからのことである。今日一般に用いられる「内容と形式」「可能性と現実性」という思惟のカテゴリーは、アリストテレスがあらゆる物事の存在と転化(生成や運動)を、静的には質料と形相との結合とし、動的には可能態の現実態への転化として理解し説明すべきだとしたのに始まる。ところで、この‘dynamis’と‘energeia’とのそれぞれの意味や相互の関係は、つぎに本項で読まれるとおり、質料と形相との場合と同様、論証的に説明することも定義を与えることもできず、ただ「個々の事例からの帰納(epagōgē)により」個々の事物のあいだに見られる「類比関係(to analogon)によって」直観的に了解するほかない。なお、現実態、完現態については、本章の二、同注(2)参照。

(2) 他の箇所では「ヘルメスが石のなかにある」ようにとも言われていた。本章の二、同注(8)参照。

(3) ここでは現実態と可能態との関係が「研究活動中の者」と「研究する能ある者」との関係に比せられているが、これと同じ関係が『霊魂論』のなかで霊魂の定義をする箇所では、知識使用と知識所有との関係として後者を同じ完現態のなかの第一の(最初の)完現態と呼んでいる。本書第四章の一六、同注(2)参照。

(4) 前注(1)参照。

(5) ここにいう「実体」は形相としての実体。この質料と形相との関係が可能態と現実態との関係のごときであることについては、前注(1)参照。

(6) 以上の節に見える運動・行為の諸例では、その‘energeia’は、或る種の運動であり、「現実活動」と訳してもわかるが、以下の一節では、以上のような「限りのある行為」の場合のそれでなく、したがって「活動」とは訳しかねる‘energeia’が、活動とし運動としてのそれとは異なる優れた——結局は全く非活動的で神的な——「現実態」として現われる。つぎの諸注参照。

(7) 同じ者が「見ていると同時に(一緒に)また見ていた」(horāi hama kai heōrake)のであり、「思慮しているときに思慮していた」(phronei kai pephronēke)のであり、「思惟しているときに思惟していた」(noei kai nenoēken)のである。このように見るや思惟の現在形は現在完了形と同時である。本章の二一の注(6)(11)(12)参照。

(8) 「よく生きているとよく生きていたとは同時」(eu zēi kai eu ezēken hama)であり、「幸福に暮らしていると幸福に暮らしていたと」(eudaimonei kai eudaimonēken)も同時である。本章の二一の注（２）、第五章の三参照。

（９）このようにその現在進行形が現在完了形と一緒であるような不断連続的な「現実態」——kinēsis と区別された非活動的な energeia——の存在のゆえに一切の運動は始まる。こうした「現実態」の典型的なのが、あの「思惟の思惟」をひとり楽しむ不動の動者（神）の暮らしである。本章の二一、同注（５）（６）参照。

一五　生成の種類と条件

生成する[1]事物のうち、或るものは自然により、或るものは技術により、或るものは自己偶発によって生成する[2]。そして、これらすべての生成するのは、或るものによって、或るものから、或るものに、である。ただし、ここに私が「或るものに」と言ったこの「或るもの」は、いずれの述語形態《カテゴリー》に属するものでもかまわない、すなわち、或る個物〔実体〕になる〔生成する〕ことだけにかぎらず、或る性質になる〔変化する〕ことでも、或る量になる〔増減する〕ことでも、あるいは或る場所に〔移動すること〕でもかまわない。

こうしたなる〔広義の生成〕のうち、まず自然的生成についてみるに、これはその事物の生成が自然によってであるところの生成であるが、これらの事物がそれから生成するところのそれは、われわれが質料と呼ぶところのものであり、それらがそれによって生成するところのそれは、自然的に存在するものの或るものであり、そして、生成してそれになるところのそれは、たとえば人間とか植物とかその他このような事物、すなわちわれわれがとくに最も実体であると言うところの事物である。（けだし、およそ生成する事物は、自然によってのそれにかぎらず技術によってのそれも、すべてその質料をもっている。けだし、これらの事物の各々はこのように存在することも存在しないこともともに可能なものであり、そしてこの可能性は、これらの各々に内在する質料にほかならないからである。）しかし一般的に言えば、生成する事物がそれから生成するところのそれ〔質料〕も自然であり、またそれに従って生成するところのそれ〔型式・形相〕も自然であり（というのは、生成する事物、たとえば植物や動物は〔それに従っておのずから生成する〕自然性を有するからであるが）、そのようにまた、生成がそれによってであるところのそれ〔始動因〕も形相的意味での自然であり、〔それによって生成した事物と〕同種同形の自然である。ただしこの意味での自然〔始動因〕は、これによって生成する事物とは〔同種同形だが〕異なる他の事物のうちに内在している、というのは、人間〔親〕は人間を生む[3]からである。（『形而上学』一〇三二a一二—二五）

（1）「生成」とか「生成する」とか訳される原語'genesis'とか'gignesthai'とかは、狭く勝義では「実体における転化」（本書第四章の六、同注（1）参照）であるが、「運動」と訳される'kinēsis'と同様、広義には、以下の本文に見られるように、実体以外の、性質や量などにおける転化の場合にも用いられる。このすぐつぎに「なる」と訳したのはこうした場合のそれである。

（2）事物の存在や生成の原因として、「自然」(physis)のほか、アリストテレスはしばしば「技術」(technē)、「理性」(nous)、「思考」(dianoia)、「意図」(proairesis)などを人工品の生成・存在の原因としてあげ、さらに偶然的原因または無原因的な原因とも言うべき「偶運」(tychē)や「自己偶発」(automaton, ラテン訳casus, 英訳spontaneity)をもあげている。この「偶運」や「自己偶発」およびこれらと「技術」や「自然」とのちがいについては『自然学』第二巻の第五、第六章に詳説されている。

(3)　この「人間は人間を生む」(anthrōpos anthrōpon gennai)または「人間は人間から」(anthrōpos ex anthrōpou)という句は、この『形而上学』の講義のうちだけでも十回ほど出るお好みの句で、その意味は、ここでは、人間(親)から同種同形の他の人間(子)が生まれるとの意、詳しく言えば、次項一六にもあるように、始動因としての父親なる人間のスペルマ(精子)が、母親のカタメーニア(月経)を質料として、この父親なる人間と同じ形相(同じ種)の他者すなわちその子なる人間をその終り(目的)として結果するとの意である。次項一六の注(11)参照。ただしこの句は、ここでは原因の諸義の解明のためにあげられているが、これに止まらず、アリストテレスの根本思想の一端を簡単に表明したものとしても注目される。かれによると、このように人間は人間を、猿は猿を生んで、個としては滅びながら種としては永遠に、言わば非連続の連続をなして、生きながら、神の全くの永遠性を模倣するというのであった。動物学書にも見えるこの思想が、結局、ダーウィンの『種の起源』の出るまで「進化論」の(したがってまた史的唯物論の)出現をおくらせたことは言うまでもない。

一六　転化の諸原因とその追求

つぎにわれわれは、[1] 原因について、それがどのようなものであり、またその数はどれほどあるかを、検討せねばならない。われわれの研究事項はただ知らんがために知るにあり、しかもこの知の対象の各々についてそのなにゆえに[2]を把握していないうちは、われわれはまだこの各々を知っているとは考えないのであるから、（そしてこのことは、まさにその第一の原因[3]を把握することであるから、）それゆえ明らかに、われわれもまた、この同じこと〔第一の原理・原因を把握すること〕を、生成・消滅その他あらゆる種類の転化[4]について行ない、こうしてこれらについての諸原理を知り、さらにこの諸原理にまでわれわれの探求の対象の各々を還元してゆくことにつとめねばならない。

ところで、（1）或る意味では事物がそれから生成しその生成した事物に内在しているところのそれ[5]〔事物の内在的構成要素すなわち質料〕を原因という、たとえば、銅像においては青銅、銀盃においては銀がそれであり、またこれらを包摂する類〔金属〕もこれら〔銅像や銀盃〕のそれである。

しかし、（2）他の意味では、事物の形相または原型がその事物の原因と言われる、そしてこれはその事物のそもそもなにであるか〔事物の本質〕を言い表わす説明方式[6]ならびにこれを包摂する類、（たとえば、一オクターブのそれは〔その説明方式としては〕一に対する二の比、ならびに一般的には〔一や二を包む類としての〕数）、およびこの説明方式に含まれる部分〔種差〕のことである。

さらにまた、（3）物事の転化または静止の第一の始まりがそれからであるところのそれ[7]〔始動因・出発点〕をも意味する。たとえば、或る行為への勧誘者はその行為に対して責任ある者〔原因者[8]〕であり、父親はその子の原因者〔始動因〕であり、また一般に、作るものは作られたものの、転化させるものは転化させられたものの原因であると言われる。

さらに、（4）物事の終り、すなわち物事がそれのために〔またはそれを目指して〕であるそれ[9]〔目的〕

をも原因と言う。たとえば、散歩のそれは健康である、というのは、「あの人はなにゆえに〔なんのために〕散歩するのか」との問いに対してわれわれは「健康のために」と答えるでもあろうが、この場合われわれは、こう答えることによってその人の散歩する原因を挙げているものと考えているのだから。なおまたこれと同様のことは、他の或る〔終りへの〕運動においてその終り〔目的〕に達するまでの中間の物事についても、たとえば痩身手術や洗滌や薬剤や医療器具など健康に達するまでの中間の物事についても言える。というのは、これらはすべてその終り〔健康〕のためにある物事〔健康のための手段〕だから。ただし、これら〔諸手段〕のうちでも、その或る物事〔痩身手術や洗滌〕は行為であるが、他の或る物事〔薬や器具〕はそのための道具であるという差別がある。[10]（『自然学』一九四b一六―一九五a三）

ところで、同じ物事にでも原因する仕方はいろいろありうる。たとえば同じ家について言うも、その家のできる運動の始まり〔始動〕は技術[11]であり建築家であるが、それがなにのためにかというその終り〔目的〕はできあがった家の家としての働き〔役割り〕であり、そしてその質料は土とか石とかであり、その形相は家のなにであるか〔本質〕を表わす説明方式である。（『形而上学』九九六b五―八）

さて、このように、原因というのにも多くの意味があるから、誰でも物事の原因を探求する場合には、ありうべきそのすべての原因を挙げねばならない。たとえば、人間の場合、その質料としての原因はなにか？　月のもの《タ・カタメーニア》〔月経〕が、とでも答えようか。だが、始動因としてのそれはなにか？　たね《スペルマ》〔精子〕がそれだ、とでも言おうか。では、形相としてのそれは？　それは人間が人間であるゆえんの本質である。[12]それのためのそれは？　その目的である。だが、この最後の二つ〔形相と目的〕はおそらく一つに帰するであろう。[13] なお、われわれは、〔事物の原因を挙げる場合〕それの最も近い原因を挙げねばならない。たとえば、人間の質料はなにか？ これに対して火とか土とか〔のごとき最も遠い第一の質料〕をあげるのではなしに、その人間に最も近いその人間特有の質料を挙げねばならない。

さて、それゆえに、自然的で生滅的な諸実体については、……必然的に上述のような仕方でこれらの諸原因を追跡しなくてはならない。……しかし、自然的ではあるが永遠的な諸実体の場合には、[14] 説明の仕方はこれとは別である。なぜなら、これらのうちの或るものには、おそらくなんらの質料もないか、あるいは少なくもあのような質料をではなくただ場所的に可動的な質料[15]を有するのみだから。同じくまた、自然によって起こるのではあるが実体ではない諸現象にも質料は存しない。かえってこれらの基体たるものはこれらの起こる当の実体である。たとえば、月食の原因はなにか？ まず、なにがそれの質料か？ それには質料はない。月は〔食の質料ではなくて〕食の限定をうける当のものである。では、なにが食を起こす始動因か？ すなわち、なにが月の光を消す原因か？ それは地球である。しかし目的は月食には存しないであろう。[16] だが、形相としての原因はそれの説明方式である。ところで、その説明方式は、そのなかに月食の原因が言い表わされていなくては不明瞭であろう。そこで、「月食とはなにか？」に対して、ただ「光の欠除」と答えただけでは不明瞭であるが、この上に「中間に地球の入り来るによっての」と付け加えれば、原因〔始動因〕を含む明瞭な説明方式になる。

（『形而上学』一〇四四a三二―b一五）

（1）　この「われわれ」は、自然学の研究者であるから、転化やその諸原因それ自体を直接の研究対象とする第一の哲学者ではないが、しかし理論学者としての限り、その対象とする自然的諸存在の「なにゆえに」存在し転化するかの原因を求めており、したがって一応「われわれ」も物事の原因がどのようなものであり、どれだけあるかを知っておかねばならない。

(2) 「なにゆえに」の原語は'to dia ti'.——これは、つぎに説かれる原理・原因を指す。

(3) この「第一の原因」(hē prōtē aitia)というのは、当の対象事物の各〻に最も近い最も直接的な原因(すなわち各〻に最も直接的な質料・形相因・始動因・目的因)。なお、「原因」の原語には、形容詞'aitios'(責めを負う、責任ある、原因たる、の意)の女性形名詞'aitia'と、中性形の'aition'とがあり、ともに原意は「責めを負うもの」の意、ラテン訳では'causa'.

(4) 「転化」(metabolē)の「あらゆる種類」と言えば、実体の生成・消滅をも含めて言う場合もあるが、また広義の「運動」(kinēsis)と同義的に、ここに見えるとおり、性質の変化と量の増減と場所的の移動とを指して言うこともある。本書第四章の六の注(1)参照。

(5) 「生成する事物に内在している原理」というのは、別の箇所では'stoicheion'(構成要素・元素)とも呼ばれるもの(本章の一の注(4)参照)であり、「質料」(hylē, ラテン訳 materia)のことである。

(6) ここでは「形相」(eidos, ラテン訳 forma)が、「型式」(morphē)でなく「原型」(paradeigma)と言いかえられ、物事の「本質」(to ti ēn einai, ラテン訳 essentia)を言い表わす「説明方式」(logos)と同一にみられている。本章の一一の注(2)参照。

(7) ここに「物事の転化の第一の始まり(archē)がそれからであるそれ」(hothen hē archē tēs metabolēs hē prōtē)というのは、「始動因」(archē, ラテン訳 principium または causa movens)としての原理《アルケー》。

(8) 本項の注(3)参照。

(9) 「終り」(telos)が運動のたんなる終点であるなら運動の原因ではないが、運動が「それのための(それを狙い目指しての)それ」(to hou heneka)である限り、それは「目的因」(ラテン訳 causa finalis)である。——以上の(1)(2)(3)(4)の四つが「アリストテレスの四原因」とも呼ばれるものであるが、これらのうち、のちにも見られるように、しばしば「始動因」(大工の頭に描かれた家)と「目的因」(出来上がった家)とは「形相」(その家の型式)と同じであるので、アリストテレスは、具体的事物を「形相」と「質料」との「両者から成るもの」(to ex amphoin)とか両者の合して一体をなす「結合体」(to synolon)とか呼んでいる。次々注(11)参照。

(10)　ここを補読すると、「他の或る物事(薬や器具)は或る行為(手術)のための道具である、そしてこの道具は(痩身手術を)行為するための手段である、という差別(目的とその手段とのちがい)がここにもある」。

(11)　「始動因」は、「動力因」とも訳されるので、家の建築の場合、大工とか職人の手の力とかとも考えられがちであるが、アリストテレスでは、「始まり」(archē, ラ principium, 独 Anfang)は、建築家の技術、その頭に描かれている家の設計図、家の型である。それゆえに、アリストテレスは「人は人を生む」そのように「家は家を生む」とも言っている。前項一五の注(3)参照。

(12)　前項一五の注(3)参照。

(13)　形相と目的が一つに帰するだけでなく、前注にみられるように始動因と目的因とも一つに帰せられるので、アリストテレスは形相・質料の二原因を説いたとも言われる。前注(9)参照。

(14)　以下の叙述にも、天界の諸象や不動の動者(神)など永遠的実体についてのアリストテレスの形相第一主義が読みとれる。

(15)　天体の移動(運行)がそこで・それにおいて・おこなわれるところのその「場所」が、その「可動的な質料」である。

(16)　ここに、月には目的がないだろうと言った点、素朴な目的論者ではなかったことを示している。

一七　運動と可能性

運動とは運動可能なもの(1)としてのかぎりにおける運動可能なものの〔この可能性の〕現実化である、とわれわれは主張する。したがって、いずれの種類の運動(2)においてもそこに運動可能的な事物が現存していなくてはならない。運動についての定義は別として、とにかくいずれの運動においても、運動するのは運動可能なもののすることであるということは、誰でも認めることであろう。たとえば、変化するのは変化しうるものであり、移動するのは場所的に転化しうるものであるように。したがって、焼かれるより前に先ず焼かれうるものがあらねばならず、焼くより前に先ず焼きうるものがあらねばならない。さらにまた、これらのものどもは、(a)以前には存在していなかったのに、いつか生成し始めたのであるか、あるいは(b)永遠なものであるか、そのどちらかでなければならない。そこで、(a)もし運動可能なものどもの各〻がいつか生成したものだとすれば、その当の転化〔その生成〕に先立って、或る他の転化・運動が(すなわち、動かされること、または動かすことの可能なものがそれにおいて生成したはずの或る他の転化・運動が)あったのでなくてはならない。だが他方、(b)もし、なんらの運動もおこらないで、これらの可能なものどもがただ存在するものとしてより先〔より以前〕からすでにずっと〔永遠に〕存在していたとすれば、これはちょっと考えてみるだけでも不合理と思える。そして、さらによく考えてみると、ますます不合理と考えざるをえなくなる。というのは、もしも、一方には運動可能なものども〔動かされうるものども〕、他方には運動を惹き起こすものが〔永遠に〕存在しながら、或るときには或る最初の動かすものと最初の動かされるものとがあり他の或るときにはそうしたものは存在しないでただ静止の状態だけがあるはずだとするならば、この〔最初の運動より先に〕静止の状態にあるはずのものは、その運動し始めるより先に或る転化の過程にあったのでなければならない。なぜなら、静止しているからにはなにかその静止の原因があったはずである〔したがって、それが運動し始めるためにはこの静止の原因を取り除く或る転化の過程があったはずである〕から。というのは、静止の状態は運動の欠除態だからである。（『自然学』二五一a九―二七）

（1）これの原語 'kinēton' は、'kinēsis'（動き・運動と訳す）のあらゆる意味で「動くことも動かされることもできるもの」のこと、それゆえ「運動可能なもの」と訳した。

（2）この「運動」(kinēsis) の定義でも知られるとおり、「運動」およびつぎの「転化」(metabolē) は広義なもので、要するにあらゆる可能的なものが現実的になること。そこでその種が、実体、性質、量、場所のカテゴリーにより、実体の「生成・消滅」、性質の「変化」、量の「増大・減小」、場所の「移動《フォラ》」の四種があるとされる。詳細は本書第四章の六、同注(1)、七参照。

一八　運動の不滅性

同じことは、運動の不滅性についても言える。というのは、〔さきにも言ったとおり〕(1)運動が生成したものであるとした場合、その最初の運動よりもより先に或る転化があるというような〔不合理な〕ことになったが、ちょうどそれと同様に、いまの場合にも、〔もし消滅するものだとすれば〕その最後の運動よりもより後に或る転化があるというようなことになるからである。なぜなら、ものはその動かされていることをやめると同時にその動かされうることをもやめるというわけではないし(たとえば、焼かれることをやめると同時に焼かれうることをもやめるわけではないようにである、というのは、焼かれなくても焼かれうることはありうるから)、また、動かすことと同時に動かしうることをやめるわけでもないからである。さらにまた、〔運動が消滅するものであり、その最後の消滅があるとした場合、この消滅をひきおこすものがあるはずだが〕、消滅させうるものは、これが他のものを消滅させたとき、さらに消滅させられるのでなければならず、そしてつぎに、このものをさらに消滅させうるものが、さらに後に消滅させられるのでなければならないであろう。[2] というのは、消滅もまた転化の一種だからである。そこで、もしこういうことが不合理〔不可能〕であるとすれば、明らかに、運動は永遠なものであって、決して或るときにはあったが或るときにはなかったというようなものではない。[3]

(『自然学』二五一b二八―二五二a四)

(1) 本章前項一七の終りに言ったとおり。

(2) このつぎに「こうして、最後のと考えられた転化の後にもさらに一連の転化過程がどこまでも続くという不合理なことになろう。」を補入して読まれたい。

(3) ここから運動の永遠性が導出され、その第一原理として自らは動かないで動かす不動の動者(神)が必然的に実在するものとされる。運動の永遠性については次項参照。

一九　運動の第一原理

さて、運動は、常に存在し、中断することがあってはならないから、かならず第一に動かすところの或る永遠なものが、一つかあるいは一つより多く、存在しなくてはならず、そしてこの第一の動かすもの〔第一の動者〕は、動かされえないものであらねばならない。ところで、こうした不動の動者どもの各々が果たして永遠なものであるか否かは、われわれの当面の論究には適わしくない。(1) だがしかし、それ自らは動かされることなく、端的にも付帯的にもあらゆる転化の外にあり〔したがって生成・消滅からも免かれており〕ながら、しかも他のものを動かしうるなにものかが存在しなくてはならないということは、つぎのように考察する者には明らかである。そこで、まず望みとあればこう仮定しよう、すなわち、(a)或るものどもの場合、これらが、生成・消滅の過程にあることなしに、しかも或るときには存在し或るときには存在しない〔ゆえに永遠なものではない〕こともありうると仮定しよう。というのは、もし部分をもたない〔したがって可分割的でない〕或るもの〔たとえば動物の霊魂〕が、或るときには存在し或るときには存在しないとすれば、おそらくこのようなものはすべて、転化の過程にあることなしに〔というのは、転化するものはすべて可分割的であるから〕或るときには存在し或るときには存在しないものであること、必然だと考えられようからである。さらに(b)動かされないが動かしうる原理《アルカイ》のうちの幾つかは、或るときには存在し或るときには存在しない〔だから永遠的でない〕ということもありうると仮定しよう。しかし、仮りにそうだとしても、こうした原理のすべてがことごとくそうした〔永遠的でない〕ものどもであるということはありえない。そのわけは、明らかに、自分自身を動かすもの〔動物〕にとっては、それが或るときには存在し或るときには存在しないということそのことについての或る原因が〔動かされないで動かすものとして常に〕存在しているはずだからである。なぜなら、およそ部分をもたないものは動かしも動きもしないからして、自分自身を動かすほどのものは大きさをもっていなければならない〔それゆえ、このものは、生成・消滅するものであり、この生成・消滅にとって或る原因があるはずだ〕から。……そこで、(a)或るものどもが生成し他の或るものどもが消滅することの、しかもこのことが絶えず連続的におこなわれるということの原因となるものは、動かされはしないが必ずしも常に存在しているのではないようなものどものうちのいずれでもない。だがまた、(b)或るものにはこれが、他の或るものにはあれが、それぞれの原因になるというように、多くの動かされはしないが常に存在しているのでもないものどもが、そうした生滅の原因になるのでもない。というのは、これらのものどもは、その各〻にしても、そのすべてにしても、ものごとの生成・消滅の常に連続的であることの原因ではないからである。そのわけは、このように常に連続的におこなわれることは永遠的で必然的なことであるが〔したがってこのことの原因も永遠的必然的であるべきだが〕、上述のように動かすものどもは数において無際限であり、またそのすべてが一緒であるわけでもない〔したがってそれぞれは暫時的である、相互には連続的でなく継続的だ〕からである。

明らかにそれゆえ、たとい、動かされないで動かす原理どもの幾つかがしばしば、また自分で自身を動かすものどもの多くがくりかえし、消滅し、他のものの生成によって承け継がれるとしても、あるいはまた、動かされない或るものが或る他のものを動かし、この他のものがさらに第三のものを動かすにしても、しかもそれにもかかわらず、これらすべての動かすもの〔動者〕どもを包みながらこれら動者どもの各〻から離れて別の或るなにものかが存在しており、そしてこの或るなにものかこそは、[2]或るものどもは存在し他の或るものどもは存在しないということの、しかもその転化が連続的であるということの原因なのであり、そしてまたこのなにものかが、実は、さらにこれによって動かされて他のものどもを動かすところの他のものどもの運動の原因なのである。

そこで、運動がこのように永遠的であるから、その第一の動者も、もし一つであるとすれば、一つの永遠的なものであろう。ただし、もし一つより多くあるとすれば、そのような永遠的な動かすものどもが多くあることになろう。しかし、第一の動者は、多くあるよりはむしろ一つであり、無限に多くあるよりはむしろ有限であると想定すべきである。なぜなら、そのいずれと想定しても結局同じことなら、われわれは常に〔数において無限なものとするよりは〕有限なものどもを撰び取るべきであるから。[3]というのは、自然による事物のうちでは、有限なものやより善いものどもの方が、そうでない〔無際限な・悪い〕ものどもよりも、能うかぎりより多く存在しているはずだからである。だからまた、動かされないものどものうちの第一の者であり、それ自ら永遠なものであって、他のすべてのものどもの運動の原理〔始動因〕であるはずの者〔第一の不動の動者〕は、一つあれば十分である。

ところで、この第一の動者が或る一つで永遠なものでなければならないということは、つぎのことからも明らかである。すなわち、運動が常に〔永遠的に〕あるのでなくてはならないことはすでに証示されたとおりであるが、もしそのように常にあるとすれば、運動はまた連続的であらねばならない。なぜなら、常にあるものは連続的であるが、たんに継続的なものは連続的ではないからである。ところで、運動は、それが連続的であるかぎり、一つであらねばならないが、それが一つであるのは、それを動かすものと動かされるそれとがどちらも一つである場合にかぎる。というのは、ものが或るときには或るものにより他のときには他のものによって動かされるなら、その運動全体は連続的でなくてただ継続的であるにすぎないからである。(『自然学』二五八b一〇—二五九a二〇)

(1)　ここに「われわれ」の論究にはというのは「われわれ自然学の研究者」としての論究には、の意。けだしこの第一の動かすもの(自らは動きも動かされもしないで動かす第一の不動の動者)の存在とその数についての問題は、自然的存在(自らのうちにその運動の原理「自然」をもつ存在)を対象とするこの自然学の直接の課題ではなくて、第一の哲学の課題だからである。次項二〇参照。

(2)　この「或るなにものか」こそは、地上のわれわれから言えば最も上、最も外側にある恒星の天球を包みながら離れて全くの現実態として存在し、その善美な現実的存在のゆえに、まずこの第一の天球を動かし、ひいてはその包む全宇宙を動かす第一の不動の動者(神)である。次項二〇参照。

(3)　そうした不動の動者は一つで足りるという考えには、「自然は無駄なことをしない」というアリストテレスの抜きがたい目的観が根にある。本書第五章の一五の注(5)参照。

二〇　第一の不動の動者——神

さて、〔永遠の運動の原因については〕このように説明することができるからして、……これで問題は解決されたものとみてよかろう。そこで、或るもの(1)があって、これは常に動かされつつ休みなき運動をしている、そしてこの運動は円運動である。……したがって、この第一の天界《ウーラノス》は永遠的なものであろう。だが、それゆえに、さらにこの第一の天界を動かすところの或るもの(2)がある。動かされ且つ動かすものは中間位にあるものであるから、動かされないで動かす(3)ところの或るもの〔不動の動者〕があり、これは永遠的なものであり、実体であり、現実態である(4)。〔ではそれは、どのような仕方で動かすか？〕それは、あたかも欲求されるもの〔欲求の対象〕や思惟的なもの〔思惟の対象〕が、欲求者や思惟者を動かすような仕方で動かす(5)、すなわち動かされも動きもしないで動かす。ところで、欲求の対象と思惟の対象とは、それぞれの第一のものの場合には、同一である。けだし、たんに欲求されるもの〔非理性的欲求の対象〕は、ただ見かけの上だけで美しいものであるが、願望されるもの〔理性的な欲求の対象〕のうちの第一のものは真に存在する美しいものである(6)。しかるに、われわれがそれを欲求するのは、それが善美であると思われるがゆえにであって、われわれがそれを欲求するがゆえに美であると思われるのではない。そのわけは、思惟が始まりだからである。そして、理性《ヌース》〔思惟する者〕は思惟的なもの〔思惟の対象〕によって動かされるが、あの双欄表(7)の一方の欄〔肯定的概念の欄〕にあげられているものはそれ自体において思惟的なものどもである。そして、この欄にあるもののうちでは、実体が第一のものであり、実体のうちではとくに端的なそれ、現実態におけるそれが、第一のものである。[8]……しかるに、善美なものやそれ自体で望ましいものもまた、この同じ欄のうちにある。だが、いずれにせよ、第一のものは常に最善のものであり、すくなくも類比的に最善のものである。[9]ところで、物事がそれのためにであるそれの或るものが不動なものの部に属することは、それの意味を分析すれば明らかである。すなわち、或る物事がそれのためにであると言われるそれ〔その物事の目的〕には、(a)或る物事が他のなにものか〔の利害・善悪〕のためになされるそのなにものかを意味する場合と、(b)或る物事がなにものかを目ざしてなされるところのそのなにものかを意味する場合とがあるが、これら両義のうち、後者は不動なものの部であるのに、前者はそうでない。だからして、後者は、愛されるものが動かすように、[10]動かすのである。そして、他のものどもは、動かされて動かす。[11]

そして、もし或るなにものかが動かされるとすれば、その或るものは他でもありうるものである。したがって、或るものの現実態が移動〔場所的転化〕のうちの第一のもの〔円運動〕であるなら、そうした或るものは、そのような運動をするものとしてのかぎり、なおいまだ他でもありうるものである(たとい実体においてではないにしても、場所的には他でもありうるものである)。[12]しかるに、自らは不動でありながら動かす或るものが存在しており、しかも現実態において存在しておるが、この或るものは決して他ではありえない。なぜなら、諸種の転化のうちで第一のものは移動であり、移動のうちで第一のものは〔天体の〕円運動であるが、さらにこれを動かすのがこの或るものだから。そうだとすれば、この或るものは必然によって存在するものである。[13] そして、必然によって存在するものであるかぎり、善美に存在し、善美に存在するものであるかぎり、この或るものは原理《アルケー》である。[14]（『形而上学』一〇七二a一九—b一二）

（1）この「或るもの」は、すぐつぎに出る「第一の天界《ウーラノス》」、すなわち諸恒星をちりばめながら永遠運動をしている第一の（われわれから言えば最も外側の）天球。次章の九、一〇参照。

（2）この「或るもの」は、結局、「第一の不動の動者」（to prōton kinoun akinēton）。前項一九の注（2）参照。

（3）「動かされないで動かす」の原文 'ou kinoumenon kinei' であり、これはまた「動きも動かされもしないで動かす」とも訳される。

（4）この不動の動者が「実体であり、現実態である」というのは、質料をもたない純粋形相としての実体であり、いかなる運動の可能性をももたない全くの現実態であるとの意。ここでは、'energeia' は、活動することをも、活動をやめて休むことをも、全くしないから、「現実活動」という訳語は不似合いである。

（5）たとえば砂糖が、呼び集めも動かしもしないのに、そこに蟻がたかるように、あるいは「桃李、物言わざれど、下おのずから（見物客が集まって）蹊《みち》をなす」というように、そのような仕方で動かすというのである。すぐあとでは、この同じ動かし方が「愛されるものが動かすように」（すなわち愛人が愛者を動かすように）とも言われているように、この不動の動者の動かないで動かす仕方は、明らかにプラトンの「エロースの説」から思いつかれたものである。

（6）欲求対象と思惟対象とは、下級のものどもの場合は別であるが、最も優れたそれは理性的な欲求（すなわち願望）の対象であり、この対象への欲求はすなわちまた思惟なのである。

（7）アリストテレスが「双欄表」（systoichia）という場合、有名なピタゴラスの反対概念双欄表（限と無限、一と多、善と悪、等々のそれ)のほか、「存在」「一」「実体」などを肯定欄とし「非存在」「多」「非実体」などをその否定欄とする或る種の双欄表が考えられており、ここではこの後者の場合であろう。

(8) 「端的な」(haploun)には、「単一な」「単純な」の意もあるが、ここでこの実体について言われる「端的な」は、多に対する単なる一でもなく、質料と共にある形相でもなく、可能態に対する現実態でもない全くの一者、純粋な形相、絶対的な現実態を形容したもの。

(9) このあとに「それゆえ、欲求の対象は、結局、その第一の〔最高の〕ものにおいては、思惟の対象と同じである。」という結論が省略されている。

(10) 愛の対象が愛する者を動かす。前注(5)参照。

(11) 第一の不動の動者が、その神的な善美のゆえに(不動の最高目的が第一の始動因となって)自らは動かないでまず第一の恒星の天球を動かし、これはさらにその下の天球を、これはさらにその下のをと、上のから動かされて下のを動かす。第四章の一二参照。

(12) 「実体において」というのは、転化の四義(第四章の六参照)のうちの一つとしては、実体における転化すなわち生成・消滅であり、「場所において」のそれは「移動《フォラ》」である。ここに「実体においてではないにせよ場所的には他でもありうる」というのは、ここに問題の恒星などは生滅しないものであり、したがって実体において他でもありうる(実在しないこともありうる)ようなものではないが、場所的には、ここからかしこへと「他の場所にあること(運行すること)はありうる」との意。

(13) この'ex anagkēs'(必然によって、または必然的に)というのは、第二章の一一の注(1)にも述べたように、さきの'ouk endechetai allōs echein'(他ではありえない)というのと同じ意味。この節に続けてアリストテレスは、「必然的」(anagkaion)というのに㈠強制による必然と、㈡それがなくては善さえもありえないそれ、すなわち不可欠的条件・必要性の意のそれと、㈢そうあるより以外ではありえないで端的に(単にただ)そうあることの意の必然とをあげ、ここでいう第一の不動の動者の存在はこの㈢の意味での必然的存在だとしている。

(14)　この原理、この「第一の不動の動者」の意義・役割については、次項二一の注(1)、および本書第一章の三の(四)参照。

二一　神の観想的生活

このような原理《アルケー》〔第一の不動の動者〕に、それゆえ、天界と自然とは依繫しているのである。[1]そしてこの或る者の暮らし《ディアゴーゲー》は、[2]われわれ〔人間〕にとっても最善の、しかしわれわれにはほんのわずかな時しか楽しめないところの最善の暮らしである。[3]というのは、この者は常にこのような最善の暮らしにあるのだからである(常にこのようにあることはわれわれには不可能なことだが)、そのわけは、かれの現実態は同時にまた快楽でもある[4]からである(それゆえに、[5]覚醒も感覚も思惟も最も快なのであり、希望や追憶もこれらのゆえにそうである)。そして、その思惟は自体的な思惟[6]であって、それ自体で最も善なる者をその対象とし、そしてそれが最も優れた思惟であるだけにそれだけその対象も最も優れた者である。その理性はその理性それ自らを思惟するが、それは、その理性がその思惟対象と交りを共にするによってである。というのは、この理性は、これがその思惟対象に接触しこれを思惟しているとき、すでに自らその思惟対象そのものに成っているからであり、こうしてそれゆえに、ここでは理性〔思惟者〕とその対象〔思惟対象〕とは同じものである。けだし、この対象を、すなわち実体を、受け容れうるものは理性であるが、[7]しかし、この理性が現実的に思惟するのは、これがその対象を〔受け容れて、現にそれを〕所有しているときにであるから、したがって、その対象を受け容れうる状態〔思惟可能態〕というよりもむしろ現に自ら所有している状態〔思惟現実態〕の方こそ、思惟がたもっていると思われる神的な状態である。そしてその観想《テオーリア》[8]は最も快であり最も善である。そこで、もしもこのような良い状態に(われわれ人間はほんのわずかの時しかいられないが)神は常に永遠にいるのだとすれば、それは驚嘆さるべきことである。それがさらに優れて良い状態であるなら、さらにそれだけ多く驚嘆さるべきである。ところが、神は現にそうなのである。しかもかれには生命《ゾーエー》さえも属している、というのは、かれの理性の現実態は生命であり、しかもかれこそはそうした現実態だからである。そして、かれの全くそれ自体での現実態は最善の生命であり永遠の生命である。だからわれわれは主張する、神は永遠にして最善の生者《ゾーイオン》であり、したがって連続的で永遠的な生命と永劫《アイオーン》とが神に属すると。けだし、「こうした永遠の生者」これこそまさに神《テオス》なのだから。(『形而上学』一〇七二b一三―三〇)

さらに[9]この〔神の〕理性の本質《ウーシア》は、ただの理性〔思惟能力〕なのか、あるいは思惟〔思惟現実態〕なのか？　それはなにを思惟するのか？　それは自らをか、あるいは他のなにものかをであろうが、もし他のなにものかをであるなら、それは常に他の同じものをであるか異なるものをであるか、そのいずれかをであろう。そうすると、それの思惟するのが善美なものであるか任意のなにものかであるかの相違によって、そこになんらかの相違がありはしないか、あるいはどうでもいいことなのだろうか？

なおまた、ものによっては、それ〔神の理性〕がそのようなものについてかれこれ推理し思索しなどするのは不条理なようなものもありはしないか？　そうだとすると、明らかに、それは最も神的で最も尊いものを思惟しており、それは転化しないものである、なぜなら、それの転化はより悪いものへの転化であり、これはすでに或る種の運動であるからである。[10]

そこで、第一には、もしもこの理性が思惟〔現実態における思惟〕ではなくてその可能態であるなら、当然、そうした理性にとっては思惟の連続は苦労なことにちがいない。[11] つぎにまた、もしそうであるなら、そうした理性よりもいっそう尊い或るものが、或る思惟されるものが、他のものとして存在していることも、明らかである。けだし、「思惟する」とか「思惟」とかは、最も劣悪な物事を思惟する者どもにも属していることであり、そしてもしこのような物事が忌避さるべきであるとすれば（また事実、……忌避さるべきであるが）、そうだとすれば、このような思惟は最善のものではありえないからである。だからこの理性は、これ自らを思惟する（いやしくも最も優越したものであるからには）、すなわち、その思惟は思惟の思惟である。[12]（『形而上学』一〇七四b二一—三五）

また、或る人々[13]は、数学的の数が第一のものであると語り、またそのように常に或る実体に接続して或る他の実体があり、これらの各々にそれぞれ異なる原理があると語っているが、これは全宇宙の実体〔原理・神〕をただの挿話とするものであり（というのは、ここでは一つの実体は他の実体に対して、それが存在しようとすまいと、なんの関するところもないからである）、同時にまたその原理《アルケー》〔統治者〕を数多くあるとするものである。だが、全存在は悪く統治されることを願わない。「多数者

の統治は善からず、一者の統治こそあらまほし。」[14]（『形而上学』一〇七五b三七―一〇七六a四）

(1)　ここに「自然」(physis)というのは、場所的運動のみの全「天界」(ouranos)に対し、生成・消滅や変化の運動もおこなわれる自然界すなわち四元素を質料とする月下の世界全体、したがって「天界と自然」(ho ouranos kai hē physis)は、その原理なる神(第一の不動の動者)以外の全宇宙・全天地一切。そこで、こうした全天地が「この原理」に依繫していると言われたとき、すでに、この「原理」(archē)には、この項の終り(『形而上学』第十二巻の最後の句)にも見える全世界の単一の「統治者」「元首」の意が含まれている。「天界」の諸義については本書第四章の一一の注(2)を、「自然」については同第四章の一、二の諸注を、「原理」については本章の一六とその諸注を参照。

(2)　「暮らし」の原語は'diagōgē'. この語義については第二章の四の注(1)参照。この神の「生命《ゾーエー》」が云々される限りその「暮らし」を「生活《ビオス》」と訳してもよかろうが、それは呼吸しもせず活動しもせず明け暮れもしない「生活」である。本章の一四の注(7)(8)参照。

(3)　本書第四章の二一、受動的理性と非受動的理性の項参照。

(4)　この原理、この或る者、すなわち第一の不動の動者なる神、この「かれ」の最善の暮らしは「同時にまた快楽(快適)でもある」と言われるところの「かれの現実態」が、以下でその「思惟の思惟」(永遠の自己思惟)の点で讃嘆されるが、この同じ神的生活の讃美が、角度をかえて、『霊魂論』(本書第四章の二一参照)でも語られ、また『ニコマコス倫理学』(本書第五章の三参照)でも述べられている。次注(5)(6)参照。

(5)　ここに「それゆえに」というのは、かれ(この理性なる神)においてはその覚醒も感覚も思惟も「同時にまた快楽でもあるところの現実態《エネルゲイア》であるがゆえに」最も快であるとの意。『ニコマコス倫理学』(第七巻第十二章)では、この最高の快楽は、或る目的への過程でなくそれ自らがその目的であり現実態(完現態)である状態に必然的に伴なうものであるとされ、また他の箇所(同書第十巻第四章)では、学者の理論研究《テオーリア》のような「見る的《テオーリア》」な現実活動《エネルゲイア》に必然的に伴ない、これを完全なものにするとも説かれている。

(6)　「その思惟は自体的な思惟」(hē noēsis hē kath' autēn)というのは、結局、この項の次節の終り(一〇七四b三五)に見える「その思惟は思惟の思惟」(次の注(12)参照)と同じことである。それは、人間が(常にではなくその覚醒中の或る時に)その感官や表象を介していとなむ思惟活動とはちがって、神なる理性が理性それ自らで、その思惟がその思惟自体で、自らなる思惟を、最も善美なる神自らを、思惟(直観)すること、すなわちそれ自らで完結した現実態である。次の注(8)(12)参照。

(7)　「けだし」以下は、原文では'to dektikon tou noētou kai tēs ousias nous.'であるが、ここで「実体《ウーシア》」というのは思惟の対象たるに適わしい思惟的な「形相」である。『霊魂論』第三巻第四章では霊魂の推理し判断し認識する部分(理性)は「形相を受け容れうるもの」と言われている(本書第四章の二〇参照)。

(8)　「この観想」(hē theōria)というのは、この神なる理性が自らを観ること、神の自己思惟、思惟現実態を指す。'theōria'が'praxis'(実践)や'poiēsis'(制作)と区別されて「見る」の意であることは本書第二章の二、一一、一二その他で見たとおりで、後に、theory, Theorieが「理論」とも訳されるにいたるので、この本でも「理論」「研究」と訳した。これは本来の「見る」の意から「観照」とも訳されるが、本書では、仏が仏を観ずること(仏々相念)が「観想」と言われるそうなので、これにならって「観想」と訳した。これが、アリストテレスでは、哲学者・自然学者の理論的研究の原型として讃美された。

(9)　前節(『形而上学』第十二巻第七章からの一節)に続けて、「さらに」この節(同上第九章)では、改めてこの神的理性のなにであるかがいろいろ問題にされてのち、神なる理性の思惟は、「思惟の思惟」であると結論される。次注(12)参照。

(10)　ここの「なぜなら」以下を補訳すれば、「なぜなら」もしこの理性が転化するとすれば、「それの転化は」より善いものへの転化かより悪いものへの転化かであるが、この理性は最も善いものであるから、転化するとすればこの理性よりも「より悪いものへの転化であり、」この転化は「すでに或る種の運動」すなわち善から悪への性質上の運動としての変化「であるからである。」となる。

(11) ここで「思惟の連続」というのは、同じものを(たとえば神の思惟が神自らなる思惟を)じっと見続け、思惟(直観)し続けている自己思惟(これもアリストテレスならぬ凡人には退屈なことだろうが)ではなくて、未知から知へ、前提から結論へと判断・推論を続けてゆくこと。こうした連続は(アリストテレスの神観では)苦労なことで神には適わしくないとの意。本章の一四、同注(7)参照。

(12) この一句‘hē noēsis noēseōs noēsis’(その思惟は思惟の思惟である)は、絶対知を語るヘーゲルの愛好したものとみえて、ベーリーはその英訳本『精神現象学』のタイトル・ページにも掲げている有名な句。新プラトン派のプロティノスからヘーゲルにおよぶ客観的観念論哲学の根本命題とも言えよう。

(13) 以下の一節は『形而上学』第十二巻の最後の章の最後の一節。この「或る人々」というのはスペウシッポスなどプラトン学徒。

(14) この最後の句は、ホメロス『イリアス』第二巻二〇四行目。——こうして、アリストテレスの「第一の不動の動者」(神)は、全宇宙を統御する一者、唯一の原理《アルケー》(archē)、ただ独りの統治者《アルコン》(archōn)として、天の彼方に祭り上げられる。本項注(1)参照。

第四章　自然学〔心理学を含む〕

一　自然的存在

あると言われるものども〔諸存在〕のうち、その或るものは自然《フィシス》によって存在し[1]、他の或るものはその他の原因によって存在する[2]。自然によって存在するものども〔自然的諸存在・自然物〕は、動物とその諸部分、植物、単純な物体（たとえば土、火、空気）などである。……そして、これらはすべて、自然によってではなしに作られ存在するものどもにくらべて[3]明らかな差異を示している。けだし、これら自然的諸存在の各々はそれぞれ自らのうちにそれの運動《キネーシス》および停止《スタシス》の原理〔始動因〕をもっている[4]。そして、その或るものは、場所的意味での運動〔移動〕および停止の原理であり、或るものは量の増大・減小〔成長・萎縮〕の意味でのそれであり、或るものは性質の変化の意味でのそれである[5]。これに反して、寝台や衣やその他この類のもの……すなわち技術によって存在するものとしての限りのすべては、それ自らのうちに転化へのなんらの衝動をも植えつけられていない。ただし、これら〔人工品〕も、付帯的に石から、あるいは土から、あるいはこれらの混合から成るものとしての限りにおいては、そうした衝動[6]をもっている、だがそれもただこの限りにおいてのみそうなのである。[7](『自然学』一九二b八―二〇)

(1)　この「自然による存在」すなわち'to physei on'というのは、「自然的存在」または「自然物」すなわち'to (on) physikon'とも言われ、「それ自らの内にそれの運動(または停止)の原因として自然(physis)を含むもの」のことである。このことは、すぐつぎに読まれる自然的存在の定義および次項の説明で推察されたい。本項注(4)、次項二、同注(10)(11)参照。

(2)　この自然より以外の「他の原因」というのは、技術・理性・意図・偶運などである。本書第三章の一五、同注(2)参照。

(3)　「自然によってではなしに作られ存在するもの」というのは、主として技術によって存在するもの、人工品。これらが自然物と異なる点は、アリストテレスによると、それの生成・存在の原因がそれの外に(これを作る制作者・技術家のうちに)ある。

(4)　「自らのうちにそれの運動の原理《アルケー》をもつもの」というのが「自然物」についての定義であり、この原理(始動因)がすなわち「自然」である。この定義および「自然」の定義については次項二参照。

(5)　上記の定義にある「運動」の意味を説明したもので、ここに「運動」(kinēsis)というは、場所的のそれ(移動)のみでなく量的・性質的の転化(増減・変化)をも含む、と注意したもの。本章の六、同注(1)参照。

(6)　ここに「衝動」(hormē)というのは、火は上方に、水や土は下方に動く自然的傾向。ここでは、銀製の盃は技術品としてのかぎり自ら落下しはしないが、自然物なる銀としては落下の衝動をもつとの意。本章の四の注(6)参照。

(7)　次項二の最初の一節はこの節にすぐ続く。

二　自然の諸義

だが[1]、まさにこのことは、自然なるもののなにものであるかを示している。すなわち、或るものの「自然」とは、これ〔自然〕がその或るもののうちに、付帯的にではなく第一義的にそれ自体において内属しているところのその或るものの運動《キネイスタイ》しまたは静止《ヘーレメイン》することの原理であり原因[2]である。

ここに私は「付帯的にではなく」とことわっているが、そのわけは、或る人が医者である場合、その人自らが自らにとってその健康の原因であることになるようなこともあろうからである[3]。しかし、それにもかかわらず、かれが医術を有することは、かれが健康にされる者〔患者〕たる限りにおいてではなく、たまたま〔付帯的に〕この同じ人が医者〔健康にする者〕であるとともに患者〔健康にされる者〕でもあったからにすぎない。それゆえにこそ医者たることと患者たることとが相互に離れて別々の人に属しもするのである。なおまたこれと同様のことは、その他の制作されるもののいずれにおいても認められる。というのは、こうしたものはいずれもその制作の原理〔技術〕をそれ自らのうちにはもっていないで、その或るもの（たとえば家、その他およそ人間の手で作られるもの）はその制作の原理を他のもののうちに、そのもの自らの外に、もっており、また他の或るものは〔上述の病める医者の場合など〕、それ自らのうちに原因をもってはいるが、それ自体においてではなしに、そのもつ付帯性のゆえにたまたま自らが自らにとって原因となるようなものどもである。

自然とは、(4) それゆえ、いま述べたようなものであり、およそこのような原理をもっているものは、すべて自然をもっているものども〔自然物〕である。そしてこれらすべては実体である。というのは、これらは或る種の基体であり、そして自然は常に基体のうちに〔その原理として〕存するからである。（『自然学』一九二b二〇―三四）

さて、自然というのに形相と質料との二義があるからして、われわれ〔自然学の研究者〕は、あたかもわれわれがシモン的なものについてそのなにであるか〔本質〕を研究する場合においてのように、そのように〔自然的諸存在を〕考察せねばならない。(5) すなわち、このような事物〔シモン的なもの〕はその質料をぬきにしては定義されず、また質料だけによっても定義されない。だが実にまたひとは、この点についても難問を提出するであろう、すなわち、自然が二つあるわけなのだから、そのどちらを研究するのが自然学者の仕事なのであろうかという難問を。あるいは、両者から成るものをではなかろうか。(6) だが、もし両者から成るものをだとすれば、この両者の各〻を別々にも研究せねばならないであろうが、そうなると、この別々の各〻を認識することは、この同じ学〔自然学〕の仕事なのか、あるいは互いに異なる学のか〔という難問を提出するであろう〕。

ところで、昔の人々の仕事を顧みると、それは質料を対象とするものであるように思われる（というのは、ただエンペドクレスとデモクリトスとがわずかに部分的に、形相のこと、本質のことに触れているだけだから）。(7) しかし、もし技術が自然を模倣するものであり、そしてその形相と質料とを或る程度まで知ることがその同じ〔技術関係の〕学の仕事だとされているとすれば（たとえば、医者の仕事は(8)

健康〔形相〕およびこの健康がそれらのうちにあるところの胆汁とか粘液とか〔質料〕を知るにあり、そのようにまた建築家の仕事は家の形相とその質料たとえば煉瓦や木材のことを知るにあり、その他技術の場合についても同様であるように）、そうだとすれば、自然学の場合にも両方の自然を知ることがそのなすべき仕事だとされよう。

さらに、物事がそれのためにであるところのそれ〔物事の目的〕、すなわちその物事の終りも、こうした目的のためにであるところのすべての物事〔目的への手段〕が取り扱われるのと同じ学で取り扱われている。しかるに自然は〔その形相としての意味では、物事の運動の〕終り《テロス》であり、それのためにのそれ〔目的〕である。というのは、物事の運動が連続的におこなわれていて、その物事の運動のうちに或る終りがあるとき、この最後の段階が、それのためにこの運動がなされるところのそれ〔その運動の目的〕であるから。[9]（『自然学』一九四a 二一―三〇）

フィシス〔自然〕というのは、[10]（一）その一つの意味では生長する事物の生成《ヘー・トーン・フィーオメノーン・ゲネシス》をいう（これはphysisのyを長音に発音してみれば推察されるとおりの意味である）。[11]つぎには、（二）生長する事物に内在していて、この事物がそれから生長し始める第一のそれ〔たとえば植物の種子〕を意味する。さらにまた、（三）自然《フィシス》によって存在する事物の各〻の運動が第一にそれから始まり且つその各〻のうちにそうした事物のそれ自体として内在しているところのそれ〔自然的諸存在の第一の内在的始動因〕を意味する。[12]……さらにまた、自然は、（四）自然的諸存在の存在するのもそれからであるところの第一のそれ〔自然的諸存在の根源的質料〕を意味する。これは比較的無形無秩序であり、それ自らの可能性によっては転化しえないもの（たとえば、銅像や銅器における銅……など）である。……さらに他の意味では、（五）自然は、自然的諸存在の実体《ウーシア》とも解されている。たとえば自然を第一の結合態《シンテシス》であると説いている人々のように、あるいはエンペドクレスが「存在事物のいずれにも自然《フィシス》は存しない、存するはただ混合と混合物の分解とのみ。これらをも自然というは人間の与えた呼び名にすぎない[13]」と言っているように。それゆえにまた、自然によって存在しまたは生成する事物は、たといそれらのうちにそれからそれらがおのずから生成し存在するに至るそれ〔質料〕が内在していても、それらがその形相《エイドス》または型式[14]をもっていない限り、なおいまだその自然[15]をもっていないと言われる。したがって、この意味での自然によって存在するのは、これら両者からなるものども（たとえば動物）である。こうして、（六）ただに第一の質料が自然であるだけでなく、……さらに形相や実体も自然である。ところで、これは生成の終りであり目的である[16]。ここからしてさらに転意して、（七）広く一般にあらゆる実体が自然と言われている。それは、自然もまた一種の実体だからというにある[17]。

さて、上述から明らかなように、第一の主要な意味で「自然」と言われるのは、各〻の事物のうちに、それ自体として、それの運動の始まり〔始動因〕を内在させているところのその当の自然物の実体〔本質・形相〕のことである。というのは、事物の質料が自然とも言われるのは、質料がこの実体〔としての自然〕を受容しうるもの〔可能態〕なるがゆえにであり、また事物の生成し生長する過程が自然と呼ばれるのも、この過程がまさにこの実体から始まる運動なるがゆえにであるからである。なおまた、自然的諸存在のうちに、可能的ににせよ現実的ににせよ[18]、内在しているところのこの事物の運動の始

まり〔始動因〕も、この意味での自然である。（『形而上学』一〇一四b一六―一〇一五a一九）

（1）　以下の一節は『自然学』の本文では前項一の終節に続く一節である。

（2）　この「原理《アルケー》」であり「原因《アイティア》」であるのがすなわちその或るものの「自然」(physis)であり、そして「その或るもの」がすなわち「自然的存在」であり「自然物」(to physikon)である。そこで、ここに「自然」と訳された“physis”を簡単に定義すれば、「自然物に内在するところのその運動《キネーシス》(または停止《スタシス》・静止《ヘーレーミア》)の原理《アルケー》(始動因)」であると言われ、そして「自然的存在」(自然物)とは、「自然《フィシス》を自らの運動の内在的原理とするところの存在」であるとでも定義されよう。これが「自然《フィシス》」という語の最も根本的で主要な意味であるが、その他にも諸義がある。その諸義については、この項の終節(『形而上学』の第五巻第四章からの拙訳)参照。

（3）　前文「自然」の定義において、「或るもののうちに……それ自体において内属し」云々と言った以上、わざわざ「付帯的にでなしに第一義的(端的)に」と限定する必要はなさそうなものなのに、そう限定した理由は、いまここでは原因としての自然と技術とのちがいが問題になっているからである(前項一の注(3)参照)。すなわち、技術のうちにも、たとえば患者が健康になる原因としての医術またはこの術をもつ医者の場合など、一般には患者と医者とは互いに他者であり医術は患者の外にあるが、たまたまその医者自身が病んだ場合など、「医者が自分で(自分の内なる医術によって)自分を健康にした」ときには、自然による場合と同じように「それ自体において」それに内属する原因(医術)によって自分を健康にしたのではないか、という異論も出ようからである。だが、これに対するアリストテレスの返答では、この医者の場合、この「医者が自身を健康にした」というのは、実は、「医者としての医者自身を」ではなくて「患者を」であり、これを健康にしたのは「患者自身が」ではなくて、この患者がたまたま医者でもあったその「医者の医術が」である。すなわち、このように健康にされる者自らの内に健康にする原因(医術)が内在するかに見える場合もあるが、それは「付帯的に」であって、「病める身体それ自体が自然に健康になった」のではないのである。

(4) 以下に述べられる「自然」の諸義は、本項の終節を見くらべながら読まれたい。次の注(10)(11)参照。

(5) 「シモン的」については本書第二章の八の注(5)参照。

(6) 「両者から成るもの」または「結合体」というのは形相と質料とから成る具体的個物。本書第三章の六、同注(12)参照。

(7) 「技術が自然を模倣する」というのは、プラトンにもある古代ギリシャ人に伝統的な考えか。この模倣関係から、つぎに、自然の研究者は逆に技術家の仕事をと類推されている。なお次項三の注(5)参照。

(8) 「或る程度まで」と限定されたのは、つぎの医者の例でもわかるように、ここ自然学の研究者としては、当の対象事物の形相とその直接・最近の質料を知ることが重要で、それ以上に立ち入って、形相とはなにか質料とはなにかなどをも知ることは、自然学のではなくて「第一の哲学」の仕事であるから、というにある。

(9) 「自然」の目的性については本章次項三参照。

(10) 以下この項の終りまでの一節は、『形而上学』の第五巻、言わゆる「哲学用語辞典の巻」の第四章(フィシスの項)の全訳。これによって「自然」または「本性」「実在」とも訳される‘physis’の諸義を知っていただきたい。

(11) これは、この原語‘physis’の‘y’は短母音であるが、これを長音にȳと発音してみれば、‘phȳsis’が「生長する事物」(ta phȳomena, たとえば植物‘phyton’など)の「生成」(genesis)であること、すなわちかかる事物の「生長すること」(phȳesthai)を意味するとのことは、容易に推察されよう、との意。たしかにこの語は、植物(phyton)などの「はえる」「発生する」「生長する」(ラテン訳では‘nascor’, 英語では‘grow’)の意の動詞‘phȳesthai’を連想させる語として、ものの自《おの》ずからはえ、生長することの意にも用いられ、ここからローマの学者はこの‘physis’を‘nascor’の分詞形から‘natura’と訳し、これが近代語ではそのまま‘nature’,

Natur’等々となり、そして日本語でも、この近代語の訳語として用いられる語「自然」「本性」が古代ギリシャでの‘physis’についてもその訳語としても用いられているわけである。ただし、この両語(physisとphȳesthai)の語源的関係は明らかでなく、一説では、‘physis’の語根‘phy-’は、ラテン語の‘esse’(ある、存在する)の未来形の根‘fu-’と同様、ギリシャ語でも‘einai’(ある、存在する)の意をもっていたとも言われる。だが、いずれにせよ、古い昔のことで、前第六世紀に最初の哲学者たち(言わゆる自然学者たちphysiologoi)がこの語で——神話詩人たちの擬人観的な見方・考え方を偽とみて——世界の一切の原理原因を問い求め始めたときには、いまだ「なる」(生成)とも「ある」(存在)とも区別されない「あるがまま、なるがままの真理・真相」「客観的真実」がこの語で「万物のphysisはなにか？」と問われたのであろう(本書第二章の二七の注(2)参照)。そこから、ヘラクレイトスやパルメニデスなどの探求の途上で、より多く生成の原理ともみられ、またより多く実在の意にもなったとすべきであろう。ともあれ、日本語の「自然」を「自《おの》ずから然かあり然かなるもの」の意と読めば、‘physis’の原義に近いようでもある。

(12) この内在的始動因としての「自然」がその諸義のうち最も根本的で主要な意味での「自然」である。前注(2)、およびこの節の終りの結びの箇所参照。

(13) エンペドクレスの『断片』(ディールス)八。かれによると「具体的事物」は諸元素の混合体で、それの生滅というは、実は不生不滅なる実体(すなわち自然《フイシス》)なる四元素の混合・分解の現象にすぎなかった。

(14) 「型式《モルフエー》」は形相《エイドス》と同義的であるが、ここでも感覚的な事物の形相を指す場合に使われている。

(15) この「自然」は個物・具体的結合体としての実体(自然物)の意味でのそれ。

(16) 「自然」の目的性については次項三参照。

(17) ここからしてさらにアリストテレスでは、この「自然《フイシス》」という語はしばしば「客観的実在」「客観的真理」「あるがままの真実」というほどの意で用いられている。この場合、英訳では‘entity’,本書では「実在」

とも訳されている。

(18)　可能的には、たとえば生物では、その種子などのなかに潜在する生命原理(その意味での霊魂)、現実的には現にその生物に内在しこれを生かしているそれぞれの霊魂。

三　自然の目的性

そこでわれわれは、まず第一に、自然が、それのためにであるそれとしての原因〔すなわち目的因〕の部に属するものであることを説き、つぎに、必然的なそれについて、それが自然的事物のうちでどのような地位を占めているかを説かねばならない。(1)というのは、在来の自然学者はすべてそれらの事物をこうした〔必然的な〕原因に還元しているからである、すなわちかれらは、熱はもともと〔自然的・本来的に〕これこれであり、寒はこれこれであり、その他この種のものはこれこれである、ゆえに、かくかくの事物は必然によって存在し、あるいは生成する、というように論じている。というのは、たといかれらのうちの誰かがその他の原因を、たとえば或る人は友愛《フィリア》と憎み《ネイコス》とを、また或る人は理性《ヌース》を挙げているにしても、この人々もただわずかにこれらに触れているだけで直ちに別れを告げているからである。(2)

だが、この〔自然は目的因の部に属するという〕説には面倒な問題が含まれている。(3)すなわち、自然を、なにかのために働くのでもなく、またそうあるのがより善いからとの理由でもなくて、あたかも天（ゼウス神）が雨を降らせるのは穀物を成長させようがためにではなく、かえって雨は必然によって降るのである、というように、そのように必然によって働くものだとしても、それを妨げるなにものもないではないか？　けだし、上昇したもの〔蒸気〕は冷却されざるをえず、冷却されたものは水となって降下せざるをえないではないか？　そして、このこと〔雨降り〕の生じたとき、穀物の成長が、それに付帯して起こるだけのことだから。同様にまた、たとい穀物が穀打ち場で腐ったとしても、雨の降ったのはそのためにではない、すなわち穀物が腐るようにと降ったのではなくて、ただその腐りが雨降りに付帯して起こっただけのことである。そうだとすれば、自然的事物の諸部分にもこれと同様の関係があるのをなにが妨げようか？　たとえば、歯が必然によって、しかもそのうち前歯はとがっていて嚙み切るのに適し、臼歯は広くて食物を嚙み砕くのに役立つものとして、生《は》えるにしても、それを妨げるなにものもないではないか、すなわち、歯はこうした役に立つために生えたのではなくて、こうしたことはただ〔歯の必然的発生に付帯して〕偶合的に起こっただけのことではないか？　なお、こうしたなにかのために〔目的適合性〕が含まれていると思われるところのその他の場合についても同様の問題がある。……

こうした論議もひとの難問とするところであるが、こうした論議が本当であることはありえない。というのは、（1）（a）これら〔歯など〕のみならずあらゆる自然的事物は、なるほど常にまたは多くの場合にこのように〔必然的に〕生成しはするが、しかし偶運や自己偶発による物事はいずれもそうではないからである。けだし〔ギリシャでは〕冬季にたびたび雨が降るのは偶運によるものとも偶合によるものとも考えられず、かえってそう考えられるのは夏季にたびたび雨が降る場合である。あるいはまた、土用における暑さはそうとは考えられないで、冬季に暑いならそうだと考えられている。だから、(b)もし物事が偶合の結果としてあるか、あるいはなにかのためにあるかであると考えられ、そしてこれらのこと〔冬の雨降り、土用の暑さ、歯の都合よく生えることなど〕は偶合によることでも自己偶発によることでもないと考えられているとすれば、これらは、なにかのためにあることにちがいなかろう。のみならず、(c)こうしたこれらのことさえ、すべて自然によってであることは、あのような論〔必然論〕をする人々でさえ肯定するにちがいない。そうだとすれば、なにかのために〔目的適合性〕は、自然によって生成し存在する物事のうちにも存するわけである。

さらに、(2)なんらかの終りの存する物事においては、これに先行する物事およびこれに継続する〔中間の〕物事はこの終りのために〔終りを目ざして〕なされるのである。ところで、このことは、実にそのなされるとおりにもともと自然的にそうあり、自然的にそうあるとおりにその各々はなされるのである、もしそこに〔その途上に〕なんらの妨害もなかったなら。[4] ところで、このなされるというのは、なにかのためにであり、そしてそれゆえ、物事が自然的にそうあるのもなにかのためにそうあるのである。たとえば、もし家が自然によって生成するものの部に属するとすれば、それは、あたかもそれが現にいま技術によってできているように、そのように生成するであろう、そして、もし自然によっての事物が、ただ自然によってのみならず技術によっても生成するとすれば、それらは、それらが自然的にあるのと同じような仕方で生成するであろう。だから、〔こうした生成過程において〕先のものは後のもののためにである。ところで、一般に技術は、一方では自然がなしとげえないところの物事を完成させ、他方では自然のなすところを模倣する。(5) そこで、もし技術に従ってできた物事がなにかのためにであるとすれば、明らかに、自然に従ってできた物事もまたそうである。なぜなら、技術に従ってできたものにおいても自然に従ってできたものにおいても、先のものと後のものとの相互の関係は同じであるから。(6)

だが、(3)最も明白に自然の目的性の認められるのは、動物(7)においてである。それらは技術によってでもなく、探求したり考慮したりしてでもなしに、仕事をするものである(そこからして、そうした動物、すなわち蜘蛛とか蟻とかその他この種の動物がそうした働きをするのは、理性によってか、あるいはむしろなにか他の能力によってではなかろうか、と詮議している人々(8)もある)。だが、この方向に少しずつ歩を進めると、植物のうちにもその終り〔目的〕に向いているものの生じていることが明らかになる。たとえば、木の葉が果実を蔽い守るためにに生えるなど、それである。したがって、もし燕が巣を作り、蜘蛛が網を張り、また植物が、その果実のために葉を生やし、栄養をとるために根を上にでなく下におろしなどするのが、自然によってであるとともになにかのためにでもあるとすれば、自然によって生成し存在する物事のうちにこうした原因〔目的因〕の存することは明白である。

なおまた、自然というのに二義、すなわち質料としての自然と型式〔形相〕としての自然とがあり、そして形相の方は終り〔目的〕であって、その他はこの終りのためにであるからして、形相そのものは、その他のものどもがそれのためにであるそれとしての原因〔目的因〕であらねばならない。(9)〔『自然学』一

九八b一〇—一九九a三二）

（1）この自然の合目的性についての説（アリストテレス自らの主張）については、ここ『自然学』第二巻第八章でつぎのように述べられ、自然の必然性を主張する自然学者《フィシオロゴイ》たちに対するアリストテレスの反論は同第九章で述べられているが、ここでは割愛した。

（2）エンペドクレスは「友愛」(philia)と「憎み」(neikos)を、アナクサゴラスは「理性」(nous)を、それぞれが万物の質料的・必然的な原因としてあげた四元素（万物の根）または無数の元素（万物の種子）とは別の、なんらか目的因ともみえる始動因としてあげたが、これらを目的因として用いることには徹底しなかった。この不徹底に終った点は『形而上学』第一巻第四章で指摘されている。

（3）「善いから」との理由をあげたものについては、プラトンの『ファイドン』九九A—B参照。

（4）ここに「なされ」と訳された原語は普通には「行為する」と訳される'prattei'の受動形'prattetai'である。これは「行為する」に限らず広くは「生成する」「作る」の意にも用いられるところから、ここの論では、自然的に「なされる」（成る）ことが、直ちに「行なわれる」ことであるとされて、それゆえに「なにかのために行為される」と推されている。なおここに「なんらの妨害もなかったなら」というは、たとえば木の実は、損傷されるとか腐敗するとかいうことがないなら、その自然的にそうある可能性を現実的にして木と成る、というがごときである。

（5）この一句「技術は、一方では自然がなしとげえないところの物事を完成させ、他方では自然のなすところを模倣する。」は、アリストテレスの思想を示す点においてだけでなく、一般に自然と技術との関係の問題提起として注目すべき句である。前項二の注（7）、本項次注（9）参照。

（6）生成の順において後のものは自然すなわち目的においては先のものであり、そしてこの関係は技術の場合も目的としての自然の場合も同じである、というのがアリストテレスの考えである。

(7)　この「動物」は、技術や思慮や探求心などによらないで仕事をする動物、すなわち人間以外・以下の動物(蜘蛛・蟻など)である。

(8)　蟻などの言わゆるインテリゼンス(知的本能)について語った人々というのはデモクリトスなどを指すものか。デモクリトスの断片(ディールス)一五四参照。

(9)　この自然の目的性と関連してアリストテレスがしばしば「自然は無駄にはなにものをも作らない」と言っていることについては、本書第五章の一五の注(5)参照。なお、このかれの目的観に関しては、本書第一章の三の(一)参照。

四　場　所

だがまた場所《トポス》についても(1)、自然学の研究者は、無限についてと同様に、果たして場所というようなものが存在するか否かを、また〔もし存在するとすれば〕それはどのような(2)仕方で存在するのかを、またそれのなにであるかを、知らねばならない。というのは、およそなんぴとも存在する事物をどこかに〔なんらかの場所に〕存在しているものと想定しているからであり、……また、運動のうちの最も共通的で最も勝義のそれは場所におけるそれ、すなわちわれわれの言わゆる移動《フォラ》(3)だからである。だが、そもそも場所とはなにかという問題には多くの難問がある。というのは、場所に関するあらゆる事象を考察している人々各自の考察から出てくるそれぞれの結論はまちまちであり、また他の人々からは、このことに関してなんらの問題提起も、いわんやなんらの問題解決も、全く与えられていないから。

ところで、場所が存在するということは、(1)ものとものとが互いに入れ替えられる〔相互置換〕という事実からして明らかなように思われる。たとえば、いま水があるところ、そこから、あたかも容器からのように、その水が出ると、そこにこんどは空気がはいり、そして或る他のときには、またこの同じところを或る他のそうした物体(4)が占める。だからこのところ〔場所〕は、そこにはいってきたり入れ替ったりするどちらの物体とも異なるなにものかであると思われる。というのは、いま空気がこれのうちにはいったところのこれのうちに、さきには水がはいっていたのだとすれば、これなるこの場所《トポス》または空間《コーラ》〔すきま〕は、これのなかにはいったもの〔空気〕と、入れ替りにこれから出ていったもの〔水〕との、どちらとも異なるなにものかであったことは、明白だから。なおまた、(2)自然的で単純な物体(5)〔火とか土とかその他そのような物体〕のいろいろな移動は、ただたんに場所が或るなにものかであるとのことを明示しているだけでなく、さらにそれが或るなんらかの性能《ディナミス》を有するもの(6)だとのことをも明示している。というのは、そうした物体の各〻は、妨害されない限り、それぞれ自らの場所に、すなわち或るもの〔たとえば火〕は上方へ、或るもの〔たとえば土〕は下方へと運ばれる〔移動する〕からである。そしてこれら、上方・下方、そのほか計六つの各〻は、場所の部分〔局位〕であり種類である。(7)……さらにまた、(3)空虚《ケノン》を存在すると主張する人々は、場所を存在すると認めているものである。というのは、その空虚というのは、物体の欠除された場所のことだからである。〔『自然学』二〇八a二七―b二七〕

場所はなんだか重大なものであり、しかもこれを把握することの困難なもののように思えるが、そのわけは、まず、質料や型式〔形相〕が場所と並び現われるからであり、また、包むものが静止していてもそのなかで移動するものの置き換えが起こるからである。すなわち、そこで動くものの大きさとは異なる中間の或るすきまが存在することもできるかのようにみえるからである。そしてこの見解には、空気が非物体的なものであるかのように思われるということも手伝っているようである。というのは、ただたんに容器の限界面全部が場所であるようにみえるだけでなく、この限界面で包まれた空虚としての中間のものもまた場所であるようにみえるからである。

ところで、実は、あたかも容器が持ち運ばれうる場所であるように、そのように場所はまた持ち動かしえない容器である。(8) それゆえ、たとえば川のなかの舟のように、動いているもの〔川〕のなかでこのもののなかにあるもの〔舟〕が運動し移転するときには、この包むもの〔川〕は〔そのなかで運動し移転するもの(舟)に対しては〕場所としてよりはむしろ容器としての役をしている。しかるに、場所は〔そのなかにあるものを動かそうとも自ら動こうともしない〕不動なものである。それゆえ、ここで場所と言わるべきはむしろその川全体であろう、というのは、川は全体としては不動であるから。したがって、包むものの第一の不動の限界、これが場所である。(9)〔『自然学』二一二a七—二一〕

或るものは付帯的な意味で場所のうちにある、(10) たとえば霊魂とか天界とかがそうである。というのは、〔天界の場合〕それが場所のうちにあると言われるのは、天界の諸部分が、また或る意味ではそのすべてが、場所のうちにあるからである。すなわち、その一つの部分が他の部分をその円環面で包んでいるからである。それゆえに、上にあるもの〔第一の天球〕は円環的に運動するが、すべて〔全宇宙〕

はどこにも〔いかなる場所のうちにも〕存在していないのである。けだし、どこかに存するものは、それ自身、或るなにものかであるとともに、さらにこのものよりほかに、このものがそれのうちにあり、それがこのものを包むところのそれなる或る他のものが存在せねばならないが、しかし全宇宙のほかには、なにものもこの全宇宙の外側には存在しない、そしてそれゆえに、すべてのものは天界のうちにあるのである。けだし天界というのは全宇宙のことでもあろうから。しかし、すべてのものの場所が直ちにそのまま天界であるのではなくて、天界の或る部分、すなわち、天界の最端の面で、動きうる物体〔恒星〕に接触している部分が、すべてのものの場所なのである。そしてそれゆえ、土は水のうちに、水は空気のうちに、そして空気はアイテール[11]のうちに、そしてアイテールは天界のうちに、存在しているが、この天界はもはや他のもののうちには存在していないのである。〔『自然学』二一二b一一—二二〕

場所についての諸難問[12]は、場所をつぎのように説明すれば、すべて解決されるであろうこと明白である。すなわち、(1)場所がそれのうちにある物体とともに成長増大することは必然的でない。また、(2)点にその場所があるということも必然的でなく、(3)二つの物体が同一の場所のうちにあるということも必然的でなく、(4)場所が或る物体的な間隔〔すきま〕であるということも必然的ではない(というのは、場所の〔限界と限界との〕中間にあるものは、それがなにであろうと、或る物体であって、物体のすきまではないからである)。さらに、(5)場所もまたどこかにあるが、しかしそれは、場所のうちにあるという意味においてではなくて、ものの限界面がこれによって限界されているそのもののうちにあると言われるような意味においてである。というのも、存在するもののすべてが場所のうちにあるというわけではなくて、場所のうちにあるのは動かされうる物体だけだからである。(『自然学』二一二b二二—二九)

(1)『自然学』第三巻の後半(第四—八章)で「無限」(apeiron)について論じたあと、ここ第四巻第一章以下で「場所」(topos)、同第六章以下で「空虚」(kenon)、そして同第十章以下第十四章まで「時間」について論じられるが、残念ながら「無限」と「空虚」については、本書では抄録を割愛した。

(2) 場所がどのような仕方で存在するかについて、アリストテレスは、(a)離れて独立な存在としてか、(b)その場所を占める物体の一構成要素としてか、(c)そこにある物体を囲み包むなにものかではないかと問い、(a)と(b)を斥けて(c)をとる。

(3) この「われわれの言わゆる移動《フオラ》」(直訳すれば「それをわれわれが'phora'と呼ぶところのそれ」)というのは、場所における運動で、四種の運動(あるいはむしろ転化)のうちの他の三種(生滅・変化・増減)に共通に含まれているので「最も共通的」である。本書第三章の一七、本章の六、七、同注(8)参照。

(4)「物体」の原語'sōma'は、動物などでは「身体」「肉体」とも訳されるが、広義には「幾つかの面によって限定されたもの」とか「三方向(長さ・幅・深さ)に広がりをもつもの」とも定義され、点や線に対する'stereon'(立体・固体)とほぼ同義。つぎに出る「単純な物体」(haplon sōma, 複数 hapla sōmata)というのは、アリストテレスでは具体的感覚的な存在としては最も単純なものと考えられた四元素(火・空気・水・土)のことで、これ以上に単純な・これら四元素に共通する根本物質(純粋質料)は、アリストテレスではただ考えられるだけの抽象物と解されていた。本章の九の注(1)参照。

(5) 前注(4)参照。

(6)　アリストテレスは場所を或る'dynamis'(力または性能)をもつものと考えていた。それは、或る物体に対してその物体固有の場所(たとえば火には上方の、石には下方の場所)が或る実質的影響力(たとえばその物体を軽くし重くする力、衝動)をもつとの意。本章の一の注(6)参照。

(7)　計六つというのは、上・下(深さ)と左・右(幅)と前・後(長さ)との六つ、言わゆる三次元。これらを場所の部分であり種(eidē)であると説き、さらに(この抄訳本文には省略された箇所で)続けて補説するところでは、これら上下・左右・前後の別はわれわれにとっての主観的な別で、自然的・客観的には少なくも左右・前後の別はないとされている。ただし『天体論』(第二巻)には、前後・左右の方向を全く主観的なこととしたわけではなく、天体の出没を基準に左右・前後を客観的な宇宙的事実として規定している箇所もある。

(8)　「容器が持ち運ばれうる場所(topos metaphorētos)であるように、場所は持ち動かしえない容器(aggeion ametakinēton)である」というのがアリストテレスの場所についての有名な比喩的定義である。

(9)　「包むものの第一の不動の限界」(to tou periechontos peras akinēton prōton)というのが、場所のなにであるかについてのかれの定義である。ここに第一の限界というのは、包まれている物体に最も近接した内側の(物体から言えばその物体の最も外側の)限界。

(10)　霊魂が「付帯的に」云々というのはこの霊魂をそのうちに含むところの肉体が場所のうちにあるがゆえにこれに「付帯して」霊魂も云々の意であり、天界が「付帯的に」というのは天界に属する諸部分(諸天体)が場所のうちにあるがゆえに、である。

(11)　アイテール(aithēr)は第五元素とも言われる澄気を言い、諸天体の質料とも考えられているが、ここでは火とほぼ同義。本章の一〇、同注(5)参照。

(12)　『自然学』第四巻第一章で提出された諸難問《アポリア》の大部分が、つぎの(1)(2)以下五箇条で簡単に解答されている。

五　時　間

だが時間《クロノス》(1)は、最も一般的には、或る運動であり、一種の転化であると(2)考えられているから、この考えを検討しなくてはなるまい。ところで、(1)各〻の事物の転化や運動は、ただその転化する事物そのもののうちにのみあるのか、あるいはそれがどこであろうと、その運動し転化している事物そのものが存在しているそのどこにであるのか、そのいずれかである。しかるに時間は、ひとしくあらゆるところに、またあらゆる事物とともにある。なおまた、(2)転化はより速くあったりより遅くあったりするのに、時間はそうでない。というのは、遅い速いは時間によって決定されるが(すなわち、速いというのは少しの時間のうちに多く運動すること、遅いというのは多くの時間のうちに少し運動することだが)、しかし時間は、時間によっては、その或る量によってもその性質によっても、決定されないからである。だから、時間が運動でないことは明白である。なお、運動と転化とがどれだけちがうかは、差し当たりここでは言わないでもよかろう。

　だがとにかく、時間は転化なしにはありえない。というのは、われわれ自らが自らの思想(意識状態)をすこしも転化させないとき(3)、あるいはそれが転化していてもこれに気づかないでいるときには、われわれには「時がたった」(時間が経過した)とは思われないからである。それはあたかも、サルディニアで英雄どものところで眠りこんだと神話(4)に語られている人たちが、目ざめたとき、この人たちにも「時がたった」とは思われなかったというのと同じである。というのは、この人たちは、眠りこむ直前の「今」と目ざめた直後の「今」との中間を知覚〔意識〕していないことのゆえに、この中間を切りすて、前の「今」と後の「今」とを直結させて一つの「今」にするからである。だから、あたかも、もし「今」が異なるものどもでなくて一にして同じであったなら、時間は存在しなかったであろうように、そのようにまた、前の「今」と後の「今」との異なることに気づかないときには、これら〔今ども〕の中間が時間であるとは考えられないであろう。そこで、もし時間のあるのを意識しないでいるというような状態がわれわれに起こるのが、なんらの転化をも識別しないでわれわれの霊魂〔意識〕が一にして不可分割的な「今」のうちに止まっているようにみえる場合にであるとすれば、そしてまた逆に、われわれがなんらかの転化を知覚し識別するとき、そのときにはわれわれは「時がたった」と言うのだとすれば、時間は、明らかに、運動や転化がなくては存在しないものである。

さて、それゆえに、時間は運動そのものではないが運動なしに存在するものでもないこと、明白である。そこで、いまわれわれは、時間とはなにであるかを探求しているのだから、以上の考察を出発点として、時間が運動のなにであるかを発見するにつとめねばならない。事実われわれは、運動と時間とを一緒に知覚する(5)。というのは、たといそれが暗闇であって、肉体〔感官〕を介してはなにものもわれわれに感じられないような場合でも、なんらかの動き〔運動〕がわれわれの霊魂のうちに起こりさえすれば、直ちにまたそれと一緒になんらかの時間も経過したと思われるからである。だからして、時間は、運動そのものであるか、運動のなにかであるか、そのどちらかである。ところで、時間は運動そのものではないのだから、それは運動のなにかであること必然である。(『自然学』二一八b九―二一九a一〇)

時間をわれわれが認知するのは、ただわれわれが運動を、その前と後の別を識りながら限定したときにである。そしてまた、われわれが「時がたった」と言うのは、われわれが運動における前と後の知覚をもつときにである。ところで、われわれが前と後を識別するのは、それらをお互いに他のものであると判断し、それらの中間にそれらとは異なるなにものかがあると判断することによってである。すなわち、われわれがこれら両端の項を中間項とは異なるものどもであると思惟し、「今」が前の今と後の今との二つであるとわれわれの霊魂が語る〔意識する〕とき、そのときにまた、われわれは、これが時間であると言うのである。というのは、「今」によって区別されるものが時間であると考えられているからである。そしてそうだと仮定しよう。

さて、それゆえに、われわれが「今」を、運動における前の今と後の今としてでもなく、あるいは同じ今だが前の今の或る〔終りの〕部分と後の今の或る〔初めの〕部分としてでもなしに、全く一つのものとして知覚する場合には、そこにはなんらの〔意識上の〕運動もないわけだから、なんらの時間も経過したとは思われない。これに反して、前と後を知覚する場合には、われわれはそこに時間があると言う。というのは、時とはまさにこれ、すなわち、前と後に関しての運動の数であるから。[6]

だから、時間は、ただの運動ではなくて、数をもつものとしての限りにおける運動なのである。その証拠はここにある、すなわち、われわれは、ものの多い少ないを判別するのに数をもってするが、運動の多い少ないは時間で判別している、だから、時間は或る種の数である。ところで、数というのにも二義があるが（すなわち、われわれは、数えられるものおよび数えられうるものを数と言うとともに、また、それでわれわれがものを数えるところのそれをも数と言うが）[7]、たしかに時間は、数えられるものとしての数であって、それでわれわれが数えるところのそれとしての数ではない。（『自然学』二一九a二二―b八）

（１）　前項の'topos'は「空間」「延長」「ところ」とは訳しにくいので「場所」と訳したが、これから説かれる'chronos'は「時」と訳してもよいが、多くの場合、一般の例によって「時間」と訳すことにした。

（２）　以下に見える運動（kinēsis）と転化（metabolē）との微妙な異同については、行文で察していただきたい。なお、次項六、同注（１）、七参照。

（３）　「思想（dianoia）を転化させる」という訳文は生硬であるが、時間と転化との関係が問題なのであえてこう訳したが、それは、その結果としてどれだけかの時のたったこと（時間の経過）に気づくほど、その経過中に続いていた一連の心的・意識的状態（思想）に或る変化（中断）を起こさせること、この一連の心的状態がかえりみられることである。要するに、ここで言われているのは、こうした心的状態の一連性になんらかの変化・中断が起こらない限り、または起こってもこれに気づかない限り、その間に「時がたった」とは思わないとの意。とにかくここに時間が意識との関係で考察されている点に注目されたい。

（４）　これは、一説では、或る病人がサルディニアの英雄たちの許で治療を受け、五昼夜眠り続けたが、目ざめたときのかれの記憶にはこの五日間がぬけていた、という神話物語。

（５）　「一緒に」（hama）については、本書第二章の二一の注（３）参照。

(6)　これが「時間」についてのアリストテレスの定義である。この定義やこれに達するまでの推論過程〔本書ではその一端を示すに止まったが〕は、後世の多くの時間論に深い影響を与えたものである。

(7)　「数」(arithmos)というのは一般的には単位一の多さであるが、同じく「数」というのにも、数えられる事物の「かず」を意味する場合と、それで事物を数える「数」すなわち純粋な抽象的な数をいう場合とがある。時間の定義にある運動の「数」は前者、すなわち運動の数えられる数(かず)である。

六　転化の諸義

およそ転化[1]は、或るものから他の或るものへである。——このことは、metabolē という語〔転化の原語〕それ自らにも示されている。というのは、それは、他のもののあとに(meta)或るものがくるということ、すなわち、一方はより先に他方はより後にということを示しているからである。——そうだとすると、転化するものどもの転化する仕方に、一応つぎの四つの場合が考えられる。すなわち、(1)基体甲から基体乙へであるか、(2)基体甲から基体ならぬ非甲へであるか、(3)基体ならぬ非甲から基体甲へであるか、(4)基体ならぬ非甲から基体ならぬ非乙へであるかである(ただし、ここで私が「基体」というのは[2]、肯定的積極的に言い表わされるもののことである)。ところで、上述の四つの場合のうち、転化には、(1)基体甲から基体乙への転化〔運動〕と、(2)基体から基体ならぬものへの転化〔消滅〕と、(3)基体ならぬものから基体への転化〔生成〕との三つがあること必然である。けだし、〔残る(4)の場合〕基体ならぬ非甲から基体ならぬ非乙へには、そこになんらの対立関係もないので、転化ではないからである、というのは、この両項〔非甲と非乙〕は相互に反対的でもなく、矛盾対立的でもないからである。

さて、〔これら三つのうち〕(3)基体ならぬ非甲からこれに矛盾的に対立する基体甲への転化は生成《ゲネシス》である。そのうち、端的な意味での転化は端的な生成であり、或る限定されたなにかの転化は限定された意味での生成である。[3] たとえば、非白〔黒〕から白への転化は、〔なにものかが白く成るとの意味での〕白の生成であり、端的な意味でのあらぬもの〔非存在・非実体〕から実体〔端的な意味での存在〕への転化は端的な意味での生成であり、そしてこの場合にはわれわれは、それによってものが端的・無限定的に「生成する」と言い、決して或る限定された「云々に成る《プトラ》」〔たとえば白く成る〕とは言わない。つぎに、(2)基体甲から基体ならぬ非甲への転化は消滅である。そのうち、端的な意味での消滅は、実体から非存在への転化であり、対立関係にあるものの否定の側への〔たとえば白から非白への〕転化は、限定された意味での消滅であって、これは、さきに生成の場合にも言われたとおりである。『自然学』二二四b三五―二二五a二〇)

さて、〔あらぬまたは存在しないというのにも、いろいろの意味があるが、そのいずれの意味でも〕あらぬものが運動するということは不可能である。そこで、もしそうだとすると、生成が運動であることは不可能である。なぜなら、生成するのは存在しないものからであるから。……また、消滅も運動ではない。なぜなら、運動に反対のものは他の運動か静止かであるが、消滅は生成に反対のものだからである。ところで、すべて運動は転化の一種であり、そして転化には上述の三つの場合があるが、これらのうち、生成と消滅との意味での転化は運動ではなく、これら両者は矛盾的に対立するものへの転化であるからして、必然の帰結として〔残る一つの場合、すなわち（1）の〕基体甲から基体乙への転化のみが運動である。[4]（『自然学』二二五a二一―b三）

（1）　名詞‘metabolē’およびその動詞形‘metaballein’をこの本ではだいたい無理だが仕方なく一貫して「転化」および「転化する」と訳した。また‘kinēsis’および‘kinein’をも同様に「運動」および「運動する」（または「動く」「動かす」）と訳した。この「転化」は――この直ぐ次の俗流語源考的補説でもわかるように物事が一方から他方へと移り変ること、そこから物事の推移・変遷、政権の変動・革命などの意にも用いられるが――アリストテレスでは一般に（「運動」も同様）広義では可能的なものが現実的になることであるが、多くの場合、この項六および次項七で見られるように、「転化」は、「生滅」（生成と消滅）と「運動」とを含む概念として「運動」よりも広義に用いられている。すなわち、「転化」は、非存在から存在への場合（生成）および存在から非存在への場合（消滅）と、存在から存在への場合（運動）とに区分されて、「運動」には「生成」と「消滅」は含まないことになっている。そしてこの「運動」は、存在の述語諸形態のうち実体にも関係にも能動・受動にも関しないから（次項七の初めの節参照）、ただ性質的と量的と場所的との三義の存在に関してのみありうるとして、性質のそれ（alloiōsis 変化）と量のそれ（auxēsis 増・増大・成長および phthisis 減・減小・萎縮）と場所のそれ（phora 移動）との三種に区別されている。これらを図式的に表わせば一応上図のとおりである。ただし、しばしば転化と運動とが同義的に、または逆にも用いられ、ときには運動が移動のみを意味してその

転化
- 生成と消滅（実体の）
- 運動
  - 変化（性質の）
  - 増と減（量の）
  - 移動（場所の）

他の運動が転化と呼ばれるような場合などいろいろある。

(2)　ここで「基体」(hypokeimenon)というのは、本書第三章の六(実体の諸義)で限定された意味でのそれよりも広義で、「肯定的積極的に言い表わされる」物事、すなわち前注(1)で「存在から存在へ」等々と言った述語諸形態としての「存在」(実体とし、性質とし、量とし、場所とし、等々としての、それぞれの存在)を指す。たとえば白くあるという存在(基体)から黒くあるという存在(基体)への転化は運動の一種としての変化である。

(3)　端的な意味での「生成」(genesis)とは、その語本来の意味からするもその定義からするも無条件的に実体としての存在の生成(生まれ出ること)であり、「限定された意味での」というは、語義から言えば広義の、定義から言えば実体に付帯した存在(実体に付帯する性質的存在としての白さや黒さ、量的存在としての太さや細さ)の生成(たとえば、或る実体が白くなり、または太くなること)である。これは、性質または量の転化としては黒から白への変化または細さから太さへの増大にほかならない。なお「生成」の種類と条件については第三章の一五参照。

(4)　さらにこの運動に三種(変化・増減・移動)があり、これらが次項七で説明される。

七　運動の種類

さて、〔この基体甲から基体乙への転化、すなわち運動の場合〕これらの基体〔甲と乙と〕は、反対のものどもであるかその中間のものどもであるかである。(1)……ところで、もし存在の述語形態が実体と性質と場所と関係と量と能動・受動とに分けられるとすれば、運動《キネーシス》には、性質のそれ〔変化〕と、量のそれ〔増・減〕と場所のそれ〔移動〕との三種類があらねばならない。[2]〔では、その他の述語形態についてはどうか？〕まず、実体に関しては運動はない。なぜなら、あると言われるものども〔諸存在〕のうち、実体に反対のもの〔非実体・非存在〕は存在しないからである。[3] また、関係にも運動はない。というのは、もし相互に関係しているものども〔関係的存在〕の一方が転化するなら、他方が転化しようとすまいと、もはや両方は関係的存在の名に当たらず、たといそこに運動があっても付帯的にすぎまいから。さらに、能動するものと受動するもの、あるいは動かすものと動かされるものにも、運動はない。というのは、運動の運動とか、生成の生成とか、あるいは一般に転化の転化とかいうようなことは、ありえないからである。[4]（『自然学』二二五b三―一六）

さて、このように運動は、実体にも関係にも能動・受動にも存属しないから、残るところ、運動は、性質と量と場所とに関してのみ存する（というのは、これらの各〻には反対的に対立するものがあるからである）。

さて、これらのうち、(1)性質に関する運動は、これを変化《アロイオーシス》と呼ぶことにしよう。[5] これは、反対の両性質のどちらからどちらへの運動にも共通に適用される名称である。ただし、ここで私が性質と言うのは、実体の内在的属性ではなくて（とことわるわけは、実体の差別性〔種差〕も性質の一種だからだが）、ここでは、まさにこの変化する事物がその点で変化を受けまたは受けないと言われるところのその受動性のことである。[6] また、(2)量に関する運動には、反対する両方に共通する名称はないが、[7] 両端のどちらへかに関して増大と減小がある。すなわち、全き大きさの方向への運動が増大《アウクセーシス》〔成長〕

であり、全き大きさから逆の方向への運動が減小〔萎縮《フティシス》〕である。さらに、(3)場所に関する運動には、両方に共通する名称も別々の名称もないが、移動《フォラ》という共通の名称で呼ぶことにしよう。(8)(『自然学』二二六a二三—三三)

(1)　運動は一般に反対のものどもの一方から他方へであるが、必ずしもその一端から他端へ(白から黒へ)に限らず、一方の端から中間のなにかへ(白から灰色へ)の場合もある。

(2)　このような三種を含む一語‘kinēsis’を「運動」と訳すのはどうかと思う。日本語の「運動」はむしろ場所的のそれ(移動)にふさわしい。しかし内外の学界一般の用語例により「運動」と訳す。

(3)　でも青い果実が赤く変わり動物は移動するではないかと問われるでもあろう。だがそれはこれらの実体の性質的存在とし場所的存在としての付帯性においてであって、実体として変化し移動するのではない。

(4)　これに続けて、運動の運動、転化の転化が論題にされるが、これらも要するに、動いている船の中で動いている事物がそう言われるように、付帯的にである。

(5)　つぎの増大と減小(日本語なら一語的に「増減」でまに合うがギリシャ語では二語)の場合とちがい、この「変化」の原語‘alloiōsis’は、この一語で相反する両性質のどちらからどちらへの運動にも(すなわち白から黒へのそれにも黒から白へのそれにも)共通に適用されるとの意。次々注(7)参照。

(6)　ここに、同じく「性質」(to poson)と言われるものにも、「実体に(本質的に)内属するそれ」(to en tēi ousiāi)すなわち実体の本質を規定する種差(diaphora)と、この実体がまさにここで言う性質的変化を受けうるゆえんのこの実体の「受動性」(to pathētikon)との別があるとされ、変化するのは受動性としての性質であるとされている。人間の白さ(受動性)は黒さに変わるが、人間の理性的な点(本質的属性)は、人間である限り変わらない。

(7)　量に関する運動には、より大へのそれとより小へのそれとがあり、前者には‘auxēsis’(増=増大・成長など)、後者には'phthisis'(減=減小・萎縮など)という別々の名前がつけられるが、性質の変化の場合とはちがって両方向に共通の名称は、ギリシャ語にもなかったらしい。前々注(5)参照。

(8) ここに「移動」と訳された原語'phora'は、すくなくもこの意味の共通的用語としてこれを用い始めたのは「われわれ」(アリストテレスたち)らしく、他の箇所でもしばしば「われわれの呼ぶところのphora」とか「われわれの言わゆるphora」とか言われている。本章の四、同注(3)、九など参照。なお、この語は「運ぶ」という意味の動詞'pherō'から出たもので、日本語なら「運動」がこれに近く、また日本語で「運行」と呼ばれる天体の運動はアリストテレスでは、この同じ語で'phora'と呼ばれている。

八 完全な運動

連続的な運動がありうるか否か、(1) そしてまた、もし連続的なのがありうるとすれば、それはどの種の運動か、さらにまた、どの運動が第一の運動か、これらのことを調べてみなくてはならない。というのは、もし運動が常に〔永遠に〕存在すべきであり、しかも或る運動が第一であり連続的であるとすれば、或る第一の動かすもの〔第一の動者〕(2)がこの運動をひきおこすのであり、したがってこの運動は一つで、同じで、連続的で、第一の運動であること、明らかであるから。

ところで、運動には三種、すなわち、大きさに関するそれと受動態〔性質〕に関するそれと場所に関するそれとがあり、この最後のそれをわれわれは移動《フォラ》と呼んでいるが、この移動がこれら三種の運動のうちの第一のものであること必然である。そのわけはつぎのとおりである。まず、ものの増大は、これに先立ってそのものに変化が存属しなくては、存在すること不可能である。(3) というのは、ものが増大させられるのは、或る仕方ではそのものと同質のものによってであるが、或る仕方では異質なものによってである、だから、反対のものが反対のものにとって栄養であるとも言われるのである。(4) ただし、およそ成長・発育は〔摂取された反対のもの(異質物)がそのままにでなく消化されて〕同質のものになることによって達せられる。ところで、こうした反対のものへの転化は〔増大成長ではなくて〕変化である。だが、いやしくもこうした変化が起こるからには、このように変化させる或るなにものかが、すなわちたとえば可能的に熱いものを現実的に熱いものとする或るなにものかが、存在しなくてはならない。そこで、この動かすもの〔変化をひきおこす始動因〕は、これによって変化させられるものに対しては、必ずしも常に一様な関係を保っているものではなくて、ときにはそれに近寄っており、ときには遠ざかっていること、明らかである。ところで、このことは移動なしにはありえない。それゆえ、もし運動が常にあらねばならないとすれば、諸種の運動のうちでの第一のものとして、移動が常にあらねばならない。そしてさらに、もし移動のうちにも先のものと後のものとがあるとすれば、そこに第一の〔最も先の〕移動が常にあらねばならない。(『自然学』二六〇a二〇―b七)

諸種の移動のうち円環的なそれ〔円運動〕が第一のものであることは明白である。およそ移動は、……円運動であるか、直線運動であるか、両者の混合したものであるか、そのいずれかである。ところで、前の二者の方がこれらの混合したものよりも先のものであることは必然である。というのは、混合したものは前の二者から成っているのだからである。だがさらに、円運動は直線運動よりも先である。というのは、(1)円運動の方がよりいっそう単純であり完全〔完結的〕であるからである。けだし、直線に沿って無限に移動することは不可能だし(なぜなら、こうした無限な直線など存在しえないし、たとい存在しているとしても、これを通過することは、いかなる運動によっても不可能なことだから。というのは、不可能なことは起こりえず、無限な線距離を通過することは不可能なことだからである)、また、有限な直線に沿っての移動は、もし引き返すとすれば、複合したものであり二つの運動であるし、もし引き返さないなら、不完全なものであり消滅的なものである。(5)しかるに、その自然においても、説明方式においても、時間上からいうも、完全なものは不完全なものよりも先であり、非消滅的なものは消滅的なものよりも先であるから〔それゆえ円運動は直線運動よりも先である〕。さらにまた、(2)永遠でありうる運動はそうありえない運動よりも先である。しかるに、円運動は永遠でありうるが、それ以外の運動は、移動にしても、その他のいずれの種類の運動にしても、永遠ではありえない。なぜなら、これら円運動以外のいずれの運動にも、それぞれその停止が起こらざるをえず、そして、もし停止が起これば、その運動は消滅するからである〔ゆえに、円運動のみが永遠であり不滅でありうる〕。(『自然学』二六五a一三―二七)

(1)　この項を読まれる前に本書第三章の一八と一九を見なおされることが望ましい。
(2)　原語では'to prōton kinoun'である。これを「第一の動かすもの」または「第一の動者」と訳すことにする。これが結局、第三章の二〇で読まれる「第一の不動の動者」(神)である。
(3)　「増大」(auxēsis)は、ここでは、続く例でも知られるように、生物における増大(発育・成長・肥大など)

が考えられている。なおここに量の増減と質の変化との関連に言及されている点は、注目に価する。

(4)『霊魂論』第二巻第四章で霊魂の栄養能力を語るに当たり、このとおりの句があげられ、栄養作用が異質物の同化作用として説明されている。

(5) アリストテレスでは、この宇宙(これがかれにとっては全宇宙、万物一切、to pan であったが)は、終極の第一の天(恒星の天球)で限られているので、直線に沿っての運動は、光線のそれなど、いくら遠く進んでも結局この最後の天で屈折して引き返さざるをえないと考えられていた。

九　単純物体とその運動

さて、およそ場所における運動、すなわちわれわれの呼んで言うところの移動《フォラ》は、すべて、直線的なものか、円環的なものか、あるいはこれら両者の混合したものかであるが、単純なのは前の二つである。その理由は、直線と円との二つだけが単純な大きさだからである。ところで、円環的な運動(円運動)というのは或る中心をめぐる運動であり、直線的な運動(直線運動)というのは上《アノー》へと下《カトー》への運動のことである(ここに私が上へと言うのは中心から離れる運動のことであり、下へと言うのは中心へ向かう運動のことである)。したがって、およそ単純な移動はすべて、中心から離れる運動か、中心へ向かう運動か、中心をめぐる運動かのいずれかであらねばならない。……ところで、諸物体のうち、或るものは単純なもの(1)(単純物体)であり、或るものはこれらから合成されたもの(合成物体)である(ここに単純なものと私の言うのは、それの運動の原理をその自然《フィシス》にもっているもの、たとえば火や土やこの種のもの、その他これらに類するもののことである)。したがって、運動もまた必ず、その或るものは単純であり、他の或るものはなんらか混合したものである、すなわち、単純物体の場合にはその運動は単純であり、合成物体の場合には混合的であらねばならない。そこで、いやしくも単純な運動が存在し、そうした単純な運動のうちに円運動があり、そして単純物体の運動は単純であり、単純なのは単純物体の運動であるからには、……そこに、それ自らの自然に従って円運動をするものときまっているところの或る単純物体が存在すること、必然である。というのは、強制によってならそれ自らのとは異なる或る他の運動をさせられることもありうるであろうが、自らの自然に従っての場合には、単純物体の各々にはそれぞれに自然的な運動(2)が具わっている限り、そうしたことはありえないからである。……さらに、このような移動(円運動)は第一のものであること必然である。なぜなら、完結したものは完結しないものよりも自然において先であり、そして円は完結したものどもの一つであるが直線はいずれも完結したものでないからである。……そこで、上述からして、この地上にある諸合成物(四元素やそれらから成る物体)より以外に、或る他の物体的な実体(3)が自然的に存在しており、そしてこれは、この地上のなにものよりも神的であり、より先のものであること、明白である。(『天体論』二六八b一七—二六九a三二)

(1)「物体」「単純な物体」については、本章の四の注(4)参照。単純物体としては、そうした物体としての限り自然的には上へまたは下への単純な直線運動をする火、空気、水、土の四元素があげられる。だが、これらよりも単純な第一の物体として円運動をする「アイテール」がある。次々注(3)、次項一〇参照。

(2) 上へまたは下への運動、言わゆる「衝動」(hormē)。本章の一の注(6)、本項前注(1)参照。
(3) 次項一〇にみえる神的実体、永遠に天空を馳せ廻る「アイテール」を指す。

一〇　天界の永遠性

また、この円運動をする物体について、これが生成したものでもなく、消滅するものでもなく、増大するものでもなく、変化するものでもないとのことを是認するは、理の当然である。なぜなら、……およそ生成するものはすべて、或る基体において反対のものから生成するのであり、同様にまた消滅するものも、或る基体において反対のものにより反対のものへと消滅するのだから。ところで、反対のものの場所的運動も相互に反対のものである。(1) およそ円運動に対してはなんらのこれに反対する運動も存しないから、この円運動をする物体〔アイテール〕にもなんらのこれに反対する運動も存しえないとなると、正当にも自然は、不生不滅であろうとするこの物体をその反対のものどもから放免しているかにみえる。というのは、生滅は反対のものどもにおいて起こることだからである。なおまた、およそ増大〔発育成長〕するものはすべて、それと同質のものと接触しこれをその素材のうちに吸収することによって増大するのである。しかるに、この円運動をする物体には、これがそれから生成すると言われるようないかなるそれも存しない〔それゆえに増大しもしない〕。(2) だが、もしこのように増大しも減小しもしないものだとすれば、同じ理由でまた、この物体は変化するものでもないと考えられる。というのは、変化は性質における運動であり、性質上の状態ないし状況、たとえば病気や健康のごときは、受動態における転化なしには起こらないからである。しかるに、その受動態に転化の起こる自然的諸物体は、現にわれわれの見るとおり、すべて増大したり減小したりする。たとえば動物の身体やその諸部分や植物のそれらがそうであり、だがまた同様に諸元素のそれらもそうである。こうしてあの円運動をする物体が、なんらの増大をも減小をも持ちえないとならば、それが不変化であることは理の当然である。

さて、それゆえに、単純な諸物体のうちで第一のものが永遠なものであって増大しも減小しもせず、むしろ老いず変化せず受動しもしないものであることは、誰でもわれわれの仮定〔第一の物体が実在するとの仮定〕を信じさえすれば、上述からして明白である。だが、言説《ロゴス》が現象《ファイノメナ》を証拠だてるともにまた現象が言説を証拠だてるように思える。というのは、すべての人々は神々についてなんらかの想念をもっており、そしてそのすべては、異民族《バルバロイ》にせよギリシャ人にせよ、およそ神々を存在するものと思っている人々は、神的なものに最も上の場所を与えているが、この事実は明らかに、不死なるもの〔神々〕は不死なるもの〔天界〕につながること……を示すものであろうから。それゆえ、いやしくもなにか神的なものが存在するとすれば、また実際に存在するのだが、そうだとすれば、われわれがいま物体のうちで第一の実体について〔それを神的なもののように〕述べたところは宜しきをえている。なおまたこのこと〔或る神的な実体の存在〕は、感覚によっても、すくなくも人間的な確かさをもって語られる限度で、十分に示される。すなわち、古くから伝承された記録[3]の示すところでは、過去のすべての時代において、未だ曾て、最も外側の天界[4]は、全体としてもまたそれに固有の部分にしても、明らかにそこではなんらの変動が起こったとも認められないし、またわれわれの遠い祖先から今日まで伝えられたその名称のことを考えてみても、かれら祖先が〔この天界の物体について〕われわれも言ってきているのと同じように考えていたことがわかるからである。……まさにそれゆえに、われわれの祖先が、土や水や火や空気を越えて、そのほかに、なにか或る別個の第一の物体が存在するものと考えて、あの最も上の場所を特に「アイテール」(aithēr)と名づけたのである。それは、「永遠に」(aei)「馳け廻る」(thein)から、永遠の時にわたって馳け廻るものとの意味で、そう呼んだのである[5]。ただし、アナクサゴラスは、この名称を宜しく用いていない、というのは、かれは火のことをアイテールと名づけているから。(『天体論』二七〇a一二―b二五)

(1)　火の場所的運動は上方へであり土のは下方へである、そのように一般に自然的直線運動も反対のものども(上と下)における運動である。しかるに、いかなる円運動にもこれに反対の運動は存しない。

(2)　なぜなら、増大は同質のものからなにかが生成することの結果であるが(本章の八の注(4)参照)、あの円運動をする物体には生成はない、したがって増大しもしない、と補読されよ。

(3)　エジプト人やバビロニア人の天体観測に関する古記録か。

(4)　「天界」(ouranos)の語義については次項一一の注(2)参照。

(5)　この「アイテール」の語源考はとにかくとして、この「第一の単純物体」とか「物体のうちの第一の実体」とされた「アイテール」こそは、アリストテレスでは四元素よりも単純な第一のものであり、後世、「第五元素」と呼ばれるものである。ただし、四元素は、これらから月下地上のすべてが構成される要素《ストイケイア》であったが、アイテールは天上のものであった。本章の四の注(11)参照。

二　宇宙の構成

円運動には反対の円運動は存在しない、それなのに、なぜ〔この宇宙には〕多数の移動があるのか、このことを検討しなければならない。……さて、その多数であることの理由は、つぎの点に求むべきである。働きをもつものはその働きのために存在している。ところで神の現実活動(現実態)は不死である、言いかえれば永遠の生命である。(1) したがって神的なものどもに永遠の運動が存属していることは必然である。しかるに天界《ウーラノス》は、まさにそのようなものである、というのは神的なものだからである。それゆえに天界は、常に自然的に円運動をしているところの円い物体をもっている。では、なにゆえに、この天界のうちに含まれる諸部分(2)はその全体とちがった運動をするのか。そのわけは、この円運動をするものの中心にはなにものかが停止していなくてはならないが、あの円い物体は、そのいずれの部分も、中心のところにあろうとどこにあろうと、停止していることはできないからである。なぜなら、もし停止することができるとすれば、それの自然に従っての運動は中心に向かう運動であるはずなのに、実際には、それは円運動をしている、さもなければ、その運動は永遠的ではなかろうから。けだし、自らの自然に反するものは、なにものも永遠的ではないからである。反自然的なものは、まず自然的なものがあってその後に生じるものであり、自然的なものの生成過程に現われる一種の狂い《エクスタシス》にすぎない。

だが、それゆえに、大地〔地球〕は必然的に存在せねばならない。この大地こそその中心に停止しているものだから。……しかるに、この大地〔土〕が存在すべきだとなると、火もまた存在すること必然である。なぜなら、反対のものどもの一方が自然によって存在するからには、必然的に他方のものも自然によって存在していなくてはならないからである。(3)……だがさらに、火や土が存在するからには、それらの中間の物体〔水と空気〕もまた存在すること必然である。なぜなら元素の各々は互いに対立の関係にあるからである。……さて、これらの四元素が存在するからには、明らかに、そのいずれも永遠に存在するものではないから、これらには生成があらねばならない。なぜなら、反対のものどもには互いに能動し受動して互いに他を破壊し消滅させうるからである。なおまた、運動するいかなるものも、それの運動がその自然において永遠ではありえないものである限り、永遠な〔不生不滅な〕ものであろう道理がない。また実のところ、これらの元素は〔永遠ではなくて〕なにかに向かって運動するものである。だがとにかく、以上によって明らかに、これらのものに生成があることは必然である。だが、このように生成があるからには、必然にまた他の或る移動《フォラ》〔遊星の運行〕も、一つか一つより多く、存在している。なぜなら、天界全体の運動に応じて、諸物体の各元素相互のあいだにも同様の関係が保たれていなくてはならないから。だが、このことについては、別の箇所で説明することにしよう。しかしいまのところ、どのようなわけで円運動をする物体が一つより多くあるかという点だけは明らかである。そのわけは、要するにそのためには生成がなくてはならないからであり、生成があるためには、火もまた存在しなくてはならず、火やその他のものが存在するためには、土もまた存在しなくてはならないからである。しかるに、土〔地球〕が存在しなくてはならないのは、或るものが常に運動していなくてはならない限り、なにものかが常に静止していなくてはならないからである。（『天体論』二八六a二―b九）

（1）　神の永遠の生命を「現実活動」と訳すと活動的とみえるが（ゆえに「現実態」とも訳したが）、それは動かず動かされない不動の動者であった。本書第三章の一四、同注（1）、二〇、二一参照。

（2）　「天界」と訳された原語は、天の神の名、また普通に日本語で漠然と天と呼ぶものを意味する 'ouranos' である。この語に、アリストテレス（『天体論』第一巻第九章）によると、三義がある。すなわち㈠その外には神以外なにものも存在しない最も外側の球面近く存在する自然的物体、すなわち恒星の天、㈡前者に接続する諸天体、星・太陽・月など、㈢最も外側の球面に囲まれた感覚的自然物をも含む物体全部、世界全体《ト・ホロン》、総体《ト・パン》。したがって、ここにいう「諸部分」は、最後の㈢の意味での天界の部分、とくに月の下の世界（四元素から成る自然物の世界）の諸物体を指す。

（3）　すなわち、反対のものどもの一方（下方へ向かう土）が自然によって存在する限り他方のもの（上方へ向かう火）も自然によって存在すべきだから、との意。

一二　遊星の運行

あらゆる存在の第一の原理〔終極の始動因〕は、それ自体においても付帯性においても不動なものでありながら、しかもあの天界の第一の永遠で唯一の運動を動かすもの〔第一の不動の動者〕である。(1) ところで、(a)動かされるものは、必ず、或るなにものかによって動かされねばならず、(b)第一の動かすものは、それ自らは不動なもの〔動きも動かされもしないもの〕であらねばならず、そして(c)永遠な運動は、或る永遠的なものにより、唯一の運動は、或る唯一のものによって、動かされねばならないからして、そしてまた、(d)われわれの視界内には、第一の不動の実体がそれを動かすのだとわれわれの主張しているところのそれなる移動〔運行〕(2) すなわち全宇宙の単純な移動〔恒星の天の円運動〕よりほかに、他の種類の移動、すなわち諸遊星の永遠的な運行があるからして、……だからしてまた、必然的に、これらの移動〔諸遊星の運行〕の各々はそれぞれ或るそれ自ら不動で永遠的な実体(3) によって動かされていなくてはならない。ところで、それぞれの星の本性は、或る種の実体であるがゆえに永遠的であるが、これを動かすものも永遠的な実体である。……明らかに、それゆえ、これらの星の運行の数が多ければ多いだけ、それだけ多くの実体があり、そしてこれらの実体の本性は永遠的であり、それ自体において不動であり、しかも大きさのないものである。こうして、それら〔それぞれの星の運行を司る不動の動者ども〕がそうした実体であり、そしてそれぞれの星の運行に上下の順位があるのに応じて、その運行を司る実体にも同様に、或るものは第一位、或るものは第二位というように順位があることは明らかである。ところで、これらの運行の数の多さは、数学的諸学のうちで哲学に最も親近な学、すなわち天文学の研究によって決定されねばならない。……さて、運行の数の方が運行させられるものども〔それぞれの星〕の数よりも多いということは、多少でも〔これらの現象に〕関心をもった人々には、明らかである。しかし、これらの運行の数が果たして幾つあるか、この問題については、われわれはいまここではまず、なんらかの予備知識をえるために、或る数学者たちの所説をあげることにしよう。そうすれば、なんらかわれわれの思考のうちで、その数が確定的に幾つあると想定することもできようから。……

さて、エウドクソスの設定によると、[7]太陽と月との各々の運行は、いずれも三つの天球[8]のなかでおこなわれる。そしてこれら三つのうち、第一の天球は恒星の天球であり、[9]そして第二のそれは黄道帯の中間〔平分線〕をたてに断ち切って走る円[10]に従って動き、そして第三のそれは黄道帯を横切って斜めに走る円に従って動く天球である(ただし、月がそれのなかで運行させられるところの天球の方が太陽のそれよりも大きな角度で傾斜している)。つぎに諸々の遊星の運行は、かれの設定によると、いずれの遊星でも、それぞれ四つの天球のなかでおこなわれる。そしてこれら四つのうちでも、第一のと第二のとはさきの〔太陽や月の〕と同様である(というのは、恒星の天球は他のすべての天球を運行させるものであり、そしてこの第一の天球の下位に配置されていて黄道の平分線をたてに断ち切って走る円に従って運行するところの第二の天球はすべての遊星に共通しているからである)。しかし、すべての遊星の第三の天球では、その極は黄道帯を断ち切る円のうちにあり、第四の天球では、その運行は第三の天球の平分線に対して斜めに交わる円に従っておこなわれる。なお、他の遊星では、その第三の天球の極は、それぞれ異なるところにあるが、金星のそれと水星のそれとは同じである。[11]

つぎに、カリッポスも、エウドクソスが設定したのと同じように諸天球を設定した。[12]しかし、天球の数の多さについては、かれは木星と土星とにはエウドクソスと同じく四つの天球をあてがいながら、太陽と月とには、いやしくも現象の事実に説明を与えようと欲するなら、さらに二つの天球を加うべきだと思った。また残りの諸遊星〔火星と金星と水星〕には、それぞれに一つの天球を増し加えた。しかし[13]、もしこのように幾つかの天球の合力で現象の事実に説明を与えようと欲するなら、そのためには必然的に、各〻の遊星〔五遊星と太陽と〕に、さらに一つだけ少ない数の逆方向に働くところの天球があらねばならない。そしてこれらが、それぞれ常に自分のよりも下位に配置されている星の第一の天球を自分のと同じ位置に引き戻す働きをしていなくてはならない。なぜなら、これらのこうした〔引き戻す〕働きによってのみ、諸遊星の〔現に見られるとおりの〕運行がなされうるからである。そこで、諸遊星の各〻がそれらのなかで運行させられるところのそれら諸天球の数は、或る遊星ども〔土星と木星〕には計八つ、その他の遊星ども〔火星・金星・水星・太陽および月〕には計二十五であるが、これら諸天球のうち、最も下位に配置された遊星〔月〕の運行がそれらのなかでおこなわれるところのそれらの天球のみは、逆方向に働く天球を必要としない[14]。だが、第一の二つの遊星〔土星と木星〕のに対して逆方向に働く天球の数は〔三つずつ〕計六つ、そしてそのつぎの四つの遊星〔火星・金星・水星および太陽〕のに対する逆方向のは〔四つずつ〕計十六であろう。だから、運行させる天球とこれらに逆方向に働らく天球との数は総計五十五あるはずである[15]。そして、もし月と太陽とにわれわれの言った運動を加えないなら、天球の総数は四十七になろう[16]。〔『形而上学』一〇七三a二三―一〇七四a一二〕

（1）この「第一の不動の動者」については、本書第三章の一九、二〇参照。

(2) この「移動」すなわち'phora'は、本章の七の注(8)でも言ったように、まさに「運行」と訳されるそれで、諸天体(恒星、五遊星、太陽、月)の円運動に適用される。その運動の面をすてて考えれば「軌道」である。ただし、ここに言う第一の不動の実体(神)によって動かされるこの単純な移動は恒星の天の円運動(日周運動)であって、遊星以下のはこれとは別種の運行軌道をとる。

(3) さきの第一の不動の実体(恒星の天を動かす神)とは別に、アリストテレスは、諸遊星の各〻を動かす多くの・それ自らは同じく不動で永遠的な思惟的実体を設定している。

(4) 「星」(aster, 複数形 astra)というのは、恒星のほか五遊星(土、木、火、金、水の五星)、太陽、月の総称。

(5) 「星の運行の数」というのは各〻の星を動かすものどもとして想定された幾つかの天球(sphairai)の運行の数。後の注(8)参照。

(6) ここに数学的諸学のうち天文学(星学)が哲学に最も親近なと言われているこの哲学はアリストテレスが最も神的な学とした「神学」としての「第一の哲学」である。星が神的であり月下の諸物体よりもより多く質料性・感覚性の稀薄な形相的・思惟的なものである点で、自らの「哲学」(神学)の対象に最も親近なものと考えられたからであろう。

(7) エウドクソス(Eudoxos,その盛時は前三六五年ごろ)は、ピタゴラス派のアルキタスやプラトンにも学んだが、結局、その天文学説は、アリストテレス＝プトレマイオスを介して、天球の設定による天動説の源とみられるに至った。

(8) 古くからギリシャ人は、太陽や月の出没の時間や場所のちがいだけでなく、遊星の運行が恒星のそれとくらべて不規則であること――見かけ上、立ち止まったり(言わゆる「留」'station'の現象)逆戻りしたり(言わゆる「逆行運動」'retrogradation'の現象)すること――に気づいていたらしい。これは、「遊星」または「惑星」と訳されるに至ったギリシャ原語'planētēs'が動詞'planaō'から派生し、「さまよい歩くもの」

「ぶらつき回るもの」「浮浪者」(英訳では lumpen-star)というほどの意味の語であることからも察せられる。ここからして、この直ぐつぎに「恒星」と訳されている星は「ぶらつかない星」「浮浪しない星」「非遊星」というほどの意味で'aplanēs astēr'(fixed star)と呼ばれた。さて、この遊星の運行の見かけの不規則性を規則正しい自然の事実として説明するために晩年のプラトンは、弟子たちに、この「現象(見かけ)を救う」ために地球を不動の中心にでなく他の星と同様に動くものとしてはと提案した、とも伝えられる。この伝えが、結局、コペルニクスの「地動説」の発想の源となったのであるが、つぎに述べられるエウドクソスその他は、この同じ不規則な見かけを地球からの見かけのままに(地球は不動なものときめて)説明しようとして、数多くの天球を設定し、結局、アナクシマンドロス以来伝統の地球中心の「天動説」を確立して、あの近代の「地動説」の出現を遅らせるに至った。

「天球」(sphaira)は、このように、諸〻の星の運行に見える不規則性をうまくその見かけに合うように説明しようとして設定されたところの諸星の運行の原理である。かれらは、諸恒星をちりばめて規則正しく均一的な永遠運動(一日に一回転する日周運動)をしている第一の諸恒星の　天球のほかに、七つの星(五遊星と太陽と月)の各〻にも、それぞれの特殊な運行に応じてそれぞれ異なる幾つかの天球(そのうちの一つに当の星が付着している)をあてがった。そしてこれらの諸天球は、上下に(外側と内側とに)層をなしながら、恒星の天球と同じくいずれも地球の中心をそれぞれの球の中心とする同心球(homocentric spheres)をなしているが、ここで注目すべきは、すべての天球の回転軸の中点はいずれも地球の中心で合致しておりながら、七つの星の諸天球の軸は必ずしも恒星の天球の軸と合致しはしないものと想定されたことである。すなわち、各〻の回転軸の中点はすべて同じところ(地球の中心)にありながらそれぞれの軸の両極は必ずしも固定しておらず、或る天球はその軸が恒星の天球の軸に対して或る傾斜をもっているものと想定された。そしてこれらの相異なる運動をもつ諸天球の合力によって、それぞれの星の恒星のとは異なるあの不規則とも見える運行が結果するとした。

(9) この「恒星の天球」(hē sphaira hē tōn aplanōn) は太陽や月やその他の遊星もが一昼夜に一回転する運動を司るとされた運動原理。ただしこれはエウドクソスだけのことで、アリストテレスは、諸〻の星の第一の運動原理(天球)は恒星の天球ではなく、それぞれの星に、恒星のと同じ日周運動を司る第一の天球があるとしている。

(10) この円は、他の箇所では「斜めの線」とも呼ばれる黄道そのものであり、この黄道帯に沿って運動する第二の天球の設定によって、太陽や月が恒星のとは異なる黄道上の運動(すなわち恒星の天球面を一年に一周する運動)をするゆえんを説明しようとした。

(11) 以上、エウドクソスでは、太陽と月に三つずつ計六つの天球が設定され、他の五遊星には、さらにそれら各〻の運行の見かけの不規則を説明するために、太陽や月のと同様の赤道運行と黄道運行とのための第一と第二の天球のほかに、各〻の上位(上層)の天球の運動のなかでそれぞれの回転軸の極が適当に移動しながら回転するような第三と第四の天球が加えられて、四つずつ計二十、総計二十六の天球が設定されたわけである。

(12) カリッポス(Kallippos)はエウドクソスの若い友で同じく数学的天文学者。かれはアリストテレスの死に先だつ約八年前に、春分に始まる四季の日数の相違を測定し、夏至まで九十四日、秋分まで九十二日、冬至まで八十九日、春分まで九十日と算出したと伝えられているが、かれはこの日数の相違を、エウドクソスが太陽に配当した三つの天球のほかにさらに第四、第五の天球を設定することによって説明しうるとしたらしい。

(13) 以下はアリストテレス自らの設定の概要、後世「アリストテレス＝プトレマイオスの天動説」と言われるものの原案である。

(14)　月よりも下位にある星はないから、下位の星の第一の天球を自分の位置に引き戻す働きをするはずの逆行天球は月には必要でない、との意。

(15)　以上、エウドクソスとカリッポスとアリストテレスとの設定した諸星の天球の数を、図表で示すと左のとおりである。

	エウドクソス	カリッポス	アリストテレス
土星のは	四	四	七
木星のは	四	四	七
火星のは	四	五	九
金星のは	四	五	九
水星のは	四	五	九
太陽のは	三	五	九
月　のは	三	五	五
	計二六	計三三	計五五

(16)　右の計五十五のうちから太陽のを逆行させる水星の四つと月のを逆行させる太陽の四つとの計八つの運動をないものとみて差引けば、天球の総数は四十七になろう、との意。

一三　動物身体とその諸部分

動物身体の合成には三つの段階があって、その第一は、或る人々が元素《ストイケイア》(1)と呼ぶところのものども、すなわち土、空気、水、火などからの合成としておけばよかろう。しかしおそらく〔これらの元素からと言うよりも〕これらの元素のもつ或る性能《ディナミス》からと言った方がいっそう正確であろう、……すなわち湿ったもの、乾いたもの、熱いもの、冷たいもの、これらが合成物体の質料であって、その他の差別性(たとえば、重さ、軽さ、濃密さ、稀薄さ、粗らさ、滑らかさ、その他そのような物体の受動態)は、これらに付帯する副次的なものにすぎないからである。つぎに、第二の段階では、第一の段階での合成物体から動物自体における等質部分、たとえば骨や肉などが組成される。そして第三の最後の段階では、顔や手やその他こうした異質部分が形成される。(3)

ところで、ものの生成における順と実体〔本質・自然〕における順とは逆である。すなわち、その生成においてより後のものは自然においてはより先のものであり、生成において第一〔最初〕のものは自然においては最終のものである。というのは、たとえば家は煉瓦や石のためにあるのではなくて、これら〔建築材料〕が家のためにあるのであり、その他の質料についても同様だから。……そこで、時間の順では、質料と生成が〔それで生成した事物よりも〕必然的に先であるが、説明方式においては実体すなわち個々の事物の型式〔形態・形相〕の方が先であらねばならない。このことは、誰でも事物の生成についてその説明方式〔定義〕を言ってみれば、明らかである。たとえば、建築〔家造り・家の生成〕の説明方式には家のそれが含まれるが、家の説明方式には建築のそれは含まれない。そしてこのことは、その他の生成についても同様である。

したがって、諸元素の質料は、必然的に、これから生じた等質部分のために存在するものである。

けだし、これら等質諸部分の方が、生成の順では、その元素よりも後であり、異質諸部分はさらに後であるが、これら〔異質諸部分、たとえば顔や手〕は、すでに第三段階の形成を経て、一応その終り《テロス》、その局限に達している。そして、多くの場合、その生成〔動物身体の発生〕は、この段階で完結するのである。

さて、このように、動物身体はこうした両部分から成っているが、等質部分の方は異質部分のためにあるものである。というのは、これらの異質部分(目、鼻孔、顔面、指、手、腕全体など)には、それぞれ一定の働き《エルガ》や行動《プラクセイス》があるからである。だがまた、それぞれの動物の全身体にしても、上述のような異質諸部分にしても、それぞれの行動や運動は多種多様であるから、異質部分を組成するそれぞれの等質部分にも必然的に種々異なる性能が備わっていて、或ることには軟らかい方が、或ることには硬い方が有効であり、また或る部分は伸び、或る部分は曲がりうるように出来ている。(『動物部分論』六四六a一二―b一九)

まず、異質部分の最も重要なものから述べよう。すべての動物、少なくも完成した種類の動物には、必要不可欠な二つの部分がある。すなわち、栄養物を摂取する働きをする部分と排泄物を放出する部分とがある。それは、栄養物なしには存在することも成長することも不可能だからである。植物には(これをもわれわれは〔動物と同じく〕生きものと言うが)、不用な排泄物を出す局所がない、というのは植物は地面からすでに調理された養分を取り、排泄物を出す代りに種子や果実を産出するからである。さらにすべての動物にある第三の部分は上記の二つの部分の中間にあるもので、ここに生命《ソーエー》の

原理《アルケー》が宿っている。(4)（『動物部分論』六五五b二九―三七）

心臓はすべての有血動物に具わっている。それは当然のことで、そのわけは、血は液体であるからその容器がなくてはならず、自然が血管を案出したのも、まさにそのためである。ところで、血管にはその起点《アルケー》が一つはなければならない（というのは、こうしたものは沢山あるよりも、できれば一つの方がよいからである）、そして心臓がまさにこの血管の起点なのである。(5)というのは、明らかに血管は心臓から出ているのであって、心臓を通り抜けているのではなく、また心臓は血管と同質で、血管と同じ自然性をもっているからである。また、心臓の位置も支配的な場所にある、すなわち、身体の中心部に、どちらかといえば下部よりは上部、背部にというよりは前部に場を占めている。けだし自然は、さらにいっそう貴い目的があってこれを妨げない限り、より貴いものにはより貴い場所をあてがうからである。(6)ところで、これらのことは、人間の場合に最も明瞭であるが、他の動物においても、通例、その心臓は、人間のと同じような位置に、すなわちその身体の必要不可欠な部分の中心部にある。ここに必要不可欠の部分というのは排泄物の出口で終る身体部分（胴体）のことである。体肢のごときは、動物の種の異なるに応じて異なり、またその生命に必要不可欠なものではないから取り去られても生きていられるし、その数を増してもさしつかえない。（『動物部分論』六六五b九―二六）

（1）　これら四つの性能と四元素との関係について、アリストテレスは、火は乾と熱、空気は熱と湿、水は湿と冷、土は冷と乾をそれぞれその性能としてもつもののようにも見ている。「元素」(stoicheia)については第三章の一の注（4）参照。

(2) 元素どもから成る物体。まず動物ではそのうちの等質的部分、すなわち骨や肉など。
(3) この三段階の分ち方は、近代動物学の三方面・三部門を予告し要望している。第一段階に対しては生化学、第二段階に対しては組織学、第三段階に対しては解剖学がそれにこたえている。
(4) 「生命の原理」(hē archē hē tēs zōēs)というのは身体の中間にある心臓のこと。
(5) アリストテレスの考えていた心臓からは、続く説明でも察せられるように、血液はここを起点として出て行くだけで帰ってこない。こうして、血液循環の説は、ついに中世を経て、近代の生理学者ハーヴィーの出現をまたねばならなかった。
(6) 本章の三「自然の目的性」の項参照。

一四　人間とその手

ところで、(1) 植物の自然は定着的であるから、その異質部分の種類もそれほど多くはない。わずかの仕事にはわずかの器官で足りるからである。……しかるに、ただたんに生きているというだけでなく感覚をも有する動物は、〔それぞれの部分が〕多様に分化した形態をもっている、そして、その分化は、動物の種類の異なるに応じて多様であるが、その自然がただたんに生きるにあるだけでなくよく生きるにあるような動物では特に多種多様である。ところで、このようなのが人間〔人類〕なのである。(2) けだし、われわれの知っている限りのすべての動物のうち、ただ人間のみが、あるいは(人間のみと言っては言いすぎだとすれば)少なくもすべての動物のうちで最も高度に、神的なものに与かっているからである。したがって、このことのゆえに、なおまたその外部の形態が最もよくわれわれに知られていることのゆえに、われわれはまず人間について語らねばならない。ことにそのゆえは、人間においてのみその自然的な部分がそのままその自然的な位置を占めているからである。すなわち、人体の上の部分は全体〔宇宙〕で上である方に向いている、というのは、動物のうちで人間だけが直立しているからである。〔『動物部分論』六五五b三七―六五六a一三〕(3)

頸と頭のつぎは、人間以外の動物では、前肢と胴とである。ところで前肢は、人間では、前脚および前足の代りに腕および言わゆる手《ケイル》になっている。これは、動物のうちで人間だけが、その自然、その実体〔本質〕の神的であることのゆえに、直立しているからである。けだし、思惟《ノエイン》したり思慮《フロネイン》したりすることは、最も神的なもののする働きであるが、このことは、身体の上部が重くて圧せられていては容易でない。というのは、その重さで推理力や共通感覚の働きを妨げ鈍らせるからである。それゆえ、身体の重さと中味が多くなればなるだけ、身体は下に地に傾くこと必然である、したがって自然は、安定を保つため、四足獣には、腕や手の代りに前足を与えたのである。すなわち、およそ歩行する動物は二本の後足を必要とするが、その霊魂〔生命原理〕が体重に耐えられないと、あのように四足になるのである。〔『動物部分論』六八六a二四―b二〕

直立して歩くものには前脚は不要なので、自然はその代りに腕と手を与えたのである。そこで、アナクサゴラスは、「手を持つがゆえに、動物のうち人間が最も思慮深いのである」(4)と言った。だが逆に、「最も思慮深いがゆえに、手を得たのである」と言う方が理に合っている。なぜなら、一方、手は道具《オルガノン》〔器官〕であるが、他方、自然は、思慮ある人のするように、ものを配分するに当たり、常にそのものをうまく使いこなせる者にだけ与えるからである。たとえば、笛を持っているだけの者に笛を吹く術を教え授けるよりも、すでに笛吹きである者に笛を与える方がましだからである。けだし、自然は、より劣るもの〔笛〕をより優れて貴重なもの〔笛吹き〕に付け加えこそすれ、より優れて貴重なものをより劣ったものに付け加えはしないからである。……こうして、それゆえ、人間が最も思慮深いのは手を持つがゆえにではなく、逆に、人間は動物のうちで最も思慮深いがゆえに手を持っているのである。けだし、最も思慮深い者は最も多くの道具を使いこなすはずであり、そして手は、多くの道具の代りになる道具のようなものであるから、一つの道具というよりも多数の道具とみなさるべきである。それゆえに自然は、動物のうちで最も多くの技術をものにする能のある者〔人間〕に、最も多くの用途を持つ道具、すなわち手を、賦与したのである。

ところで、或る人々は、人間の身体はあまり良く出来てはいない、いや、あらゆる動物のうちで最も出来の悪いものだ、と説いているが、そして〔その証拠として〕人間は跣足《はだし》で、裸身《はだか》で、身になんらの防禦の具も備えていないではないかと言うのだが、この説は正しくない。なぜなら、他の動物はそれぞれただ一つの保身の仕方しか身につけておらず、しかもこれを他の仕方と取り替えることさえ出来ない、したがって、眠るにもなにをするにも、いつも、言わば履物をはいたままであり、護身のよろいは着けたまま、たまたま与えられたが最後、その一つの武器を他と取り替えることもできないというような有様である。ところが、これに反して、人間には、いろいろな保身の仕方が与えられており、しかもいつでも意のままに取り替えることが許されている。しかも、自分の気に入った武器を自分に都合のいいところにつけることができる。というのは、人間の手は、思いのままに、爪にも蹄《ひづめ》にも角《つの》にもなるし、鋸や剣やその他どのような武器にも道具にもなるからである。すなわち、手は、なにでも取ったり持ったりする能があるので、なにでもなれるわけである。(5)（『動物部分論』六八七a五—b五）

(1)　この節は前項一三の中の節（注(4)のところ）に続く。

(2)　人間の人間たる点はただ生きる(to zēn)だけでなくよく生きる(to eu zēn)にあるとする考えはソクラテス＝プラトンにも見えたが、これを人間の他の動物と異なる自然《フイシス》（本性）であるとしたのはアリストテレスの目的観的自然主義の特徴である。本書第五章の四、一五参照。

(3)　ここでは、人間についていう「自然的に」「自然によって」という「自然」が、「本性」の意と同時に、「全体」「全宇宙」「全自然界」としての「自然」と同義的に使われている。本章の二の終節参照。

(4)　ここに古代ギリシャでの機械論的唯物論者と目的観的観念論者との分れ目が典型的に表現されている。

(5)　同じく手の所有とその働きに他の動物と異なる人類の長所を認めながら、その理由を人間の霊魂の長所（理性的霊魂の所有）にありとしたところに、——すなわち、まさに人類を万物の霊長だとしたところに、——かれを史的唯物論のではなく、これに対立する観念史観の先駆者たるに止めたゆえんがある。そしてそれは、かれの自然主義が、ここにも読まれるとおりのあまりにも目的観的なそれであったからでもある。本章次項一五、一六、第五章の一五、同注(6)参照。

一五　生物界にも美

およそ自然によって合成された実体のうち、或るものは生成しも消滅しもしないで全く永遠に存在し、或るものは生成や消滅に与かるものどもである。ところで(1)、前者については、尊くて神的な実体なので、われわれ〔地上の人間〕には不十分な観察研究《テオーリア》しかできないようになっている(というのは、誰がそれらを調べようにもどこから調べ始めていいのかその手懸りになる事実や、またわれわれの知ろうと願う事柄のうちで感覚的に明瞭なことは、実のところ、ほんのわずかしかないわけだから)。だが他方、消滅的な植物や動物については、これらがわれわれ〔人類〕と共に生育・生存しているがゆえに、われわれはそれらを認知する手懸りをより多く恵まれている。……しかし、研究の喜びはどちらの場合でも同じである。けだし、永遠不滅なものどもについては、たといほんのわずかしかわれわれには把握されえないにしても、しかもこれらを知ることは尊いことであるがゆえに、われわれの周囲にある物事についての場合よりも快なのである、それはあたかも、われわれの愛好する物事のうちの或る任意の一小部分をでもこれを眺め見る《カタイディン》ことの方が、他の大きな物事を数多く詳細に調べ知る《イディン》ことよりも、快であるようにである。しかしまた、他方〔われわれの周囲にある物事についての場合〕、それらをより詳細に、より数多く理解するということも、学的な認識の優れた点であり、さらにまた、このことは、われわれにより多く近親でありより多くわれわれの自然の性に合っていることであるがゆえに、神的な物事についての哲学[2]に対して或る種の釣り合いがとれているから。

だがこの哲学については……これだけにし、残るところは動物界のことについて述べるにあるが、ここでは下等なものであれ高等なものであれ、できる限りなにものをも無視しないで述べるつもりである。というのは、感覚にとっては気味の悪い動物においても、それらを観察研究するとなると、工匠《デーミウールゴス》〔造物主〕なる自然[3]は、それらの原因を知る能のある者ども、生まれつき《フィセイ》の愛知者《フイロソフオイ》〔哲学者〕たちに、言いしれぬ快感を与えるものだからである。だからそれゆえ、つぎのようなことを言うのは反理的《パラロゴン》なこと、不条理《アトポン》なことである、すなわち、われわれが動物の姿を観て喜ぶのは、そこに同時に絵画や彫刻のような造形技術をも合わせ観るからであって、自然によって合成された動物そのままを観察することは、その原因を眺め見ることが可能なだけに、かえってそれほど好ましくないのだ、などと言うのは〔不条理な言い分である〕[4]。だからして、劣等な動物についても、これを観察調査することを、子供みたいに嫌悪すべきではない。実のところ、およそいかなる自然物のうちにもなにか驚嘆に価するものが内在しているもので、それはあたかも、ヘラクレイトスが客人たちに言ったと伝えられているそれのようにである、——というのは、かれらは、かれに会おうと欲して来たのだが、なかにはいって見ると、かれはかまどの前で暖まっていたので、ためらって立ち止まった。すると、かれはかれらに「いいから遠慮なくおはいり、ここにも神々はおいでだから」とすすめたとのことだが、——そのようにわれわれも、ためらうことなく、いかなる動物の研究にも向かわねばならない。そうすれば、なにものにもなんらか自然的で美なるものが認められよう。というのは、偶運的なものでなくて或るなにかを目指す《ト・ヘネカ・ティノス》もの〔目的性〕が、自然の産物のうちにあり、しかもそれがこれらのうちに最もよく認められるからである。そしてこれら〔自然物〕がそのためにかく合成されて存在し生成しているその目的は、美の場内にある。[5]（『動物部分論』六四四b二二—六四五a二三）

およそ道具〔器官〕はすべてなにかのためにあり、身体の各部分もそれぞれなにかのためにあり、そしてこのなにか〔目的〕はそれぞれに特定の或る行動である、だから、全体としての身体もまたなにか或る総括的行動のために組成されていること明白である。というのは、たとえば、鋸ぎり《プリオーン》のために鋸切る《プリシス》ことがあるのではなくて、逆に、鋸切ることのために鋸ぎりが作られているのである、そしてこの場合、鋸切ることがこの道具の役目であり目的である。したがって、身体全体も結局なんらかの仕方で霊魂[6]のためにあるのであり、その各部分もそれぞれその働きのために作られているのである。（『動物部分論』六四五b一四—二〇）

（1）「前者」というのは、自然的実体（自然物）のうちの不生不滅なものども、すなわち天界の諸実体（諸天体、諸天球、これらが神的な尊いものと考えられていた）。
（2）ここに言う「哲学」は、天界に関する認識、すなわち『天体論』で取扱われている星学・天文学を指す。
（3）ここでは「自然」が「工匠」(dēmiourgos)と呼ばれている。本書第五章の二〇の注（4）参照。
（4）すなわちこの言い分は、自然が技術を模倣すると言うもので、アリストテレスの主張（技術が自然を模倣する、本章の二、同注（7）、三、同注（5）参照）に反する、ゆえに反理的《パラロゴン》・不条理《アトポン》である。
（5）この節およびこれに続く次節の「自然の目的性」については、本章の三、第五章の一五の注（5）参照。
（6）ここで注意すべきは、あたかも鋸切り（道具）が鋸切ること（働き、目的）のために作られているように、身体（道具）がその霊魂の働きのために（その働きを目的として）生成し存在しているものと見られている点である。これを一般的に言えば、生物はその身体（質料）と霊魂（形相）との結合体であり、そして形相（霊魂）はその質料（身体）の可能性の現実化、すなわちその働き《エルゴン》である、というにある。次項一六参照。

一六　霊魂の定義

われわれは実体を諸〻の存在のうちの或る一つの類であると言うが、この実体の一つは質料としてのであり、これはこれだけではいまだ「これ」と指示しうるもの〔個物〕ではない。もう一つは型式、あるいは形相としての実体であり、これによって初めてものは「これ」と限定されうる。そして第三のそれは、これら両者〔形相と質料〕から成るものとしての実体〔すなわち個々の具体的事物〕である。(1)そして、質料は可能態であり、形相は完現態(2)〔現実態〕であるが、後者はまた二通りの意味で用いられる。すなわち、その一つは知識所有《エピステーメー》のごときであり他は研究活動《テオレイン》のごときである。(3)さて、一般に最も主として実体と考えられているのは物体であり、ことにそのうちでも自然的物体〔自然物〕である。というのは、これらがその他のものども〔人工品など〕のもとのものだからである。ところで、自然的物体のうち、或るものどもは生命を有し、或るものども(4)は有していない。ただし、ここでわれわれが生命《ゾーエー》と言うのは、それ自らによる栄養摂取、成長、萎縮〔衰弱〕のことである。(5)したがって、生命に与かる自然的物体はすべて実体であろうが、それは〔形相と質料との〕結合体としての実体である。というのは、こうした自然的物体は、物体であるとともに、このように限定された物体、すなわち生命を有するところの物体だからである。だが、それゆえに、この物体そのものは霊魂ではないだろう[6]。なぜなら、物体は、或る基体に属するなにものかではなく、かえってむしろ基体であり質料であるから。したがって、必然的に霊魂は或る実体、すなわち可能的に生命を有する自然的物体の・形相としての意味での・実体である。ところで、この意味での実体は完現態であるから、霊魂はこのような〔生命を有することの可能な〕物体の完現態である。これに、しかし、あの二通りの意味がある、すなわち、一つは知識所有のごときそれであり、他は研究活動のごときそれである。すると、明らかに霊魂は知識所有のごとき意味での完現態である。というのは、〔たとえば動物や人間の〕睡眠も覚醒もともに霊魂の内在するによるが、しかし覚醒が〔霊魂の現に活動している点で〕あの研究活動に比せられるのに対し、睡眠は〔あの知識所有の状態に、すなわち〕知識を所有してはいるが現にこれを活用してはいない状態に比せられるからである。ところで、同じものにおいては、その生成の順でより先なのは〔その意味で第一なのは〕知識所有である。それゆえに、霊魂は、可能的に生命を有する自然的物体の第一の完現態である[7]。

ところで、このようなのは、道具《オルガノン》〔器官〕をもつ物体〔有機体《オルガニコン》〕の場合である。〔道具といえば、植物においてもその各部分は、たといきわめて単純なものでも、その道具である。たとえば、木の葉は果皮の被い〔被う道具〕であり、果皮は果核のそれである。なおまたその根は動物の口に比すべきである、というのは、根も口もともに栄養を摂取する道具・器官であるから。〕そこで〔植物の場合をも含めて〕

霊魂のあらゆる場合にわたって共通的な定義を下すとなれば、それは、「道具を有する自然的な物体〔有機的自然物〕の第一の完現態」とでも言えよう。[8]（『霊魂論』四一二a六―b六）

（1）　実体(ousia)の諸義については本書第三章の六参照。

（2）　「完現態」とか「完成現実態」とか訳される原語‘entelecheia’は、ここでも他の箇所でも、だいたい「現実態」と訳される‘energeia’(第三章の一四参照)と同義に用いられている。しいて区別すれば、後者が、その動詞形‘energein’(働らく、活動する、現実化する)の示すように、より多く活動の過程を示す(その限りでは「現実活動」と訳されるに適わしい)のに対し、前者‘entelecheia’は、その語源かとも言われる‘en telei echein’(‘telos’終り・完成においてある、完成している)や似寄りの形容詞‘entelēs’(完了した、完全な)などからみて、より多く活動の結果を示すようであるが、アリストテレスの用語例でみると、‘energeia’も、その活動の面よりはその終り、その完成状態を指す場合がむしろ多いので、場合によって適当に解読するほかない。これは、ドイツ語でもそうであるが、日本語でも、同じ「働らき」という語が働らく活動を指す場合とこの働らきの結果を指す場合とがあるのに似ている。なお、本書第三章の二の注(6)、同章の一四、同注(1)および本項次注(3)参照。

（3）　ここに完現態(現実態)の二義の例として挙げられる知識所有(epistēmē)と研究活動(theōrein)とは、本書第三章の一四では可能態と現実態との例として挙げられている。このようにここで完現態の例のうちに入れられた第一のそれ(知識所有)が前章の一四で可能態の例とされたのは、よく読みくらべればわかるように、前章では同じ学者の知識にみえる可能態と現実態との例とされた両者が、ここの例では、すでに完現態としての学者(知識所有者)の知識の第一の完現態(知識使用可能態)と第二の完現態(知識の現実使用)とみられ、したがって、この両義を含む完現態(現実態)に対する可能態は、この例で言ってみれば学者の卵、学生(学習すれば学者となる可能性を有する者)の知識獲得可能性であろう。これは前章の場合でも同様である。

(4)　植物的生命(植物霊魂)をも有しない無生物、単純物体から鉱物までのあらゆる無機物。次注(7)参照。

(5)　ここに「生命《ゾーエー》を有する」というのは、たんに死に対する生を有する(死んではいないで生きている)との意ではなく、無生物に対する生物のように生の可能性(生命力)を有するとの意。その最低限は、植物に見えるその自らで栄養し成長する能力、言わゆる植物霊魂である。

(6)　このように、生命を有する物体について、「この物体そのものは霊魂《プシケー》ではない」であろうと推定されえたのは、一般に当時のギリシャで、生《い》きものが有魂のもの《エンプシコン》(次項一七の注(3)参照)と言われたように、生命と霊魂とが同一視されていたのと、同時にまたその言う霊魂なるものが、生者の死ぬときその生者から去りゆく亡霊《ゴースト》あるいはオルフィク教徒やピタゴラス派での遊離魂のように、一応その肉体とは別個のものと考えられていたからでもあろう。しかし、この両者(生物体とそのもつ霊魂と)を全く別々の二つと見ないで、質料と形相、可能態と完現態(現実態)の関係にある一つのものと解するのがアリストテレスの特長。

(7)　この定義で「生命」というのを「霊魂」というのと同義的だとすれば「可能的に霊魂を有する物体の現実態が霊魂である」という同語反覆的な定義とも言えよう。そこでつぎの節では「可能的に生命を有するもの」がさらに「道具(organ)を有するもの」すなわち「有機体」(organikon)と限定される。

(8)　これは、「霊魂」の最も共通的な、すなわち最低限の植物の生命力(栄養霊魂)にも通用する、暫定的な定義であって、以下これが動物や人間のそれについて限定・認証されてはじめて本当の定義になる。

一七　霊魂と身体

それゆえにまた(1)、霊魂と物体《ソーマ》(身体・肉体)とは一つかどうかは探究するにおよばない。それはあたかも、封蠟と〔それに押された印形《いんぎょう》指輪の〕形とが一つかどうかを、あるいは一般に個々の事物の質料とこの質料がそれのであるところのそれ〔その事物の形相〕とが一つかどうかを問うにおよばないのと同様である。というのは、「一つ」というのにも「ある」というのと同じく多くの意味があるが、最も優れて固有の意味でのは、完現態においての「一つ」であるから。（『霊魂論』四一二b六―九）

　さきにも述べたように、(2) 実体というのに三通りの意味があり、その一つは形相、つぎは質料、第三はこれら両者から成るものであり、そのうち質料は可能態であり、形相は完現態である。そこで、いま、これら両者から成るものが有魂のもの(3)〔生《い》きもの〕である場合、このものの物体が霊魂の完現態なのではなくて、その霊魂がその或る物体の完現態なのである。そしてそれゆえに、霊魂は、物体なしには存しないが、しかし物体の一種なのではない、と考える者も(4)〔その限りでは霊魂と物体との関係を〕正しく解している者である。けだし霊魂は、物体ではないが、物体の或るなにものかであり、そしてそれゆえに、物体のうちに、しかも或るこれこれの物体(5)のうちに、存するものなのであって、あの先人たち(6)の信じたようなものではない。かれらは、霊魂をただ物体〔肉体〕にはめ込むことだけ考えて、それがどのような種類、どのような性質の物体のうちにかを少しも限定しなかったのは誤りである。……とにかく、霊魂は、これこれのものであることへの可能性をもつもの〔有魂のもの《エンプシコン》〕の或る完現態であることは、以上で明白である。（『霊魂論』四一四a一四―二九）

（1）この一節は、前項の終りに挙げた霊魂の定義に直ぐ続く一節で、霊魂がこのような物体のそうした完現態であるから、「それゆえに」こうした物体（身体）と霊魂とが、自分の常に主張するとおり、質料と形相との・可能態と現実態との・不離なる具体的存在として全き一体をなすことは問うまでもない、と序説したもので、次に訳出される一節は、その一体性の証拠の一つとして挙げられたものである。なお、ここに挙げられた封蠟とそれに押された印形の形の例については、本章の一九の初節、同注(2)参照。

(2)　さきに、本書では本章前項一六の冒頭で、述べたように。

(3)　この「有魂のもの」と拙訳された原語 'empsychon' は、普通にギリシャ語で「生《い》きもの」「生物」を呼ぶに使われ、語義的には「そのうちに霊魂(psychē)をもつもの」である。前項一六の注(6)参照。

(4)　オルフィック教の遊離魂《ブシケー》を信じるピタゴラス派のプラトンの『ファイドン』八五E以下に見えるように、霊魂を肉体諸要素の調和と説くピタゴラス学徒か。次々注(6)参照。

(5)　「或るこれこれの物体」というのは、有魂《エンプシコン》のと限定された物体、すなわち生物の身体。

(6)　オルフィック教の遊離魂《ブシケー》(肉体に仮宿するが肉体とは別個の神的霊魂)を信じたピタゴラス教徒か。

一八　霊魂の諸能力

霊魂の諸能力のうち、さきに挙げられたものどものすべてが、……〔有魂なもの、すなわち生物の〕或るもののうちには、ことごとく具わっているが、しかし或るものどもには、それらのうちの幾つかが、また或るものどもにはただ一つだけが、属している。そうした諸能力として、さきにわれわれは、栄養能力・欲求能力・感覚能力・場所的運動能力・思考能力を挙げた(1)。そのうち、植物にはただ栄養能力だけが属するが、その他の生物には、この能力のほかになお感覚能力が属している。ところで、感覚能力があれば、そこにはまた欲求能力も存するはずである。というのは、欲求は欲望とか気概とか願望とかの形で現われ、そして動物はいずれもみな、諸感覚のうちすくなくもその一つ、すなわち触覚だけはもっている、そしてこのように感覚をもっているものには、快と苦の感じがあり、また〔この感じをひき起こす〕快なる物と苦なる物とがある。しかるに、こうした物の存するところにはまた、これに対する欲望があり、そして欲望とはまさに快なる物への欲求であるから。だがそのうえなお、かれら〔植物以外の生物〕は、栄養物の感覚をもっている（というのは、触覚は栄養物の感覚だから）。なぜなら、動物はすべて、乾いたもの〔固形物〕や湿ったもの〔流動体〕や温かいものや冷たいものによって養われるが、触覚はまさにこれらのものの感覚だからである。というのは、その他の感覚されるものども〔音や色など〕は、触覚にとっては付帯的だからである、すなわち、音も色も匂いも〔音とし色とし匂いとしては〕すべて栄養には直接なんらの役もしないからである。ただし、味だけは触覚されるものどものうちのなにか一つである、そして飢えや渇きは欲望（すなわち、飢えは乾いていて〔固形的で〕温かなものへの欲望、渇きは湿っていて〔流動的で〕冷たいものへの欲望）であるが、味は、これらの食物や飲料への言わば薬味のようなものである。しかし、これらについては後に詳説することにして、いまのところ、ただ生物のうち触覚をもっているものにはすべてまた欲求があるとのことを言うに止めよう。なお、動物に表象能力《ファンタシア》があるかどうかは、まだ明らかにされていないが、これも後に研究しよう。そのほか、或る動物にはさらに場所的運動能力が属し、他の或るものどもには思考能力や理性が属している、たとえば人間やその他そのような者に、あるいはさらに貴い者があれば、その

者に。(『霊魂論』四一四a二九―b一九)

たしかに栄養能力なしには感覚能力は存しないのである。しかし栄養能力は感覚能力からは離れていてもそれだけで、植物には存属する。さらにまた、触覚能力なしにはその他のどのような感覚も存しないが、触覚は他の感覚なしにでも存するのである。というのは、動物のうちには視覚をも聴覚をもまた匂いの感覚をさえもっていないのが多いからである。また、感覚能力のある動物のうちにも、或るものどもは場所的運動能力をもっているが、これをもたないものどももある。最後に、そのうちのごく少数のものが、計算し思考する知力をもっている。けだし、可死的なもののうちでも、こうした計算能力を具えているほどのものには、残りのすべての能力も具わっているが、しかし残りの諸能力のそれぞれをもつもののすべてが、必ずしも計算能力をもっているわけではない、いや、そのうちの或るものは表象能力さえもっておらず、他の或るものは、せいぜい表象能力だけで生きている。だが、理論的〔観想的〕理性《テオーレーティコス・ヌース》については他の箇所で論じよう。(2) ともあれ、霊魂のこれら諸能力の各々についての〔それぞれの本質や原因を調べた上での〕定義、これこそ霊魂一般についてもその最も固有な定義(3)であることは明らかである。(『霊魂論』四一五a一―一三)

(1)　ここに霊魂の諸能力(または諸「部分」)がこれら五種――treptikon(栄養能力)、orektikon(欲求能力)、aisthētikon(感覚能力)、kinētikon kata topon(場所的運動能力)および dianoētikon(思考能力)――に大別され、そのうち、植物には栄養能力(栄養をとる部分)だけが、動物にはさらに欲求し感覚し移動する能力(感覚する部分)が、そして人間にはこれら四種のほかに思考能力(ロゴスをもつ部分)が属するとされ、これら諸能力の各〻がさらに細分されながら、これらの現われ方、それぞれの相互関係などが考察されて、思考能力の最高段階に思惟し直観する nous（理論理性）が問題になる。

（2）感覚については次項一九、理論理性については次々項二〇参照。

（3）前々項一六の注（8）参照。

一九　感覚とその対象

一般にあらゆる感覚《アイステーシス》〔感官による知覚〕については、つぎのように解すべきである、すなわちまず、感覚とは、感覚される事物〔感覚対象〕の形相を、その事物の質料なしに〔質料を捨象して形相だけを〕受容する能力である、と。[1] それは、あたかも封蠟が、印形指輪の形を、その印形指輪の印材なる鉄とか金とかなしに受け容れるようにである。[2] すなわちこの場合、封蠟は、なるほど金とか銅とかに刻まれた形を受け容れはするが、しかし〔その印形指輪の形をであって〕金とし銅としてのそれ〔印形指輪の素材〕をではないようにである。これと同様に、各〻の感覚は、色とか味とか音とかをもつそれぞれの事物から働きを受けはするが、しかしこの場合、それらの事物がなにと言われる事物〔実体〕であろうと、そう言われる限りのそれらからではなく、それらがこれこれのような〔白いとか甘いとかいう〕性質をもち、そうした割合《ロゴス》〔形相〕をもつ限りにおいてのそれらからその働きを受けるのである。

つぎに、感官《アイステーテリオン》〔感覚器官〕というのは、本来の意味では、それのうちに上述のような能力があるところのそれである。そしてこの両者〔感覚能力と感覚器官〕は、数的には同じであるが、そのなにであるか〔本質規定〕は別である。すなわち、感覚するところのもの〔感官〕はなんらかの大きさ〔拡がり〕に相違ないが、感覚する能力たることそのことは、したがってまた感覚は、大きさではなくて、むしろ感官が受け容れる反対的諸性質の割合であり、羃根《デイナミス》〔正方形における辺〕のごときものである。(3)（『霊魂論』四二四a一七―二八）

認識《エピステーメー》は、その現実態においては〔すなわち、現にその対象を認識している場合には〕、その認識対象と同じであるが、可能態におけるそれ〔知識所有〕は、個々人においては、現実態におけるそれよりも時間的には先であるが、人間全体としては、時間的にも先ではない。なぜなら、生成するものはすべて、すでに現実態において存在するものから生成するのだから。(4) そして、感覚の場合でも、〔すでに現実的に存在するところの〕感覚対象が、可能的に感覚能力として〔感覚者のうちに〕あるところのものを現実的〔の感覚〕とするのである。実のところ、〔この可能態から現実態に移る場合に〕感覚能力は働きかけられもせず変化を受けもしないのである。したがって、このことは或る別種の運動によることとせねばならない。けだし、普通の意味での運動は、未完成なものが完成〔目的〕にまで自らを現実化してゆく活動であるが、端的〔無条件的〕意味での現実活動《エネルゲイア》〔現実態〕、すなわちすでに完成しているもののそれは、普通の運動とは全く別のものであるから。(5)（『霊魂論』四三一a一―七）

（1）　アリストテレスは感覚(aisthēsis)あるいは感覚能力(to aisthētikon)を、このように簡明適確に、「感覚対象の形相を質料なしに受容する能力」(to dektikon tōn aisthētōn eidōn aneu tēs hylēs)と規定している。これは、感覚についてに限らず一般に認識と認識対象との関係にも適用されるもので、アリストテレスの模写説とも反映論とも言われるものの原型として注目される。それがどのようなものかは、つぎの類比的説明で察知されたい。次注（2）参照。

（2）この封蠟《ケーロス》での例は、大切な物を密封するためなどにその封じ目を封蠟で封じそのうえに鉄とか金とか銅とかを印材とする印形《いんぎょう》指輪で印を押す慣習から採られた例で、アリストテレスがその言う形相と質料との関係を類比で説明するために好んで用いたもの。前々項一七にもこの例があげられたが、そこでは或る結合体（押印された封蠟）における形相（押されている印の形）とこれをもつ結合体の質料（封蠟）との関係（同一性）の例に挙げられた。しかし、いまここでは、感覚対象に結ばれたその形相（印形指輪の印の形）とこの形相を感覚が、その質料（印材、金とか銅とか）をぬきにして、質料の捨象された抽象的形相として受け容れた限りでの形相（封蠟に押されている印の形）との関係の例として挙げられている。

（3）次々注（5）参照。

（4）個々人の一生について言えば、その生成（生誕）は可能態から現実態にであるが、その人は、人間としては、実はすでに現実的な人間（親・祖先）があって、それから生成するのである。一般にアリストテレスでは、ものの現実態がまず存在するがゆえに、そのものの可能性は現実化して、それぞれそのものに成るのである。全体としては、不動の動者（神）が全き現実態としてあるがゆえに、あらゆるものの可能態が現実化しうるのである。次々項二一の注（2）参照。

（5）感官で知覚しまたは思惟能力（理性）で認識する活動が、対象からの受動であり運動の一種（性質の変化）とも解されている箇所もあるが、『霊魂論』では、このように明らかに、感覚内、理性内での可能態の現実態への転化とされ、ここに、次項二〇、二一に見られる質料なしの純粋形相、非受動的な理性が、この別種の運動の原理（光のようなもの）として、要請されている。

二〇　思考能力――理性

霊魂がその部分によって物事を知ったり思慮したりするところのその部分(1)については〔その部分が、それだけで〔他の部分から〕離れて別に存在するものであるにせよ、あるいはその大きさにおいては〔すなわち場所的には〕離れて存在するのでなくただその説明方式〔概念規定〕においてのみ別のものであるにせよ〕、それが他の部分と比べてどのような差異をもっているか、またそれの思惟《ノエイン》すること(2)はそもそもどのようにして生じるのかを、検討せねばならない。

ところで、もし思惟することがあたかも感覚することのごときだとすれば、それは、思惟されるもの〔思惟対象〕によってなんらか受動《パスケイン》することであるか、あるいはなにかそのような別のことではなかろうか。だが、そうだとすると、〔この思惟する部分、すなわち理性は〕非受動的《アパテス》でありながら、しかも〔その思惟対象の〕形相を受け容れうるものであり、その形相と全く同じのものではないが可能的にはそれと同じようなものであらねばならず、こうして、理性《ヌース》〔思惟するもの〕がその思惟対象《タ・ノエータ》に対する関係は、あたかも感覚能力《アイステーティコン》〔感覚するもの〕がその感覚対象《タ・アイステータ》に対するのと同じことになる。だが理性は、万有一切を思惟するがゆえに、あたかもアナクサゴラスの言ったように(3)、雑《まじ》り気《け》のないものであらねばならない、すなわちそれは、〔一切を知ろしめし、一切に〕打ち克たんがため、言いかえれば一切を認知せんがためにである。そのわけは、〔自分のうちに雑りものがあると〕それが他のものの入り来るを妨げ遮ぎるからである。したがって、この思惟するものには、このもの自らの自然性としては、ただ可能的なものというそういう自然性以外、いかなる自然性も属しない。こうして、ひとが理性《ヌース》と呼ぶところの霊魂の部分、——ここに私が理性と言うのは、霊魂がそれでもって推理したり判断したりするところのそれのことであるが、——これは、それゆえに、それが思惟していないうちは、現実的にはいかなる存在でもない[4]。

こうして、それゆえに、理性をなんらか身体に雑《ま》ぜ合わされているものとすることは、理に合わないことである。というのは、もし雑ざっているとすればそれは〔身体によって〕或る性質のもの（たとえば冷たいとか温かいとか言われるようなもの）に成るであろう、なおまた、感覚能力にその道具〔器官〕があるように、理性にもなんらかそうした道具があるということにもなろうから。しかし現に、そうした道具は全く存在しないのだから。だからして、実にこの点では、霊魂を「形相の場」であると言った人々は[5]、うまく言ったものである。ただしこの場合、霊魂というのは、その全部がではなしに、その思惟的な部分が[6]〔形相の場なの〕であり、また形相というのも、完現態においてのではなしに、可能態においてのであるとすべきである。（『霊魂論』四二九a一〇—二九）

（1）ここに霊魂の知《ギノースケイ》ったり思慮《フロネイ》したりする部分《モリオン》というのは、ここでは問題の形で出ているが、すぐわかるとおり、これは前々項一八に挙げられた霊魂の諸能力（栄養能力・等々五種）のうちで「思考能力」と訳された'to dianoētikon'に相応するものであるが、霊魂の部分というよりもむしろその最低の第一の完現態（栄養霊魂）から自然的諸物体のあいだでそれぞれの霊魂がその可能性を現実化してゆく働きの発展段階のようなもので、このことはプラトンの霊魂三部分説に不満なアリストテレス自らの明らかに知るところであり、知って提起された問題であろう。そして結局、この霊魂論でもその最高階級の「思考能力」としての霊魂すなわち「思惟する能力《ノエイン》」としての「理性《ヌース》」が、最初に定義された「有機的な生物の完現態」としての霊魂の枠を越した同じ名前の非受動的な「理性」を自らその働き（思惟活動）のために要求することになる。

（2）「思惟する」と訳される原語‘noein’は、知る、考える、判断する、推理するなどの意に用いられるが、ドイツ語のVernunft（理性）がvernehmen（聴く）と関係ある語であるように、この‘noein’はもともと「見る」の意をもち、そしてこの動詞やその名詞形noēsis（思惟）と親近な「理性」の原語‘nous’もその意味する「思惟する者」「思惟能力」の奥底には「見る者」「見る能力」の意がある。ここから、アリストテレスではその‘nous’が同じく見る的な‘theōria’と容易に直結されえたのである。第三章の二一参照。

（3）アナクサゴラスの断片（ディールス）一二には、ヌースが、無限で独裁的《アウトクラテス》で全く純粋で、なに物とも混合されず《ウーデニ・クレーマティ・メイクタイ》、一切について一切の知識《グノーメー》をもち、最大の力をもち、霊魂をもつもの一切を支配する、等々とある。

（4）理性（思惟するもの）は、現に思惟しているときにのみあると言えるもので、理性というような或る別個のものが存在するわけではない。アリストテレスは理性をそのうえになにかが書かれる白紙のようなものとも言っている。ただしこれは人間のうちで働らく理性（受動的理性）についてのことである。

（5）プラトンまたはその学徒の誰かが霊魂《プシケー》を‘topos eidōn’（イデアどもの場）と呼んでいたものらしい。

（6）前注（1）参照。

二一　受動的理性と非受動的理性

自然界全体のうちには、一方、なにかその各々の類にとっての質料があり〔そしてこれは、可能的には、その各類の個々のすべてであるところのものであり〕、これに対して他方、その各々の類の原因、すなわちすべてを作りなす《ポイエイン》ところの原因がある。そしてこの作りなす原因の質料に対する関係は制作技術の制作材料に対するがごときである。そうだとすると、霊魂のうちにもまたそうした区別があること必然である。(1) そして実のところ、理性〔霊魂のうちの思惟する部分〕についていうも、一方は、すべてに成るがゆえに質料のような理性であり、他方は、すべてを作りなすがゆえにそうした原因としてのそれであって、この一切の原因としての理性は或る種の状態、たとえば光《フォース》のようなものである。(2) というのは、光もまた〔この理性と同じように〕可能的になんらかの色であるものを現実的にその色に作りなすからである。そして、この理性は、その本質《ウーシア》において現実態であるので、〔質料から〕離れて存在し、非受動的《アパテース》であり、雑り気のないものである。なぜなら、作りなすもの《ポイウーン》〔能動者〕は常に作りなされるもの《パスコーン》〔受動物〕よりも優れており、原理《アルケー》〔始動因〕は常に質料よりも優れて貴いものだからである。

さて、認識は、その現実態においては、その認識対象と同一であるが、可能態におけるそれは、個々人においては、現実態におけるそれよりも時間的には先であるが、人間全体としては、時間的にも先ではない。(3) ところで、あの理性〔非受動的理性〕は、或るときには思惟し或るときには思惟しない、というようなことのない〔常に現実態にある〕ものである。そしてそれは、離されているときにのみ、まさにそのあるがままにあるのであり、こうしたそれのみが不死であり永遠である。――しかし、われわれはさきの世のことを記憶していない、そのゆえは、あの理性は非受動的〔したがって不滅・不死〕

であるのに、〔われわれの肉体のうちにある〕受動的理性の方は可滅的だからである。――そして、それがなくては、なにも思惟しない。(4)(『霊魂論』四三〇a一〇―二五)

(1) この両原因の区別については、ここにも「制作技術の制作材料に対するがごとく」とあるように、たとえば建築家の現実に描いている家の設計図(理想の家・家の目的因)が、この家の質料とし可能態としての土や石を、設計図それ自らは動かないで動かし現実化していって、具体的な家にまで作りなす原因(始動因)でもあるような場合を念頭におくと、両者の関係がわかりやすく、可能的な思惟者(われわれの理性)を現実に思惟させるいま一つの思惟者(全くの現実態で不動不死な理性)が必要とされたわけもうなずけよう。本書第三章の一九、二〇参照。

(2) 「作りなす」と拙訳された原語‘poiein’は、制作技術での「作る」の意だけでなく、「生み出す」「為す」(行為する)「働きかける」(受動《パスケイン》に対する能動)などの意をも含む。ここでは、質料的・可能的な理性に対してこれを現実的に思惟させ、これに思惟対象を与える(すなわちその可能的に有するすべてを現実的所有にする)こと。そして、この作りなす方《ポイエーティコス》の理性〔一切の原因としての理性〕があたかも「光」(phōs)のするようにというのは、暗闇のなかでは見えない可能的な色が、ただそこに光が現実にあるというだけで、現実の色(見える色)にするようにというにある。そしてこの理性が、つぎには、質料と結ばれたわれわれの理性が受動的理性(nous pathetikos)と呼ばれたのに応じて、非受動的な(apathēs)と呼ばれているが、もともとこの理性はそうした「作りなす原因」(poiētikon)なので、ストア派以来「能動的(作りなす的)理性」(poiētikos nous)と呼ばれ、中世スコラでは‘intellectus agens’の名で論議され、またこの「能動的理性」をめぐって霊魂の不滅性が論争された。本書第一章の三の(三)、本章の一九の注(4)参照。

(3) 本章の一九、同注(4)参照。

(4) この最後の句は、「そしてそれが」すなわちこの非受動的理性の永遠不断に現実的な思惟(思惟現実態)

が「なくては」われわれの可能的な思惟能力（受動的理性）は「なにも」現実的には「思惟しない」というにある。光がなくては色を色として視覚しえないように、神なる思惟現実態がなくてはわれわれの思惟能力も現実の思惟活動者にはならず、神が思惟現実態として常にあるがゆえにわれわれ人間も思惟しうるのである、というにある。なお、この非受動的理性に関しては、本書第一章の三の(四)参照。

第五章　実践哲学(倫理学と政治学)

A　倫理学

一　最高善とその学(国家学)

そこで、[1] もしわれわれのするあらゆる行為の目指す目的のうちに、ただこれのみはこれ自らのゆえに願望され、その他のものが願望されるのもただこれのゆえにであるこれなるものがなにかあるならば、したがって、われわれがいかなるものを選び求めるのも、実は結局、これより他のものを目的としてではないようなこれが存在するならば、――というのは、もしこれが存在しないとすれば、さらに他のものを他のものをと求めて〔この目的の系列は〕無限に遡ることになり、ためにわれわれの欲求は空虚であり徒労であろうからであるが、――そうだとすれば、これこそは明らかに、善いもの[2]〔善〕であり、最も善いもの〔最高善〕であろう。そうだとすると、われわれの生活に対しても、これ〔この善、この最高善」を知ることは、重大な意義があろう、またこのことによって、あたかも射手がその射当つべき標的を眼前に見ているように、われわれもまた、宜しきに適ったものをいっそううまく射当てうるのではあるまいか。

もしそうだとすれば、われわれ(3)は、こうした善のそもそもなにであるかを、またこれがいずれの学問、いずれの能力に属するかを、ただその輪廓だけでもとらえるように努むべきである。ところで、これは最も優位に立つ真に最も棟梁的(4)なそれに属するものと考えてよさそうである。そして、このようなそれは、明らかに、国家的《ポリティケー》(5)な学問であると思われる。けだし、諸学のうちのいずれが各〻の国家にあらねばならないか、また国民各自はどのような学問をどの程度まで学ぶべきか、これらのことはまさにこの国家学《ポリティケー》が規制するのであるから。それにまた、われわれの見るところでは、諸能力のうちでも最も尊重されているものども、たとえば戦術、家政術、弁論術などでさえ、この国家学に従属しており、そしてこの学は他の諸〻の学問や技術を駆使し、さらになお、なにを行ない、なにを差し控うべきかをも制定し立法するものであるから、この学の目的は他の諸〻の学問や技術のそれらをその下に包括するものである。したがって、人類にとっての善こそはこの国家学の目的であらねばならない。けだし、たとい個人にとっての善と国家にとっての善とが同じであるにしても、しかも国家の善を達成し維持することの方が明らかによりいっそう重大であり終極的であると思われるからである。というのは、ただ単なる一個人にとっての善をそうすることも悪いことではないが、民族や国家にとってその目的とする善を達成し維持することは、個人の場合より以上に美しくあり、よりいっそう神的でさえあるからである。だから、このことこそわれわれの研究の追い求めるところである、というのは、この研究〔倫理学〕は国家学の一種であるから。（『ニコマコス倫理学』一〇九四a一八―b一一）

（1）この節は本書第二章の三〔棟梁的な術の項〕にあげた一節に続く。

（2）原語は'to agathon'複数形'ta agatha'で「善」「善いもの」と訳す。英語やドイツ語などの複数形'goods','Güter'などが「善財」「財宝」などとも訳されるように、ギリシャ語でも、人々の普通に望ましい「よいもの」とされている富や財貨や名声、その他一般に慾望を満足させるものを指す語。この『ニコマコス倫理学』では、この語'agathon'で、なにが本当の「善いもの」か、なにが「最高の善」かを、ソクラテス以来の哲学（魂の気遣いとしてのフィロソフィア）の道で、求めて行く。「最高善」の原語は、最も高貴な善いものというほどの意味の語'to ariston'(agathonの最上級)である。本書第二章の六の注(1)参照。

（3）「われわれ」というはこの講義に参加している「倫理学《エーテイケー》」(人々を人とし国民《ポリテース》としての善い性格《エートス》の者とするための学)の研究者・聴講者を指す。

（4）この「棟梁的」(architechtonikos)については、この本文に先立つ一節、すなわち『ニコマコス倫理学』の巻頭の一節(本書第二章の三に訳出)に見えるもの。本書第二章の二の注(5)参照。

（5）この「国家的な」の原語'politikē'は、「国家(polis)の」または「国家・国民のことに関する」という意味の形容詞'politikos'の女性形で、学(epistēmē)の形容名詞'politikē'としては、広くは「国家学」を、狭くはこの国家学のうちの「倫理学《エーテイケー》」とならぶ一部門としての「政治学《ポリティケー》」を指す。本書第一章の三の(一)(五)、本章の一五の注(1)参照。

二　その研究者の心得

だが、(1)〔これを研究するわれわれは〕与えられた題材の許す限りでの精確さに達しうれば、それで十分に論じられたものとせねばならない。というのは、必ずしもすべての論に対して均しく同じ程度の精確さを求むべきではないからである。それはあたかも、素材を異にする工作品に対して同じ精確さを期待すべきでないのと同様である。(2)実のところ、国家学の対象とされる美しい行為とか正しい行為とかには、〔それに関する人々の見解に〕多くの差異や動揺があるので、これらはただ法習的《ノモーイ》〔人為的〕にあるだけで自然的《フイセイ》には〔美も正も〕ないのだとも思われているほどである。(3)なおまた、善についても、同様の動揺がある。というのは、その善いと言われる物事からかえってしばしば害悪が伴ない生じるからである。すなわち、いままでにも或る人々はその富のゆえに、また他の或る人々はその善しとする勇気のゆえに、かえって零落滅亡しているからである。だからわれわれは、このような〔差異あり動揺ある〕事柄に関し、このような前提から論をなすに当たっては、ただ粗略に素描的に真を示すだけで満足すべきであり、このようにただ多くの場合に(4)そうある事柄に関してこのような程度の前提から論をなすに当たっては、ただこれに相応した程度の結論に達しうれば足れりとせねばならない。

　したがって、こうした論の各〻を聴講する者の側でも、これと同じ心構えをもってする必要がある。けだし一般に、その聴講する学科の異なるに応じてそれぞれに相応した精確さをその論題の本性の許す程度において求めるということが、教育のある者のなすべきことであって、実のところ、数学者から単にただまことしやかな話を聴こうと期待するのは、弁論家に向かって厳密な論証を要求するのと同様、明らかに馬鹿げたことである。

　また誰でも、その知っている事柄についてはうまく判断することができ、その事柄についてのよい判断者である。したがって、或る事柄について教育された者はその事柄についてよく判断し、全般にわたって教育された者は端的〔全般的〕によく判断する者である。それゆえに国家学の聴講者としては、年少者は不適当なのである。というのは、かれは人間の実践生活に無経験であり、しかも国家学の論議はまさにこの実践生活を前提として出発しこれを対象としてなされるのだからであり、ことに年少者は、情欲に支配されやすいので、聴講しても無駄であり無効であろうから。けだし、この国家学の目的は、ただ単に知ること《グノーシス》にあるのではなくて行なうこと《プラクシス》にあるからである。[5] ただしこの不適当だということは、年齢の未熟な者の場合に限らず性格において未熟な者の場合でも同様である。というのは、性格上の欠陥は歳月の多少によるのではなく、かえってその情欲のままに生き、そのおもむくがままにあれこれ追い漁る点にあるのだから。だから、そのような人々にとっては〔国家学関係の事柄について〕なにを知っても無益である。それは、知っても行ないえない無抑制的な人々〔薄志弱行の徒〕においてと同様である。ただし、理に即してその正しく欲求するところを探って行なう者にとっては、これらの事柄について知ることは大いに有益である。〔『ニコマコス倫理学』一〇九四b一一―一〇九五a一一〕

(1)　この項二は前項一に直ぐ続く一節である。

(2)　理論学、たとえば数学のごときでは、論の厳密・精確が期待さるべきであるが、人間のする実践的・制作的な事柄に関する学科での論にまでも均しく同等の厳密性や精確度を求むべきではない。それは、たとえば彫刻の素材が大理石である場合と雑木である場合とではその仕上がりにも精緻と粗雑とのちがいがあり、大理石像に対すると同じ精緻性を木像に求めるのは愚であるがごときである、との意。

(3)　国家学(倫理学や政治学)の対象なる人間社会の事柄は、イオニア自然学で啓蒙されたソフィストたち(プロタゴラスなど)では、「フィシス(自然)において」(physei——すなわち客観的・自然必然的・絶対的に)存することではなくて、「ノモス(法習・法律慣習)において」(nomōi——すなわち主観的・偶然的・相対的に)存するだけのことと考えられた(第二章の二七参照)。したがってかれらの立場からは、人間の手と頭で作られる歴史に必然の法則など期待されず、またアリストテレスからも、その要求がつぎに読まれる「蓋然性」に止まる限り、歴史に必然的法則は期待されなかった。次注(4)参照。

(4)　「多くの場合に」(epi to polly)というのは、「常に」(aei——必然的に)と「常にでも多くの場合にでもない場合に」(mēt' aei mēt' epi to polly——全く偶然的に)との中間、すなわち言わば「蓋然的に」の意である(『形而上学』第六巻第二章参照)。したがって、ここに「このような程度の」云々というのは、このように蓋然的な事柄に関しては同じく「蓋然的な」程度の云々、の意。

(5)　ここでも、この学の目的が知よりも行にあると説かれている。本書第一章の三の(五)、第二章の一三、同注(2)参照。

三　最高善は幸福

あらゆる知識、あらゆる意図が、なんらかの善を狙い求めているとすると、国家学が目指しているとわれわれの言うところの善とはなにであろうか、すなわち行為によって達成される諸〻の善のうちの最高のものはなにであろうか。その名前だけでは、ほとんど全く大多数の意見が一致している。すなわち、一般の人々も言い、えらい人々《カリエンテス》も、最高の善を幸福《エウダイモニア》(1)であると言っており、しかも、よく生きよく行為することを幸福《エウダイモネイン》であることと同じことだと解している。だがしかし、幸福について、そのなにであるかを言おうとなると、人々の意見は互いに矛盾し、一般の人々の説明の仕方と識者たちのそれとは同様ではない。（『ニコマコス倫理学』一〇九五ａ一四―二二）

だがそれだけでなく、苦痛が悪であり避くべきものであるということは、一般に人々のひとしく認めるところである。というのは、苦痛の或るものは無条件的に悪であり、或るものはなんらかの仕方で妨害になるものであるからである。ところで、避くべきものに対しては、これが避くべきものであり悪である限り、これに反対のものは善である。〔しかるに苦痛の反対は快楽である〕だから必然的に、快楽は善なるなにものかである。けだし、この〔快楽の〕問題は、あのスペウシッポスが解いたように、すなわち、あたかもより大は、より小に対しても均等〔中間のもの〕に対しても反対のものであると解いたように、そのように(2)〔簡単に割り切って〕解くわけにはいかないからである。なぜなら、おそらく誰も、快楽をまさに悪なる或るものであると断言することはできないであろうから。

なおまた、たといいろいろな快楽のうちには害悪的なものもあろうにせよ、なんら或る快楽が最高の善であることを妨げるわけでもない。それはあたかも、いろいろな認識のうちには害悪的なのがあっても、或る認識が最も善いものであることにはなんの差支えもないようにである。おそらくまた、つぎのことも必然的であろう、すなわち、いやしくも〔われわれの霊魂の〕それぞれの情態のうちに或るどれだけかの妨害されない現実活動〔現実態〕があるからには、これら諸情態すべての現実態が、またはそのうちの或る情態の現実態が、妨害されない現実態である限り、幸福であって、これこそ最も選択に価する望ましいものに相違ない。そしてこれが快楽なのである。したがって、最高の善は或る快楽でもあるはずである（たとい他の多くの快楽は、ともすればたまたま無条件的に害悪的なものであるにしても）。そしてまたこのことのゆえに、あらゆる人々は、幸福な生活を快的なものだと思い、そして快楽を幸福のうちに編み込みもしているが、これにも当然の理がある。というのは、いかなる現実活動も妨害されているのではいまだ終極的〔完結的〕ではなく、しかも幸福は終極的なものどもの部だからである。それゆえに、幸福な人たるには、さらに〔その有すべき徳のほかに〕肉体上のおよび外部からの諸善や幸運をも、あわせて必要とするのである。それは、これらが〔肉体的および外的な害悪や不運などによって〕妨害されないがためにである。（『ニコマコス倫理学』一一五三b一―一九）

幸福は徳に即しての〔霊魂の〕現実活動である。[3] これはさきにも述べたとおりである。――そこで、もし幸福が徳に即しての現実活動〔現実態〕であるなら、それはまた、当然、最高の徳に即しての現実態である。しかるに、これは霊魂の最高の部分の徳でなくてはならない。したがって、これが理性であるにせよ他のなにかであるにせよ、とにかくそれの自然の性としてわれわれを支配し指導していると思われるそれ、そして、それ自身が神的なものであるによってか、われわれのうちなる最も神的なものなるがゆえにか、美《カロン》なるもの神的なるものについての想念をもつものと思われるそれ、こうしたそれのそれ固有の徳に即しての現実態、これこそは終極的な幸福であるにちがいない。そして、これは、さきにも述べたとおり、(4)観想的《テオーレーテイケー》〔理論的〕な現実態である。

そしてこのことは、さきに述べたところとも合致し、またそのこと自体の真実とも合致していると思われる。なぜなら、まず第一に、これは最高の現実態だからである。というのは、理性はわれわれの〔霊魂の〕うちにあるものどものうちで最高のものであり、またこの理性の思惟対象も可知的なものどものうちで最高のものだからである。つぎにまた、この現実態は最も連続的だからである。というのは、観想することはなにごとを行為することよりもより多く連続的(5)だからである。また、幸福には快楽の混入していることが必要だとわれわれは考えているが、徳に即しての諸々の現実活動のうちで最も快なのは、誰もが一致して認めているように、知恵〔の徳〕に即しての現実態である。思うに、実のところ、哲学〔愛知活動〕は、その純粋性においても確実性においても、驚嘆さるべき快楽をもつものと思われている。そして、知っている者の方が求めている者よりも、当然、その暮らし(6)はより多く快である。また、いつも言うところの自足性も、この観想的現実態に最も多く存するはずである。むろん生活のための事物は、知恵の人も正義の人もその他いかなる人もこれを必要としはするが、しかし、たといこれらの事物には十分事足りていても、なお、正義の人はその正しい行為をしかける相手とかその行為を共にする人とかを必要とし、同様に節制の人も勇気の人もその他の各人もそうである。しかるに、知恵の人は自分だけでいても観想〔観察・研究〕することができる。……さらにまた幸福は、閑暇な生活にあるとも考えられている。けだしわれわれは、閑暇を得んがために閑暇なく働き、平和のために戦争をするからである。(7) 一般に実践的な諸徳にあっては、政治関係ないし軍事関係の事柄のうちに、それぞれの徳の現実活動があるが、これらの事柄に関する行為は、こうした無閑暇的なことと思われる。ことに軍事関係の諸々の行為は、徹頭徹尾そうである。……だが、政治家たちの行為もまた、無閑暇的なものである。(8) しかもそれだけでなく、かれらの行為は、その政治することそれ自体とは別に、権力とか名誉とかを、あるいは自分自身ないし国民たちにとっての幸福……を、獲得し維持しようとする行為である。

そこで、たといこの政治的および軍事的な行為が、諸々の徳に即しての行為のうちでは、その高貴な点や大規模な点では優越しているにしても、これらの行為は無閑暇的であり、或る他の目的を希求していて、そのこと自体のゆえに望ましい行為ではない。しかるに理性の現実態は、観想的であるから、その純真《スプーデー》な点でちがっており、またその現実態それ自体とは別のいかなる目的をも希求せず、その現実態固有の快楽を保っているものと思われる。……そして、このように自足的であること・閑暇を有すること・人間に許される限り無疲労的であること・その他およそ祝福された人に帰せられるあらゆる属性は、明らかにこの現実態のものである。したがって、人間の終極的な幸福はこの〔理性の観想的な〕現実態であらねばならない、もしこれが生涯の終極〔終り〕まで保たれるなら。（『ニコマコス倫理学』一一七七a一〇—b二五）

（1） 「幸福」（英語では'happiness'）と訳される原語'eudaimonia'は語源的には各自の「守護神」(daimōn)に「よく」(eu-)守られている状態の意か。「仕合せ」とも訳されよう。つぎにあるように、一般に「よく生き」「よく行為する」者が'eudaimonein'「幸福である」（または「幸福に暮らしている」）と言われる。では、幸福の内容は具体的にはなにか、快楽か富裕か名誉か有徳か、これがつぎに問題になって、結局、人間特有の徳の現実態が幸福であり最高善であるということになる。

（2） 「そのように」云々というのは、「あたかもより大は、より小に対しても中間のものに対しても反対である」ように、そのように、「快楽は、苦痛に対しても善〔快苦の中間の善〕に対しても反対である」と簡単に割り切って、快楽は善の反対（悪）であると解くわけにはいかないとの意。

（3） この「徳」(aretē)やさきの「情態」(hexis)については、本章の五および同注（1）参照。なお、この節の所説は本書第三章の二一とならべて読まれたい。

（4） 本書第三章の二一、同注（5）参照。

（5） この思惟の現実態が「連続的」であるというのは「思惟していると同時に思惟していた」(hama noei kai nenoeken)のように思惟の現在進行形と現在完了形とが一緒であるがゆえにである。観想すること(theōrein)も幸福であること(eudaimonein)もこの思惟と同様である。本書第三章の一四の終節参照。

（6） 「暮らし」(diagōgē)については、本書第二章の四の注（1）参照。

（7） 「閑暇を得んがために閑暇なく働き、平和のために戦争をする」(ascholoumetha hina scholazōmen, kai polemoumen hin' eirēnēn)とか、それらの行為が「無閑暇的な」(ascholoi)とかに関しては、なお本章の二二の注（3）参照。

（8）　これらの理由から戦士たちや政治家より以上に神的な観想〔理論〕的生活を楽しむ哲学者〔数学者・星学者を含む〕が、個人としても国民としても最善の幸福者として最優位に置かれる。

四　人間特有の善

しかし、幸福がすなわち最高善であると言うのは、おそらくなんの異論もない当然のことを言っているだけのこととみえる。そこで、さらに望ましいのは、いっそう明瞭に、その幸福とはなにであるかが語られることである。

だが、多分このことは、人間の働き〔機能〕のなにであるかが把握されたなら、明らかになるであろう。というのは、あたかも笛吹きにとって、彫刻家にとって、その他あらゆる技術家にとって、要するになんらかの働きや行ないを有する者どもすべてにとって、かれらの善さ《タガトン》とかうまさとか《ト・エウ》(1)が、かれらそれぞれの働きにあると思われているように、そのように、人間にとっても(2)、もし人間なるものになにか人間の働きというような〔人間に特有の〕ものがあるとすれば、それがそうであると思われるからである。ところで、大工とか靴匠とかにはそれぞれなにかその〔大工とし靴匠としての〕働きや行ないがあるが、人間には〔人間としての〕そうしたものが全くないのであろうか、人間は生まれつきそうした働きのないものなのであろうか。それとも、ちょうど眼や手や足やそのほか一般に身体の各部分がそれぞれ明らかに或る一定の働き〔機能〕をもっているように、そのように人間もまた、これら各部分の働きとは別に、人間としての或る特定の働きをもっていると考えてはいけないのであろうか。だが、もっているとすれば、それはいったいどのような働きであろうか。というのは、生きるということなどは植物にも共通して見られる働きであるが、ここで求められているのは人間に特有のそれなのだから。だとすれば、栄養したり成長したりする働きとしての生命はここでは除外されねばならない。では、つぎに、感覚するなにか或る生命はどうかというに、これも明らかに馬や牛その他すべての動物に共通して認められる働きである。こうして残るところは、理をもつもの《ロゴン・エコン》〔霊魂の理性的部分〕の或る行為的な生命である。（ただし、この理をもつ部分というのにも、理に服従的なものとしてのと、理をもちそして思考するものとしてのとがある。[3]）だがまた、この理をもつ行為的な生命というのにも二義[4]があるので、〔いま求められているのは〕現実態にあるそれと定めねばならない。けだし、現実に活動しているそれの方がよりいっそう優れた意味[5]で生命と言われていると思われるから。

　そこで、もし人間の働きが霊魂の理に即してのまたは理を欠いてはいない現実態であるなら、そしてまた、或るこれこれの者の働きと或る優れたこれこれの者の働きとを類においては同じ働きであると認めるとすれば、——すなわち、たとえば、或る弾琴者の働きも或る優れた弾琴者の働きも同じ類の働きであり、また一般にそうしたいずれの場合にも同じであって、ただ優れた或る者にはただその徳《アレテー》[6]が余分に付け加わっているだけである。というのは、弾琴者の働きは琴を弾ずることであり、優れた弾琴者のそれは優れてよくそうすることだから。——そこで、もしそうであるとすれば、人間的の善とは、徳に即しての霊魂の現実態であると定義されることになる、そして、もしその徳が数多くあるとすれば、最善にして終極的なる徳に即してのそれである。なお〔この定義に、もう一つ〕生涯の終りまで通じての〔霊魂の現実態〕と付け加えねばならない。けだし、一羽の燕は春をなさず、一朝や一夕も春をなさず、そのようにわずか一日や短日月では祝福された者も幸福な者も作られはしないからである。（『ニコマコス倫理学』一〇九七b二二―一〇九八a二二）

（1）　それぞれの働き（ergon）の善さ（tagathon）やうまさ（to eu）――巧みさ・卓越性――が、「徳」と訳される‘aretē’である。次項五とその注（1）参照。
（2）　「人間にとって」というのは、笛吹きとし技術家としてでなく、人間としての人間にとって、の意。
（3）　人間が他の動植物（それぞれ或る生命・霊魂を有する生物）と異なる点は「ロゴスをもつ」（物を言い、理性をもつ）点にあった。霊魂のこの「理（ロゴス）をもつ部分」、またこの部分のうちに「理に服従的なもの」（to epipeithes logōi）と「理をもちそして思考するもの」（to logon echon kai dianooumenon）とのあることについては、本書第四章の一八、第五章の一五の注（6）参照。
（4）　この二義というのは全くの可能態と現実態との二義ではなく、言わゆる第一の現実態（知識所有のごとき）と第二の研究活動のごときそれとの二義。本書第四章の一六参照。
（5）　弾琴能力のただの所有（前注例では知識所有）はその現実の弾琴活動（研究活動）のためにであり、そして一般に目的は手段よりも優れている、そのように生命の場合もそうである、との意。
（6）　「その徳」というのはその優れたところ。「徳」（aretē）については、次項五および同注（1）参照。

五　徳とはなにか

つぎに、徳《アレテー》(1)とはなにであるかを検討せねばならない。ところで、霊魂のうちに生じるものに三つ、すなわち感受態〔感情〕と能力と情態(2)〔態度〕とがあるので、徳は〔霊魂の或る善さ《ト・エウ》であるから〕これら三つのうちのいずれかであろう。まず感受態《パトス》と私の言うのは、欲情、憤怒、恐怖、冷然、嫉妬、歓喜、親愛、嫌悪、憧憬、憐憫その他一般に快または苦を伴なう感受態であり、つぎに能力《デイナミス》と言われるのは、それのゆえにわれわれがあれら〔上記の諸感情〕を感受しうる者《パテーティコイ》と言われるゆえんのそれ、たとえばそれのゆえにわれわれが怒りを感じるとか憐れみを催すとかすることの可能なそれである。そして情態《ヘクシス》〔態度〕と言われるのは、それによってわれわれがあれら諸〻の感受態に対して善く《エウ》または悪しく《カロース》振舞う〔悪い態度をとる〕ところのそれである。たとえば怒りの感情について言えば、もしこれに対して過度に強く〔激烈に〕または過度に弱く〔鈍感に〕反応するならば、悪しく振舞う《カロース・エコーメン》〔すなわち悪い情態にある〕と言われ、もしこれに対して中間的に〔すなわち過不足なく中庸に〕対応するならば、善く《エウ》と言われる。その他いずれの感受態に対しても同様である。(3)

ところで、徳《アレテー》にしても悪徳《カキア》にしても、感受態〔感情〕ではない。なぜなら、(1)優れて善い人とか劣悪な人とか言われるのは、その人の感受態のいかんによってではなくてその徳または悪徳のゆえにそう言われるのだし、また(2)われわれは、その感受態のゆえをもって賞讃されたり非難されたりしはしないのに(というのは、恐れる者も怒る者も賞讃されはせず、またたんに怒るだけでは非難されもせず、ただ或る一定の情態で怒る者だけが非難されるのだからであるが)、それなのに、徳または悪徳のゆえには、われわれは賞讃されまたは非難されるからである。さらにまた、(3)われわれが怒ったり恐れたりするのは選択意志によってではないが、徳は、これに反して、或る種の選択であるか、あるいは選択意志なしにではないかである。なお、これらの理由のほかに、もう一つ付言すべきは、(4)感受態については、われわれは感情によって動かされると言われるのに、徳や悪徳については、動かされるとは言われないで或るなんらかの立場に置かれる〔なんらかの態度をとる〕と言われる、ということである。

以上の理由で、徳は〔感受態ではないが〕また、能力でもない。なぜなら、われわれは、たんに感受する能力があるとのゆえのみで善い人であるとか悪い人であるとか言われはしないし、また賞讃されたり非難されたりするのもただそのゆえにではないからである。さらにまた、われわれがこれらの能力ある者であるのは自然によってであるが、善い人に成り悪い人に成るのは自然によってではないから。……そこで、もし徳が感受態でもなく能力でもないなら、残るところはただ、徳は情態《ヘクシス》〔態度〕であるということだけである。さて、これで、徳がその類においてなにであるかは、述べられた。

しかしわれわれは、ただたんにこのように、徳を一種の情態であると語るだけでなく、さらにどのような性質のそれであるかを語らねばならない。そこで、まず話しておかねばならないのは、およそアレテー〔善さ、徳、または卓越性〕というのは、これがその者のであるところのその者〔徳のある人〕をよい状態《エウ・エコン》にある者にするとともに、その者の働き《エルゴン》〔機能〕をよく働らかせるゆえんのものだということである。たとえば、眼の善さ《アレテー》というのは、その眼をよい状態にあらせその働きをよく働らかせるもののこと、[4] というのは、その眼の善さ《アレテー》のゆえにその人はよく見るのだから。同様にまた、馬の善さは、その馬をよい馬たらしめる、すなわち、よく走るとともにその乗り手を乗せてよく運びまたは敵の前ではよく踏み止まる馬たらしめる。それゆえに、もしこのことが他のいずれの場合でも同様であるとすれば、人間の徳《アレテー》〔その霊魂の善さ〕もまた、そのような情態《ヘクシス》であろう、すなわち、それのゆえに人間がよい人間となるところのそれであり、またそれのゆえに人間自身の働きをよく働らかせるところのそれであろう。(『ニコマコス倫理学』一一〇五b一九―一一〇六a二四)

(1)「徳」(ラテン語では‘virtus’，英‘virtue’，独‘Tugend’)と訳される原語‘aretē’は、この本文でも察せられるように、一般に動植物や道具など(眼、馬、鋸切りなど)にもみえるそれぞれの「うまさ」「巧みさ」「善さ」「長所」「卓越性」を意味し、ホメロスなどでは、人間(戦士によって代表される人間)の「アレテー」として「勇気」(男らしさ、andreia)があげられ、やがて被抑圧階級の自覚的欲求が無節制とみなされて「節度・節制」(sophrosynē)が人間のアレテーとされ、ついで技術家や自然学者が尊重されるに至っては「知恵」の徳がアレテーとしてたたえられていたが、ソクラテスの「霊魂の気遣い(配慮)」とし「徳《アレテー》の気遣い」としての「知恵の愛求」(philosophia)の対話問答(dialektikē)以来、勇気・節制・知恵などいう人間のアレテーは「霊魂の善さ」というほどの意味で、今日われわれが「徳」と呼ぶような態度・情態を指す語となった。なお、ラテン語の‘virtus’(‘vir’は男・人の意)は、ホメロスで「アレテー」が「男らしさ」(勇気)と同義的に用いられたのに由来するものとみえる。アリストテレスの「徳」については、以下の本文で知られたい。

(2)「感受態」の原語は‘pathos’，これは一般的にはものの「受動態」「属性」、人間については「感情」「情緒」、英語では‘passion, passivity’．つぎに「能力」の原語は‘dynamis’．最後に「情態」と訳された原語‘hexis’は、ラテン訳では‘habitus’で、「持つ」「振舞う」「態度をとる」の意をもつ動詞‘echein’の名詞形で、「状態」「持態」「態度」とも訳されよう。それは感情とも能力とも異なる或る性格的態度である。これも本文で察知されたい。

（3）徳は両端の感情の中間に善く対応する性格的態度（ヘクシス）であることについては、次々項七参照。

（4）これが「眼のアレテー」の定義であり、一般に「アレテー」はこのような態度・情態のうまさ、よろしさであり、この眼や馬などのアレテーから、ソクラテスもしたように、類比《アナロギア》的に人間の人間たる「霊魂のアレテー」（徳）が検討され定義されてゆく。

六　二種の徳とその習得

徳には二つ[1]、すなわち知性的《ディアノエーティケー》な徳と性格的《エーティケー》〔倫理的〕な徳とがあるが、知性的な徳は、主としてその発生および成長を教育に負うている（だからこそ、この徳を獲るには経験と時日とを要するのである）。しかるに、性格的《エーティケー》なそれは習わし《エトス》から生まれてくるもので、そこからこの名称もこの習わし《エトス》という語をすこし変えて[2]できたのである。

さて、これで見ても明らかなように、性格的な諸徳はいずれも、自然によって〔生まれつき〕われわれに与えられているものではない。けだし、自然によって存在するものは、いずれも、そうあるより他なる仕方[3]には習わされえないからである。たとえば下へ落ちるのをその自然の性とする石は、たとい上の方へ千万べんも放り上げてみても、これを上へ昇るように習わすことはできず、同様に火も、これを下に落ちるように習わすことはできず、その他なにものでも、それをその自然的にそうあるよりも他なる仕方であるように習慣づけることはできない。だとすると、性格的な諸徳は、われわれのうちに自然的にあるものでもなく、また自然に反して生じるものでもなく、むしろわれわれが、もともと〔自然的に〕これらの徳を受け容れうるようにできていて、これらが習わしによって完成されると、これらの徳はわれわれのものとなるのである。

さらにまた、およそ自然によってわれわれに生みつけられるものにおいては、それの可能力が先ずもってわれわれに備えられ、そして後にわれわれはそれを現実に活動させる(このことは感覚の場合(4)をみると明らかである……)。しかるに、徳の場合には、先ず実際に活動することによって徳を獲得する、それはあたかも他の諸々の技術の場合にそうであるようにである。けだし、それを作るにはそれを習得していなくてはならないそれ、それをわれわれは作りながら習得する、たとえば、建築することによって建築家になり、琴を弾くことによって琴弾きになるように。あたかもそのように、われわれは、正しいことを行為するによって正しい人になり、節度ある行為をすることによって節度ある人になり、勇気ある行為をすることによって勇気ある人になるのである。(5)……だからして、つとに年少の頃から或る仕方に習慣づけられるか他の仕方にかの差異は、決して僅少ではなくて多大であり、否むしろすべてである。(『ニコマコス倫理学』一一〇四a一四―b二五)

（1）　徳を大別して「知性的な徳」(dianoētikē aretē)と「性格的（または倫理的）な徳」(ēthikē aretē)との二つとし、「知性的な徳」のうちに五つ、「技術」(technē)と「認識」(epistēmē)と「理性（直観）」と「思慮（識見・実践知）」(phronēsis)と「知恵（理論知）」(sophia)とをあげ、これら五つを『ニコマコス倫理学』では全十巻のうちの一巻(第六巻の初めの八章)で詳細に考察している。性格的な徳としては、正義、勇気、節度、寛容、大度、矜持、穏和、友愛、誠実、機知などが、それぞれの両極の中間を守る徳として同じく詳細に他の諸巻で検討されている。本書第二章の二、四、一二、第四章の一八、二〇、二一、第五章の八、九参照。

(2)「性格的な」(ēthikē)と名づけられる徳は「習わし(習慣)」(ethos)から生まれてくるもので、そこからこの'ēthikē'(性格 ēthos に関する)という名称もこの'ethos'(習わし)という語をすこし変えて、すなわち、短音の'e'(エプシロン)を長音の'ē'(エータ)に変えて、との意。

(3)本書第二章の一一の注(1)、第四章の一、二参照。

(4)感覚能力は、一種の知能であるが、上記五つの知性的な徳が練習によって磨かれる情態であるのとはちがい、自然的に生みつけられた能力である。

(5)われわれの日本語での言い方では「習い性となる」というような仕方でそうなるのである。

七　徳は中を狙う

およそ連続的で可分割的な物事においては、その物事からより多いそれをもより少ないそれをも等しいそれをも取ることができる。ただしこれらにも、その当の物事それ自体に即しての場合とわれわれにとっての(1)場合とがある。ところで、等しいというのは超過〔過多〕と不足〔過少〕との或る中のことである。そして、当の物事それ自体の中《ちゅう》というのは、その両極の各〻から等しい距離にあるものの意である。だからこの〔それ自体に即しての〕意味では、中はすべての者にとって一つであり同じである。

しかし、われわれにとっての中というのは、多過ぎもせず不足でもないもののことで、これは必ずしもすべての者にとって一つであり同じであるというわけではない。たとえば、十では多過ぎるが二つでは少な過ぎる物事の場合、この物事それ自体に即しての意味では、六つがその中として取られる。そのわけは、六つがその両極から互いに等しい数〔すなわち四つ〕だけ超過し超過され合っているからである、すなわち、算術的比例《アリトメティケー・アナロギア》(2)における中項だからである。しかるに、われわれにとっての中は、このような仕方では定められない。というのは、もしそうして定められるとすれば、十ムナでは多く食い過ぎるが二ムナでは少な過ぎるからといって、体育教師も六ムナを摂ればいいというようなことになろうから。(3)だがおそらく、同じ六ムナも、これを摂る者のいかんによっては、あるいは多過ぎあるいは少な過ぎるであろう、たとえばミロン(4)にとっては少な過ぎるが体育を習い始めたばかりの者には多過ぎるであろうように。同じことは競走や角技の場合についても言える。だから、このように、およそ学識ある者は、過度と不足とを避けて、中を求め、これを選び取る。ただしこの中は、当の物事それ自体に即しての中ではなくて、われわれにとっての中である。

そこで、もし学識がすべてその仕事をよく仕上げうるのは、このように中を凝視しながらこの中に向けてその仕事を誘導するからであるとすれば(というのは、われわれがよく仕上げられた作品について「一点の削除すべきところなく一点の付加すべきところもない」と言うを常としているのは、そのためである、すなわちそれは、過度も不足も〔その作品の〕善さを失なわせ、ただ中間性《メソテース》のみがその善さを保つとの意味でそう言うのであるが、そして実のところ、善い技術家たちは、いま言ったように、この中を凝視しながらその仕事〔作品〕を仕上げてゆくのであるが〉、そうだとすれば、徳は、自然もそうであるように、いずれの技術よりもより多く精確なものであり優れたものであるからには、うまく中を狙い当てるものであろう。というのは、ここで私が徳と言うのは性格上の徳のことであり、これは感受態〔感情〕や行為に関するものであるが、感情や行為には過度や不足や中があるからである。たとえば、〔感情に関しては〕恐怖するとか冷然としているとか慾張るとか憤怒するとか憐憫するとか、その他一般に快や苦を感じることとは、多過ぎるか少な過ぎるかであって、両方とも善くはない。しかし、そうした感じを、そのまさに感ずべき時に、感ずべき物事について、感ずべき人に対して、感ずべき目的のために、感ずべき仕方で感じるということは、中であり、最善であり、こうすることこそ、まさに徳のすることである。(5)なお、これと同様に、行為についても、過度と不足と中とがある。

さて、徳はこのように感情と行為とに関するものであるが、これらの感情や行為において、その過度と不足はあやまちであるに反し、中は賞讃され、また宜《よろ》しきに適《かな》っている。しかるに、賞讃されるとか宜しきに適うとかは、ともに徳あってのことである。されば、徳とは或る種の中間性《メソテース》であり、すくなくも中を狙い当てようとしているものである。

なおまた、あやまつには多くの仕方があるが(だからピタゴラスの徒もその反対概念対立表のなかで、悪は無限の側に、善は限の側に入れているのであるが)、宜しきに適うにはただ一つの仕方あるのみである。それゆえに、あやまつは易く、宜しきをうるは難しであり、射そこねるは易く、射当てるは難しである。さて、これらの理由で、過度と不足は悪の部であり、徳の関するは中間性である。「善き者の途はただ一つ、悪しき者のはさまざま」である。

こうして、徳は、われわれにとっての中間性においてあるところの選択意志的な情態であり、その中間性たるや、理《ロゴス》によって、または思慮ある者もそれによって決定するであろうような尺度によって、決定されるものである。

だが、中間性というのは、二つの悪徳《カキア》の、すなわち過多によってのと不足によってのとの、中間にあるとのことであり、さらにこのことは、感情や行為において或る悪徳はまさに然《し》かあるべき程合いにくらべ不足し他の或る悪徳は超過しているのに反して、徳は〔まさに然かあるべき〕中程を見出し選び取るによってである。したがって、徳は、その実体またはそのそもそもなにであるか〔本質〕を言い表わす説明方式に即して言えば、中間性《メソテース》であるが、最善性《ト・アリストン》とか善さ《ト・エウ》とかに即して言えば、かえってむしろ、頂端《アクロテース》である。（『ニコマコス倫理学』一一〇六a二六―一一〇七a八）

（1）「それ自体に即して」(kat' auto)と「われわれに対して」(pros hēmas)については、本書第二章の二七参照。

（2）算術的比例(arithmetikē analogia)というのは、A−B=B−Cの関係で、その中項とは等差中項とも言われるBを指す。中や中間性については次の項八、九の注（2）、比例については一一、同注（3）参照。

（3）ここを補読すれば「多食を必要とする体操教師にまでも一律に十ムナと二ムナとの等差中項六ムナを摂ればいいというような不条理なことになろう」となる。

（4）ミロンは多食を必要とする体操教師の例としてあげられた個人名。

（5）徳は、行為や感情ではなく、これらに対する性格的態度（情態）のいかんにある。しかし、この箇所に続く一節にも見えるように、或る行為や感情に対しては、これにいかなる態度をとっても徳ではない。たとえば、姦淫・盗み・殺人などの行為や悪意・破廉恥・嫉妬などの感情には、それの過度も不足もなくそれ自身悪であるから「関係すべき相手を、すべき時に、すべき仕方で姦淫する」などいうことは許せない。

八　諸徳の中間性

だがこのこと〔すなわち徳が中であるということ〕は、ただ全般的に論議されるだけでなく個々の場合にも当てはまらねばならない。けだし、行為に関する論議においては、全般的なそれはなるほどより多く一般共通的ではあるが、部分的〔特殊的・個別的〕なそれはより多く真実であるからである。というのは、いずれの行為も個々別々の事柄に関してであるから、その論議もこれらと調子が合っていなくてはならないからである。そこで〔つぎに〕われわれは、これら個々の場合を一つ一つこの表[1]から取り挙げねばならない。

まず恐怖と冷然に関しては勇気がその中間性である。ここでは、その度を超えたものどものうち、恐怖を有しない点で過度なものについては名称がないが(なお、その他にもそうした名称のないのは沢山あるが)、冷然たる点で過度なものは猪勇〔無謀〕なものであり、恐怖する点では過度であるが冷然たる点では不足しているものは臆病者である。つぎに、快楽と苦痛とに関しては……その中間性は節度であり、その過度は放埒である。快感に関して不足している者はそう多くはない、だからそのような者を呼ぶ特定の名称はできていないが、かりに無感覚な者としておこう。また、金品の贈与と取得に関しては、その中間性は自由人らしさ《エレウテリオテース》(2)〔寛大〕で、その過度は放漫、不足は吝嗇《けち》である。そして、放漫と吝嗇とは、互いにその度を過ごしまたはその度に不足する仕方が逆である。すなわち、放漫な者は支出においては過度であるが取得においては不足しているが、吝嗇漢《けちんぼう》は、逆に、取得においては度を超え支出においては不足している。(3)(『ニコマコス倫理学』一一〇七a二八―b一四)

ところでこれらの中間性はすべて賞讃さるべきものであるが、しかし徳ではなく、またその反対のものども〔過多のと不足のと〕も悪徳ではない(というのは、そこには選択意志がないからである)。これらはすべて〔反対のものどもと同様〕感受されるものの部に入れられる、というのは、これらの各々はなんらかの感受態〔感情〕だからである。だがこれらは、自然的なものであるがゆえに、自然的な徳に寄与する。けだし、……各々の徳は、自然的でもあるが、その他でも、すなわち思慮〔実践知〕を伴なう徳でもあるからである。(4) したがって、たとえば嫉妬は(嫉妬に基づく行為が他人に関係するがゆえに)不正に関与し、義憤は正義に、廉恥は節制に、それぞれ寄与する。だから、節制はしばしば〔徳としてでなく〕感情の部にも入れられるのである。(『エウデモス倫理学』一二三四a二三―三三)

(1) おそらくこの「表」(diagraphē)を聴講者に示しながらつぎのように説明したのであろう。その表には、各々の徳(中間)とこれに対する過不足両端の感情や行為が図式的に列記されていたのであろう。この表の詳細は不明であるが、『エウデモス倫理学』には、過度と不足との両端の悪とその中間の徳とを列挙した表が挙げられている。そこには十数組挙げられているが、見本にその数組をつぎに記しておく。(点線の上と下の二つが過度と不足、棒線の下の一つがその中間の徳。)猪勇…臆病―勇気。放埒…無感覚―節度。無恥…内気―廉恥。怒りっぽさ…怒りなさ―穏和。憎悪…阿諛―親愛。等々。

(2) 日本語にはこの eleutheriotēs に相当する語が見当たらない。その他の場合にも適訳語は全くないと言ってもよい。ギリシャ語にも「それを呼ぶ名称はできていないが」と言われているほどだから。

(3) これに続けて、豪壮、矜持、穏和、誠実、義憤、等々、およびこれを中間の徳とする過・不足の悪行や悪感情(悪徳)などが述べられている。なお、正義については、別に多くが語られているが、その一端は次項以下で知られたい。

(4) 『エウデモス倫理学』(第六巻第十三章)では、思慮(実践知)を伴う徳が、自然的な徳(動物にもみえる巧みさなど)に対し、「勝義での徳」として区別されている。

九　徳全般としての正しさ(正義)

また、正しさ《ディカイオシネー》〔正・正義・公平〕(1)と不正《アディキア》とについて、これらがどのような行為に関与するものであるか、正しさはどのような中間性であるか、また正しい《ディカイオン》とはなにとなにとの中(2)であるか、を考察せねばならない。……ところで、われわれの見るところでは、すべての人は正しさをつぎのような情態であると言おうとするもののようである、すなわち、その情態〔態度〕によって〔その態度をとる〕人々が正しい事柄の行為者〔正しい実践者〕であり、それによって人々が正しく行為しまた正しい事柄を願望するところのそれ〔情態〕であると言われ、また同じように不正の場合にも、不正とは或る情態、すなわち、それによって人々が不正に行為しまた不正な事柄を願望するところのそれなる情態であると言われている。それゆえ〔一般にこのように考えられているので〕、われわれも、一応ざっとこの考えを基に置いてこの考察を始めよう。……

さて、正しさも不正も、ともにいろいろな意味で語られているようであるが、しかしこれら諸義の近接的であることのゆえに、これら各〻の同語異義性(3)が見落とされている。……そこで、われわれは不正な者というのにどれだけの意味があるか、まずその区別から始めよう。ところで、一方では違法的な者〔不法な者〕が不正な者と考えられ、他方では過多を貪《むさ》ぼる不等な者〔不均等・不公平な人〕も不正な者と考えられているからして、明らかにまた、正しい者というのにも、合法的な者と均等的な者〔公平な人〕との別があろう。そうだとすると、正しいというのに合法的なというのと均等的な〔公平な〕というのとがあり、不正なというのには違法的なのと不均等〔不公平〕なのとがある(4)としてよかろう。（『ニコマコス倫理学』一一二九a三―b一）

さて、違法的な者は不正であり合法的な者は正しいというのであったが、そうだとすると明らかに、合法的な事柄はすべてなんらかの仕方で正しいことである。けだし、立法によって制定された事柄は合法的であり、そしてこうした事柄をわれわれは、いずれも正しいと言っているからである。しかるに、法は、すべての人に共通の利益を目指して、あるいは、その徳においてまたはなにかそうした点において最も優良な乃至は最も有能な人々のそれを目指して、万事を規制しているのであり、したがって、或る一つの意味ではわれわれは、国家共同体《ポリス》それ自らにとっての全き幸福ないしはその或る部分を作り出し保護する事柄をも正しいと言っている。法は〔つぎのことどもを〕命令する、すなわち勇気ある者のなすべき働きを（だから、隊伍を離れたり遁走したり武器を投げ出したりなどしないことを)命令し、あるいは節度ある者のそれを(だから、姦淫したり放埒に流れたりなどしないことを)命令し、あるいは穏和な者のそれを(だから他人を打ったり罵倒したりなどしないことを)命令し、同様にその他のあらゆる徳と悪徳に関しても、或ることはこれを行なうべく命令し、或ることはこれを禁止する、——正当に制定された法はこれを正当に、倉卒杜撰に作られた法は拙劣不当に命令しまたは禁止する。

こうして、この意味の正しさ〔合法的正義〕は、終極的な徳である、ただし端的にではなく対他関係においてそうである。そのゆえにこそ、この正義はしばしば諸徳のうちの最も卓越したものとも考えられるのであって「ゆうべの星もあかつきの星も(5)」これほどには感歎に値しないのであり、またわれわれもこれを諺にして「正義のうちにつどって徳全体が(6)」と言っているほどである。なおまたこの正義は、終極的な徳の活用である点でも、最も終極的である。そしてその終極的なゆえんは、この徳を有つ者が、ただたんにこれを自分自身についてだけでなく対他関係においてもこの徳を活用しうる点にある。けだし多くの人々は、己れ一個のことについてはこの徳を活用しえても、対他的なことどもにおいてはこれを活用しえないからである。だからそれゆえ、「支配《アルケー》は人を顕わさん」と言ったビアスの言葉も宜《よろ》しきをえていると思われる。というのは、支配者はまさにすでに対他関係においてあり共同体のうちにいるからである。そして、まさにこの同じことのゆえに、すなわち対他関係においてあるということのゆえに、諸徳のうちただこの正しさ〔この法的の正義〕のみは自己ならぬ他人のための善であると考えられるのである。というのは、これが、支配者にとっても共同の仲間にとっても利益になることを行なうからである。そこでそれゆえ、最も悪い人というのは、自分自身に対しても友人たちに対してもその悪徳を活らかせる者のことであり、最も善い人というのは、その徳を自己に対してでなく他者に対して活らかせる者のことである。けだし、こうすることは容易にできることではないからである。さて、こういうわけで、この正義は、徳の或る部分ではなく全般的な徳であり(7)、またその反対の不正は悪徳の部分ではなくて全般的な悪徳である。

そこで、徳とこの正義とがどの点で異なるかは、上述からして明らかである、すなわち、両者は同じものなのであるがその在り方《ト・エイナイ》において異なっている。対他関係においては正義であり、端的にただこうした情態としての限りでは徳である(8)。（『ニコマコス倫理学』一一二九b一一―一一三〇a一四）

（1）「正しさ」の原語'dikaiosynē'は、つぎにすぐ読まれるように、諸義があり、「正」「正義」「公正」「公平」「正直」等々と訳されよう。同様に「正しい」の原語'dikaios'も「正しく行為する」の原語'dikaioprageinʼも場合に応じていろいろに訳される。「不正」の原語'adikia'もこれに準じていろいろに訳される。

（2）「中」「中間」の原語は'ison'，「中間性」のは'isotēs'．これらも、つぎにみられるとおり、「等」「均等」「公平」の意をもち、同様に、この「中」の否定形'anison'は「不等」「不均等」「不公平」の意をもつ。

（3）「正」の諸義のうち特に後に見られる合法的の正（正義・公正）と配分上の正（均等・公平）との同語異義性、「不正」の場合も同様。次注参照。

（4）原語を入れて読めば、「正しいこと」(to dikaion)のうちに「合法的なそれ」(to nomimon)と「均等・公平なそれ」(to ison)とがあり、同様に「不正なこと」(to adikon)のうちには「違法的なそれ」(to paranomon)と「不均等（不平等）なそれ」(to anison)とがある、云々。この二義、正義の二つの部分、については、つぎの一一と一二との両項参照。これに対し、これらとは一応区別された「全般的な徳」としての正義をアリストテレスは重視しているので、つぎにこれに関する所説の一端をあげておく。次注(8)参照。
(5)　エウリピデスの悲劇『メラニッペ』にあったと思われる句の引用。
(6)　詩人テオグニスからの引用。「すべての徳は正義のうちに含まる」の意。
(7)　「全般的な徳」(holē aretē)については、前注(4)、次注(8)参照。
(8)　以上で、正(正しさ・正義)には、法的と公平との二義・二部分があり、まず法的の正の検討から、結局、正は各種の徳の全体に通じる徳、徳の一種ではなくて「全般的な徳」と規定された。裏がえして言えば、すべての徳は、対他関係(pros heteron)においては正(正義)であり、正でなくては徳でないのである。この「全般的な徳」としての法的な正のほかに、部分的〔特殊的〕な徳として、是正的な正と配分上の正が説かれる。次項一〇、一一、一二参照。

一〇　徳の部分としての正義

だが、ここでわれわれの研究しようとするのは、徳の部分としての正義である。実のところ、われわれの主張するとおり、なにかそうした〔徳の部分としての〕正義[1]が存在しているからである。同様に、不正についても、われわれの研究せんとするは、徳の部分としてのそれである。

さて、そうしたもの〔全般的意味のとは別の正義や不正〕の存在するという証拠はこうである。他の諸々の悪に即して行為する人も[2]、なるほど不正なことをしているのではあるが、しかしこの人は過度を貪《むさ》ぼっているのではない(3)。たとえば、臆病のゆえに楯を投げ出すとか、気《き》難《むつ》かしさのゆえに酷《こく》なことを言うとか、吝嗇のゆえに金品での救援を拒むとかいった場合がそれである。しかし、人が過多を貪ぼる行為をする場合、かれのこの行為は、これらの悪のいずれに即しての行為でもないのが普通である。しかもわれわれがこの〔過度に貪欲な〕行為を非難する以上、全くそうでないというのではなくて或る種の悪に即してに相違ない、すなわち、不正という悪に即しての行為である。こうして、全般的な不正〔という悪〕の一部分としてなにか或る別の不正が、違法的という意味での全般的な不正の一部分として或る種の不正が、存在する。

なおまた、一方には利得を目当てに儲けながら姦淫する者があり、他方にはその情欲のゆえに自ら金を出して損をしながら姦淫する者があるとした場合、後者は過多を貪ぼる者ではなくて放埒な者だと考えられようが、前者は、不正な者ではあるが放埒な者だとは考えられない。してみると、前者の不正であるのは利得をしているがゆえにであること、明らかである。さらにまた、他のあらゆる不正な行為はいずれも必ず或る悪徳に帰せられる(たとえば、姦淫した場合は放埒〔という悪徳〕に、戦友を見捨てた場合は臆病に、他人を打《ぶ》った場合は憤怒に帰せられる)、しかるに、もしそれで利得〔過多の儲け〕をしたのであるなら、その行為は不正より以外のいかなる悪徳にも帰せられない。したがって、全般的な〔違法の意味での〕不正のほかに或る別の・部分的な・だが〔全般的な不正と〕同じ名の・不正の存在することは明白である。その名が同じであるのは、それの定義における類が同じだからである(4)。というのは、両方とも同じくその働きが対他関係においてあるからである、ただ、しかし、一方〔部分的な不正〕は、名誉とか財貨とか保身とか、あるいは、もしこれらすべてを包括しうる一つの名前があるならその名前をもつ物事とかに関係し・且つ利得からおこる快楽のゆえに存するところの・不正であるのに、他方は、およそ善良な人々も関係する物事全体に関する不正である。

　こうしてそれゆえ、正義というのにも一つより多くあり、全般的の正義のほかになにか或る別の正義が存在するということは、明らかである。そこで、これがなにでありどのようなものであるかを把握しなくてはならない。

　さて、不正な《ト・アディコン》というのは違法的なのと不均等〔不公平〕なのとに区別され、正しいというのは合法的なのと均等〔公平〕なのとに区別されたが、そのうち、違法的というのは前述の〔全般的意味での〕不正なのに相当する。ところで、不公平というのと違法的というのとは同じことではなくて、部分と全体とが異なるように異なっている(というのは、不公平なことはすべて違法的であるが、違法的なことは必ずしも不公平なことではないからである)、したがって、ここで述べられる不正とか不正なとかは前述の全般的なそれらとは同じではなくて部分と全体とのように異なっている。すなわち、この意味での不正は全般的な不正の部分であり、正義についても同様に一方の正義は他方の正義の部分である。そこでわれわれは、この部分的な正義と部分的な不正とについて、また同様にそうした正しいことと不正なこととについて、語らねばならない。そこで、いまここではわれわれは、あの徳全般に相当する正義および不正(すなわち徳全般の対他的活用としての正義および悪徳全般のそれなる不正)については、これを論外におくことにする。また実のところ、これら〔この意味での正義や不正の徳や悪徳〕

に基づく正しいことと不正なこととがどのように異なるかの弁別は、明瞭だからでもある。というのは、法的に規定された事項の多くは徳全般に基づいて命ぜられている事柄であると言っても過言ではないからである、すなわち、法は各〻の徳に即して生活することを命じ各〻の悪徳に即して生活することを禁じているのだから。ただし、徳全般を産み出すゆえんのものは、法的規定事項のすべてではなくて、ただ公共のための教育に関して立法された法規だけに限られている。だが、個人個人についての教育、よってもって人が端的〔無条件的〕に善い人[5]にされるところの個人教育が、果たして国家の学に属することかそれ以外のことか、この点は後に決定されよう。だがおそらく、ただたんに善い人であるということと或る国家の善い国民であることとは、必ずしも同じではないだろう。

　さて、部分的な意味で正義〔正しさ〕とか正しいとか言われる物事のうち、その一つの種は名誉とか財貨とかその他およそ国制に与かる公民に分け与えられるものどもの配分《ディアノメー》におけるそれ〔配分上の正〕である。というのは人々がこれらを受領するに当たりその分け前が互いに他と均等〔公平〕であることもあれば不均等〔不公平〕であることもありうるからである。そして他の一種は、いろいろな相互交渉に際して是正《ディオルトーテイコン》〔調整〕の役をするそれ〔是正的な正〕である[6]。そしてこの是正的な正にはさらに二つの部分がある。というのは、相互交渉にも随意的な場合と不随意的な場合とがあるからである。たとえば販売、購入、貸金、質入、貸与、寄託、雇傭のための賃借のごときは随意的なそれである（そしてこれらがそう言われるゆえんは、この種の交渉のもとの動機が随意的だからである）、これに反して、不随意的な交渉のうちには、たとえば窃盗、姦淫、投毒、誘拐、奴隷誘出、暗殺、偽証などのように隠密のうちに行なわれるものと、侮辱、監禁、殺人、強奪、毀損、罵詈、虐待などのような暴力的なものとがある。(『ニコマコス倫理学』一一三〇ａ一四―一一三一ａ九)

(１)　ここに「そうした正義」というのは、全般的な正義としてでなく「徳の部分としての正義」「特殊な徳としての正義」、すなわちつぎに説かれる「配分上の正」と「是正的な正」。

(２)　「他の諸〻の悪に即して」(kata tas allas mochthērias) というのは、部分的な不正より以外の悪に即して、の意。

(３)　他の諸〻の悪(たとえば臆病・吝嗇など)に即しての行為をする人も、全般的な徳として正の立場から言えば不正な行為をしているのではあるが、それは臆病・吝嗇に即しての行為であって過度を貪ぼる不正な行為をしているわけではない、との意。

(４)　その定義を成す類と種差とのうち、その類の側から言えば、部分的な不正も、全般的な不正と同じく、対他関係における悪であるから(どちらも同じ「不正」という名で呼ばれる)、との意。

(５)　「端的に善い人」というのは、特定の国制の国の民としてなどいう限定なしに、全くの人間・個人として善い人のこと。

(６)　「配分上の正」および「是正的な正」については、次項一一および一二参照。

一一　配分上の正

さて、不正な者は不均等〔不公平〕な者であり、不正なことは不均等〔不公平〕なことであったからして、明らかにまた、この不均等《アニソン》に対してなにか或る中間《メソン》〔中〕がある。すなわちそれは均等《イソン》〔公平〕なものである。なぜなら、およそそこに過多と過少との存するところの行為にあっては、常にまたそこに均等が存するからである。こうして、不正なことが不均等〔不公平〕なことであるなら、正しいことは均等〔公平〕なことである。そしてこれだけのことは論ずるまでもなく誰でも認めることである。ところで、均等が中であるなら、正もまた中であらねばならない。(1) しかるに、均等が少なくも二つの項の間にあるとすると、正が中であり均等であるのは、なにか或る物事に対しまた誰か或る人に対して〔相対的に〕そうあるのにちがいない。すなわち、中である限りにおいては、正は或る物事と他の物事との、すなわち過多と過少との、中であり、均等としての限りにおいては、それは二つの項の間の均等であるが、まさに正としての限りにおいては、正は或る一定の人々に対しての正〔公平・公正〕であらねばならない。そうすると、正しいことというのに少なくも四つの項が含まれていなくてはならない。すなわち、そのことが誰かに対してまさに正〔公平〕であるところのその誰かが二人と、その正しさ〔公平さ〕がこれこれの事物において現わさるべき当の事物〔すなわち正しく〔公平に〕配分さるべき事物〕が二つあらねばならない。そしてこれら二人の間と二つの事物の間には同じ均等性〔公平性〕が存すべきである、すなわち、二つの事物の間における同じ関係が二人の間にも存すべきだからである。したがって、もしこの二人が均等でないなら、かれらは均等な事物を取得すべきではないのであって、もし均等でない人々が均等な事物を取得したり分配されたりすると、そこから紛争や悶着が起こる。

さらにまた、このことは、「価値相応に(2)」という考えからしても、明らかである。けだし、配分における正がなんらかの意味での価値に相応していなくてはならないとのことは、万人の均しく認めるところであるから。ただし、同じく価値《アキシア》とは言うものの、その指意するものはかれら万人において同じではなく、民主制的な人々は自由人的なことを、寡頭制的な人々は富を、またはそのうちの或る者はよい生まれ〔家柄〕を、そして貴族〔優者〕制的な人々は徳〔卓越性〕を価値あるものだとしている。

さて、そうだとすると、正しいということは或る種の比例的《アナロゴン》なことである（けだし比例的ということは、ただたんに抽象的単位数のみに固有のことではなくて数えられるもの一般についても言われることだから）。そのわけは、比例《アナロギア》とは或る比《ロゴス》と他の比《ロゴス》との間の均等性《イソテース》のことであり、それは少なくも四つの項から成っているからである。（上述の完全な比例は明らかに四項から成っている。だが連続的な比例も実は同様である、ただ同じ項が二項として用いられているだけのちがいである……。[3]）正というのもまた、少なくも四項からなり、その比は同じである、すなわち、配分を受ける人と人との間の区分と配分される事物と事物との間の区分とは同様である。したがって、それはＡ項のＢ項に対するはＣ項のＤ項に対するがごとくであろうし[4]、またこれを置き換えればＡ項のＣ項に対するはＢ項のＤ項に対するがごとくでもあろう。……こうしてそれゆえ、Ａ項をＣ項にＢ項をＤ項に組合わせる《シゼウクシス》こと、これが配分における正〔正しい配分の仕方〕であり、この仕方での正がすなわち中である。けだし、比例的であることは中であることだが、この正は〔比例背反的な不正とはちがって〕まさに比例的だからである。そしてこのような比例を数学者たちは幾何学的比例と呼んでいる。……正とは、こうして、比例的ということであり、不正とは、これに反して、比例背反的ということである。それゆえに、不正の行なわれるところには、過多が、あるいは過少が生まれるのである。そしてこのことは、配分の実際に伴ない現われている。すなわち、不正をする者は過多を取得しているのに、不正をされる者は善の過少を取得している。けだし、より小さな悪はより大きな悪に比すれば善であるから。……さて、以上のごときが、正のうちの一方の種《しゅ》(5)である。(『ニコマコス倫理学』一一三一a九―b二四)

(1) 以下の説明については、この節の後半に見える比例(「完全な比例」「連続的な比例」)による説明を参照して読まれたい。

(2) 「価値相応に」(kat' axian)というは、その人のまさに報いられるに価する長所・功績などに相応して宜《よろ》しく、正当《オルトース》に、との意。したがって、いずれが報いられるに価するかによって「身分相応に」の意にもなり、「勲功の度に応じて」の意、等にもなる。

(3) この括弧のなかを補読すれば、上述の〔完全な〕比例すなわちA:B=C:Dの形で表わされる「幾何学的比例」(analogia geōmetrikē)は明らかに四項から成っているが、「連続的な比例」(analogia hē synechēs)も、A:B=B:Cの形で表わされるもの(さきの本章の七の注(2)にのべた算術的比例)で、項は三つAとBとCだけであるが「同じ項が」すなわち中項Bが「二項として用いられている」云々と読まれる。

(4) 或る人Aに対する他の人Bの比が、或る事物Cに対する他の事物Dに対する比のごとく、との意。

(5) 以上のごときが、特殊的な正のうちの一方の種、すなわち「配分(dianomē)における正」(to dianemētikon dikaion)である。これとならぶもう一方の種は、次項一二に見える「是正的な正」(to diorthōtikon dikaion)である。

一二　是正的な正

残るもう一つは是正的な正である。これは、随意的なまたは不随意な相互交渉において生じるそれである。そしてこの意味での正は前のとは異なる形態《エイドス》をもっている。けだし、共同的事物の配分上の正は、常に前述のような比例〔幾何学的比例〕にしたがっている、すなわち、共有財貨の配分が行なわれる場合にもその正しい配分は当事者各自の負担して寄与貢献した仕事相互の間に存する比に正比例してなさるべきであり、したがってこの意味での正に対立する不正というのはこの比例に背反して配分される場合をいうのであった。しかるに、この相互交渉における正〔是正的な正〕は、むろん或るなんらかの均等であり、したがってまたこの意味での不正は、不均等でありはするが、しかし配分においてのような比例に即しての均等ではなくて、算術的比例に即しての均等[1]〔すなわち平均〕である。というのは、たとい善い人が悪い人から詐取しようと、悪い人が善い人から詐取しようと、また善い人が姦淫を犯しても悪い人が犯しても、そこにはなんらの差別もなく、ただそれぞれの蒙った害悪の程度の差のみが法の顧慮するところで、法はかれらを均等に〔平等な人間として〕取り扱かっている。だから裁判官はこの意味での不正を均等化しようと努める。それは、この種の不正に不均等が存するからである。というのは、たとえば一方が傷つけられ他方が傷つけた場合とか、あるいはさらに一方が殺され他方が殺した場合とかについてみるに、そこでは、なされたこと〔被害〕となしたこと〔加害〕とが不均等に区分されている。そこで裁判官は、〔加害者から〕その利得を取り上げることによって〔被害者の〕損失を均等化しようと努めるのである。ただし〔いま利得とか損失とか言ったが〕このような言い方をするのは、この類の諸〻の場合について端的に(2)言わんがためで、むろん、場合によっては、利得とか損失とかいう語は不適当であろう、たとえば、傷害を加えた人の場合にその加害を利得と呼び、あるいは損失という語をその被害者の場合に用いるがごときがそうである。しかしとにかく、その被害が計量判定された場合には、一方は利得と呼ばれ他方は損失と呼ばれている。さてそれゆえに、均等というのは過多と過少との中《メソン》であるが、ここで言う利得と損失とはそれぞれ反対的に過多と過少である、すなわち、善いことが多過ぎて悪いことが少な過ぎるのが利得で、その反対が損失である。そしてこれら両者の中は、いまも見てきたとおり、均等であり、これをわれわれは正と言っているのである。こうしてそれゆえ、是正的な正とは利得と損失との中であらねばならない。人々が、紛争の起こった場合、窮して裁判官のところににげて行くのもそのためである。かれらが裁判官のところに行くのは正なるもののところに行くのであり、裁判官《ディカステース》とは言わば正義の化身とも言わるべき者である(3)から。そしてまたこの場合、かれらは、この裁判官が中なる者であることを期待している。……だから正は或る意味では中である。そして裁判官もまたそうなのである。だがこの場合、裁判官のすることは〔失なわれた〕均等性を取り戻すにあって、言わば一つの線分が不均等な二つの部分に分かたれているとき、大きな部分が全体の半分を超過しているそれだけの分を、そこから切り取って、小さい方の部分に付けたすような仕事をするにある。こうして全体が二等分されたとき、そのとき人は己れの分を得たと言うが、それは均等な分を得るからである。ただし、ここで均等というのは、算術的比例[4]における過多と過少との中をいうのである。(『ニコマコス倫理学』一一三一b二五—一一三二a三〇)

(1)　配分におけるがごとき幾何学的比例によってでなく算術的比例によっての均等すなわち平均。前項一一の注(3)参照。

(2)　この「端的に」は「簡単に、一般的に」の意。

(3)　「裁判官」(dikastēs)の許に行くは「正なるもの」(to dikaion)——すなわち是正化し平均化する是正的正義自体——の許に行くことであり、「裁判官」とは「生ける(有魂の)正義」'dikaion empsykon' すなわち「正義の化身・権化」とも言わるべき者である、との意。

(4)　算術的比例については、本章の七の注(2)参照。

B　政治学

一三　共同体とその支配者

すべて(1)の国家《ポリス》は、現にわれわれの見ているとおり、或る種の共同体であり、そしてすべての共同体はなんらかの善《ト・アガトン》を目指して組織されている(というのは、その善しと思っているもののためにすべての人々はすべてのことを行なうのだからである)。それゆえ明らかに、すべての共同体は、このように或るなんらかの善を目指しているが、ことにこれらすべての共同体のうちの最も優れており且つ残余のすべてを包括している共同体が、最も熱心に善を、しかもあらゆる善のうちでも最も優れた善を目指している。そしてこのような共同体がすなわち言うところの国家《ポリス》であり国家共同体《ポリティケー・コイノーニア》である。

ところで、或る人々は、政治家《ポリティコス》も君主《バシリコス》も家長《オイコノミコス》も主人《デスポティコス》もみな同じようなものだと考えているが、そう言うのはよろしくない。というのは、かれらの信ずるところでは、これらは互いにその支配下にあるものどもの数の多いか少ないかにおいて異なるだけで、種においては異ならず、たとえばその数が少なければ主人、それより多ければ家長、さらにいっそう多ければ政治家または君主なので、この考えからすれば、大きな家族《オイキア》は小さな国《ポリス》とすこしも異ならないというようなことになり、またその政治家にしても君主にしても、かれが、ただかれ独り上に立って支配するなら君主なのであり、政治家的認識の理に従って、時には支配し時には支配されるなら政治家なのであって、この両者も種を異にするのではない、というように考えられている。だが、こうした考えは真ではない。

いま言われたことは、これまでわれわれの導かれてきた道筋(2)に従って〔方法的に〕考察する者には明らかであろう。すなわち、あたかも他の諸学での考察においても〔その考察の対象なる〕合成されたものを合成されないものどもにまで(すなわち、合成されたもの全体の最小の諸部分にまで)分割して行かねばならないように、そのようにわれわれも、国家をその構成部分にまで分割して考察するなら、上述のものども〔政治家・君主・等々〕についても、それらが互いにいかなる点で異なるか、またそれら上述の各〻についてなにか学術的なことを把握しうるかどうかを、いっそう明らかに見ることができよう。(『政治学』一二五二a一―二三)

(1)　以下この項一三は『政治学』の冒頭第一巻第一章(国家学方法序説とでもいうようなもの)の全部。

(2)　この「道筋」(methodos, 方法)というのは、直ぐつぎに読まれるとおり、研究対象をその構成部分に分析して行き、それら諸部分の考察から当の対象(構成体)を認識する方法。この方法で次項以下、まず国家共同体を構成する最下の単位部分、男女の結合から、家族へ村落へと、考察が進められている。その結果からみればこの分析法は発生論的綜合法ともみられる。

一四　家族から村落へ

さて、(1)最初に必然的に起こるのは、互いに相手がなくては生存しえない者どもがひと組みになることである。すなわちたとえば、女と男とが生殖《ゲネシス》のために組み合う(ただしこのことは、選択意志に基づいてではなく、他の動物や植物においても自然的にそうであるように、自分と同じような他者〔子孫〕をあとに遺そうと欲するのが自然的だからである)。あるいはまた、その自然において〔生まれつき〕支配者《アルコン》たるものと被支配者《アルコメノン》たるものとが、それぞれの生活保全のために組み合う。というのは、その知性のゆえに物事を予見する能ある者は生まれつき支配者であり主人《デスポソン》であるが、その体力のゆえにそれらの物事を作る能ある者は被支配者であり生まれつきの奴隷《ドウロン》であるからである。(2)それゆえに主人と奴隷とは利害を同じくしている。しかし、自然によって女と奴隷とは区別されている。そのわけは、自然は、あたかも鍛冶屋がデルフォイの短刀(3)をなにごとにでも役立つように細工をして作るようにではなく、一つのものをただ一つのことのためになるよう作るからである。というのは、このような仕方で道具はいずれも、あれこれ多くの仕事にではなく専ら一つの仕事に使われるように作られたとき、最も立派に作られたと言われるからである。しかるに、野蛮人《バルバロイ》(4)〔異民族〕のあいだでは、女と奴隷とが同じ地位を保っている。そのわけは、かれらのあいだには生まれながらの支配者はなく、かれらの共同体そのものが女奴隷と男奴隷とから成っているからである。(『政治学』一二五二a二六―b七)

こうして、これら二つの組み合い《コイノーニアイ》〔両共同体〕から、最初の家族《オイキア》が生じる。だから正当にも、ヘシオドスは、その詩のなかで(5)「家《オイコス》がまず最初に、そして妻が、また耕やす牛が」と叙べている。ここに牛というのは、貧しい者どもにとっては牛が家僕《オイケテース》の代りをするからである。さてそれゆえに、日々の生活の必要から自然によって組織された共同体は家《オイコス》であり、この家の成員たちをカロンダスは飲桶《ホモシ》共用者《ピオイ》〔同じ桶で飲む仲間〕と呼び、クレテのエピメニデスは食櫃共用者《ホモカポイ》〔同じ櫃の飯を食う仲間〕と呼んでいる。しかしさらに、一つより多くの家族から成り立つ最初の共同体は村落《コーメー》であって、これは、ただの日常生活の必要のためだけでない或る他の物事を目指している。（『政治学』一二五二b九―一六）

（1）　この項は前項一三に続く『政治学』第一巻第二章。

（2）　以下でアリストテレスは、同じ人類のうちに「自然によって」先見の知能を恵まれたギリシャ民族と、体力しか恵まれなかった(?)がゆえにただ前者の先見して命ずる物事を行ないその命ずる物事を作り出すだけの異民族すなわち野蛮人《バルバロイ》（次々注参照）――これをギリシャ自由人は現に家僕とし奴隷として使っていた――とを差別して見ている。そして、次項一五でも読まれるように、「自然《フィシス》」の意味のアリストテレス特有の多義性（本書第四章の二と三参照）により、その使い分けによって、言葉の異なる異民族をギリシャ自由市民の奴隷とし道具として使用することを、自然的である、すなわち合目的であり合理的であるとして、合法化してゆく。これがアリストテレスのギリシャ民族優越感と制作や実践よりも観想・理論を喜ぶ貴族主義的形相主義《イデアリスムス》の当然の結論であることは言うまでもない。

（3）　デルフォイの短刀は上部は鉄で作られ柄や背は木で作られていたと言われるが、ここではナイフにもなればフォークにもなるというような用途の多様な工作品の例と見られる。

（4）　原語‘barbaroi’はもともとギリシャ語を使うギリシャ民族には異様な（わけのわからぬ）言葉を使う近隣

の異民族を指して呼ぶ語で、当時は主としてアジア人、とくにペルシャ人を呼ぶ語であったらしいが、ここでは、人間を「物を言う(言葉を持つ、道理《ロゴス》のわかった、logon echon なる)動物」と規定したアリストテレスの語として、ことにそれゆえにギリシャ民族をその自然によって恵まれた知性(そのロゴスをもつこと)のゆえに異民族よりも格段に優秀な民族であるとするかれの語としては、近代語での barbarians(野蛮人・未開人)に近い意味とみて、「野蛮人」と訳した。前注(2)および次項一五、同注(6)参照。

(5)　紀元前第七世紀の詩人ヘシオドスの叙事詩『仕事と日暦』四〇五行目。

一五　国家の発生——人間はポリス的動物

こうしてついに幾多の村落から成り立つ終極の共同体が国家《ポリス》である(1)。これは、自足性《アウタルケイア》(自足自治)の言わば全く極限に達している共同体であって、もともと生きるために発生したものではあるが、すでによく生きるために存在している(2)。そうだとすれば、最初の諸共同体もすでに自然によってであった以上、国家もまたすべて自然によって存在するものである。なぜなら、国家はさきの諸共同体の終り《テロス》であり、そして事物の終りはその事物の自然であるから。というのは、各〻の事物の生成がその終りに達したとき、その終りでのあり方をそれぞれの事物の(たとえば人間の、馬の、あるいは家族の)自然であるとわれわれは主張しているのだから(3)。さらに、事物がそれのためにであるそれなる目的とか終りとかは同時にまた最も善いものであるが、あの自足性はまさにそれ自ら目的であり終りであるがゆえに最も善いものである。

さて、以上からみて明白なことは、国家は自然によって存在するものどものうちの一つであるということ、そして人間は自然において国家的《ポリス》な動物であるということ、[4]したがってまた、偶運によってでなしに自然によって無国家《ホ・アポリス》なものは、劣悪なものか、そうでないなら人間よりも優れたものかであるということである。……そしてまた、人間がなにゆえにその他の蟻やそうしたあらゆる群棲動物などよりも遥かに優れて国家的《ポリス》な動物なのであるかも、明らかである。[5]というのは、われわれの主張するとおり、自然はなにものをも無駄には作らず、しかも動物のうちでは、ただ人間だけが、ロゴス〔言葉・理知〕をもっているからである。[6]（『政治学』一二五二b二七—一二五三a一〇）

また実に、自然においては、国家は家族よりもわれわれ各人よりもより先である。なぜなら、全体は部分よりも先にあるのが必然的だから。というのは、たとえば全体としての身体がこわされたときには、その部分なる足も手も（石像のそれをも同語異義的に手とか〔足とか〕言うのでない限り）もはや存在しないであろうから。……それゆえに、国家が自然において存在するとのことも、またこれが各個人よりもより先に存在するとのことも、明らかである。なぜなら、各個人は、もしそれから切り離され〔孤立させられ〕ればもはや自足的ではありえないものである限り、その国家に対してあたかも部分が全体に対してのような関係においてあるであろうから。したがって、共同生活をすることのできないもの、またはすでに全く自足していて共同生活を必要としないものは、決して国家のいかなる部分でもなく、野獣であるか、そうでないなら神である。

ところで、こうした国家共同体への衝動は、すべての人間に自然的に具わっているわけだが、しかし最初にこうした国家を組織し建設した者は最大の善の恩人〔原因者〕である。ただし人間は、完全な情態にある場合には、動物のうちで最も善良な者であるが、しかし〔その国家の〕法《ノモス》や裁き《ディケー》から切り離され〔放置され〕た場合には、すべてのうちで最も凶悪なものだからである。というのは、いったい不正が武器を持ったときほど危険なことはないからである。人間は、もともと思慮や徳のための武器を持って生まれた者なのであるが、しかしこの武器を、ともすると全く逆の目的に使用しがちである。したがって人間は、徳をぬきにすると、最も冷酷で最も野蛮なものであり、性慾や貪慾の事にかけては最も劣悪なものである。しかるに、正義の徳《ディカイオシネー》は、まさに国家のもの〔国家の徳〕である。というのは、裁き《ディケー》〔裁判〕は国家共同体を秩序あらしめるものであり、裁きは正しいこと《ディカイオン》を正義だとして判決するものであるから。（『政治学』一二五三a一八―三八）

終極的な善は〔さきにも言ったように〕自足的《アウタルケス》なものと思われている。だが、われわれが自足的であると言うのは、ただ孤独に生活する者としての自分ひとりだけにとってそうあるというのでなくて、親たちや子供たちや妻やそのほか一般に友人や国民《ポリタイ》のすべてにとってそうあることをいうのである。けだし、人間は自然的に国家的《ポリス》なもの[7]なのだから。だが、それらにも一定の限界がなくてはならない。もしさらに遠い祖先に、子々孫々に、友人の友人に等々と範囲を拡げていってはきりがないから。（『ニコマコス倫理学』一〇九七b七―一三）

（1）　古代ギリシャの「ポリス」(polis)は、後世の国家共同体とくらべて、その小さな点その他いろいろのちがいから、とくに'city-state'、'Stadt-staat'とか呼ばれ、日本でもこれにならって「都市国家」とか、ただの

「市」(たとえば、アテネ国でなしにアテネ市、アテネ国民でなくアテネ市民)とか訳し呼ばれ、これを「国家」または「国」と訳すことに抵抗を感じられる読者もあろうが、本質的には今日、国連に加盟の大小百余の諸国が、いくら小さくても独立の国家とみられるのと大同小異と考え、あえて「国家」(ときには「国」「国々」「諸国」)と訳した。そのギリシャでアリストテレスの考えていたポリス(一眸の下に見わたせる国家)がどのように狭い領土、少数な人口の国家であったかは、つぎの諸項から察知されたい。なお、同じ理由から、「ポリス的」(politikos, 英 political)を原則的には「国家的」と訳し、場合によっては「政治的」とも訳した。本書第一章の三の(一)(五)、第五章の一の注(5)、一九、同注(3)参照。

(2)　「よく生きる」(eu zēn)については、本書第四章の一四の注(2)参照。

(3)　ここでも「自然」とか「自然において」とかの意味が、前項の注(2)でも述べたように、時間的に先、すなわち「生まれつき」の意かと読んでいくと、やがて直ちに終り・目的との意の「自然」と同一義に用いられ、ここからして「それゆえに個人よりも家よりも国家が優先的である」というような結論もアリストテレスでは容易に「必然的に」導出されえた。かれの言う「自然」が、自然的諸事物の始動因であり質料であると共に、さらにそれ以上に、目的因であり形相(本質)であったことは、すでに本書第四章の一三、一四、一五などで見たとおりである。なお次々注(5)参照。

(4)　ここに「人間は自然において(または自然的に)国家《ポリス》的な動物である」と訳された句の原文は 'ho anthrōpos physei politikon zōion' である。この句の後半は、英語などではそのまま 'political animal' と訳され、これはこれなりに結構であるが、そこからこれが日本語に移されて、よほど古くから日本では、アリストテレスは人間を「生まれつき政治的な(または social animal とも英訳されるところから社交的または社会的な)動物だ」と言った、などと言いふらされつつ、有名な句になっている。ただしそう言ったアリストテレスの真意は、政治好きだとか社交好きだとかいうのではなく、むしろ国家《ポリス》を作って生活する唯一の動物は人間であり、種としては動物という類の一種でもいまだポリス共同体を成してよく生きていない野蛮人のごときは人間の数ではないというにあった。なおここで注意すべきは、この人間の「ポリス的」特長が直ちにその「ロゴスをもつ(理性的な)もの」なるがゆえにであるとされていることである。次々注(6)参照。

(5)　「自然はなにものをも無駄には作らない」(outhen matēn hē physis poiei)は、アリストテレスがその言う「自然」の合理性・合目的性を語るときに好んであげる句。たとえば『天体論』第一巻第四章には「神や自然はなにものをも無駄には作らない」とあり、同書第二巻第十一章には「反理的にも無駄にも作らない」(ouden alogōs oude matēn poiei)とあり、さらにこの「反理的に」(alogōs)や「無駄に」(matēn)のほか、これらと同列に、'atelēs'(目的なしに、無目的に)は作らないとも言っている。これらは、要するに、自然は無駄なことはせず余計なものは作らず、合理的・合目的的・計画的だというにある。本書第四章の三、一五参照。

(6)　ここに言う「ロゴス(言葉)をもつ」(logon echei)とか、またしばしば言われる「ロゴスをもつもの」(to logon echon, ロゴスをもつ動物《ゾーイオン》、または霊魂のうちのロゴスをもつ部分《メロス》)に関連してアリストテレスは、たとえば『動物発生論』の第五巻第七章で動物の発する声(phōnē)の話をしている箇所で、一般に動物では、牛を除いては、若い動物の方が年とったそれよりも、また雌の方がその雄よりも、より高い声を発すると説いて「その最も顕著な例は人間(人類)のそれである」と言い、「けだし自然は人間にこうした能力を与えているからである、すなわちそれは、動物のうちただ人間だけがロゴス(言葉)を使うがゆえにであり、その声はこの言葉《ロゴス》の質料である」と付言している。だがまた『ニコマコス倫理学』の第一巻第六章には、実践知に関する問題から霊魂の諸部分(本書前章の一八の注(1)参照)のうちの最高の言わゆる理性的部分《ト・ロゴン・エコン》のことに触れて、この「ロゴスをもつもの」(to logon echon〔meros〕)というのに二つ、すなわち「ロゴスに従順なものとしてのそれ」(to hōs epipeithes logōi)と「ロゴスをもち、また〔これで〕思考するものとしてのそれ」(to hōs echon kai dianooumenon)とがある、とも言われている。そこで、いまここに、動物のうちただ人間だけが特に「ロゴスをもつ」がゆえに優れて「ポリス的な動物」であるとされたというのは、「言葉(としてのロゴス)をもち」「物を言う」ことによって、互いに話し合い、よって初めてポリス的共同体を成して生活する動物になったとの意とともに、さらに、その使う言葉《ロゴス》に含まれる理解力・概括能力・思慮など要するにそうした理知・理性的部分としての「ロゴス」をもつ者どもとして、その或る者どもはそのもつ「ロゴス」で思慮し命令し、或る者どもはこの「ロゴス」を聴いてこれに従いながら(知恵と勇気と節制との調和した)正義の国家《ポリス》を成して共同生活をするのが真の人間であるとの意とみてよかろう。なお、本項前々注(4)および本書第四章の一四(人間とその手)、同注(5)、第五章の四など参照。

(7)　ここにはこのように'physei politikos anthrōpos'とある。前注(6)参照。

一六　国制の種類

つぎに考察さるべきは、国制《ポリテイア》(1)〔国家体制〕の数を一つきりとするか一つより多くあるとするか、また、もし多くあるとすれば、それらのなにであるかや、どれだけ多くあるかや、それら相互のちがいはどうかなどについてである。ところで、国制は、国家の諸〻の執政職(2)の組織、とくにそのうちでも国事一切について最も優勢な執政職の組織である。けだし、最も優勢なのは、どこでもみな、その国家のそうした執政機構すなわち政府(3)であり、だから国制のあり方いかんはすなわち政府のあり方いかんである。私がこう言うのは、たとえば民主的な国々では最も優勢なのは〔多数の〕民衆《デーモス》(4)であるが、これとは反対に寡頭制(5)のもとでは少数者が最も優勢だからである。したがって〔それらの数の異なるに応じて〕それぞれの国制も異なるのだとわれわれは主張する、そしてまたわれわれは、これと同じようなことがその他の国制についても言えることを述べよう。（『政治学』一二七八b六―一五）

そこで、明らかに、およそ国民共通の利益を追求する国制はいずれも、全般的な正義にかなっているがゆえに、結局、正しい国制であるが、ただ支配者たち自らの私利私慾のみを追求するそれらは、すべてあやまった国制であり、正しい国制の道を踏みはずしたものどもである。というのは、それらは〔奴隷に対して主人《デスポテイコイ》がそうであるように〕独断専制的《デスポテイカイ》だからである、しかるに国家は〔もともと〕自由人の共同体なのだから。(6)

さて、これらのことが規定されたので、つぎには、国制について、その数はどれだけか、それらはなになにであるかを、そしてまず第一にはそれらのうちの正しい国制について、考察せねばならない。というのは、その道を踏みはずした国制についても、正しい国制のことが規定されれば、おのずから明白になろうからである。ところで、国制と政府とは同じことを意味するが、その政府はそれぞれの国家の最高の権威であり、そしてその主権者は必然的に一人か少数者か多数者かのいずれかであるから、この一人、または少数者、または多数者が国民共通の利益を目指して支配〔執政・統治〕する場合には、そうした国制は必然的に正しいそれであるが、しかしその一人の、または少数者の、または多数者のそれぞれに固有〔私的〕の利得を目指す国制は、いずれもその道を踏みはずしたそれである。けだし、国家のなんらかに与かる者を国民と呼ぶべきでないか、あるいは〔そう呼ぶべきである限りその者は〕国民共通の利益に与かるべきであるか、そのいずれかであるから。

さて、われわれの呼び慣わしでは、唯一者支配《モナルキアイ》[7]〔独裁制〕のうちで国民共通の利益を目指すそれを王制《バシレイア》[8]と呼び、少数ではあるが一人よりは多くの者どもの支配するそれを貴族政治《アリストクラティア》[9]と呼ぶ（そのわけは、最善な人々〔貴族〕が支配するがゆえにか、あるいはかれらが国家およびその共同者たちにとっての貴重な《ト・アリストン》ものを目指すがゆえにかである）、だが、多数者が共通の利益を目指して政務を執る場合には、これを他のすべての国制《ポリテイア》に共通する名前で「ポリテイア」[10]と呼ぶ。（これも、その生じたのには当然の理由がある、というのは、徳の点において、一人または少数の者なら他に抜んでて優秀であることも可能であるが、すでに多数者となると、かれらがあらゆる徳において完全なものであることは容易でない、だがしかし、戦士の徳《ポレミケー・アレテー》〔勇気〕ではかれらが最も優秀でありうる、というのは、この徳は数の多いところに生じるものだからである。それゆえに、この国制では戦士階層《ト・プロポレムーン》が最も優勢であり、その国政に参与するのは武具を装備所有している者どもである。）

つぎに、これら上述の各々の国制からその道を踏みはずしたものとしては、僭主政治《テイランニス》[11]が王制からの踏みはずしであり、寡頭政治《オルガルキア》が貴族政治からのそれであり、民主政治《デモクラティア》が「ポリテイア」からのそれである。というのは、僭主政治はその独裁者一人の利益を目指し、寡頭政治は富者《エウポロイ》のそれだけを目指し、民主政治は貧民《アポロイ》〔無産者〕のみの利益を目指すもので、これらはいずれも、国民共通の利益になるものを目指してはいないからである。（『政治学』一二七九a一七—b一〇）

（1）この原語 'politeia' の訳語にこまって『広辞苑』（岩波書店刊）で「政体」の項を見ると「統治権の運用形

式。その(統治権の)所在を示す国体と区別する。」とあり、「国体」の項には「主権または統治権の所在により区別した国家体制。」とあるので、この'politeia'は(独裁制・寡頭制・民主制などいう国家体制の種々を指すので)、「政体」というよりも「国体」というに近いらしい。しかし、「国体」は、戦前からの天皇制日本でのそれも戦後日本の「国民体育大会」の略称としてのそれもいやなので、アリストテレスの『アテネ人のpoliteia』の日本訳が出て以来日本の古典学界では使われている例にならい「国制」と訳すことにした。なお、プラトンの『国家』とか『共和国(Respublica)』とか訳される名著の題名は、この同じ'Politeia'である。なお、こうした国制(ポリテイア)の一種としての「ポリテイア」については、次注(10)参照。

(2) 原語は'archōn'. 統治者・支配者・王者を指す語であるが、ここでは一般に国防を主とする戦士たちや立法行政に参与する民会議員や評議員などの役職にある者ども。

(3) 原語は'politeuma'. これも適訳ではないが仮りに「政府」と訳す。

(4) この「民主的な国々」の原語は'hai dēmokratikai(poleis)'であり、その国制は'dēmokratia'(民主制または民衆政治と訳される)である。ここで最も優勢なもの(主権者たち)は多数の'dēmos'(国民大衆・民衆と訳さる)であり、これに対する正しい国制は「ポリテイア」(本項の終節、つぎの注(10)参照)である。

(5) 「寡頭制」または「寡頭政治」の原語は'oligarchia'、すなわち富者たち「少数者」(oligoi)の支配する国制。これに対する正しい国制は「貴族政治」(つぎの注(9)参照)。

(6) ここに「独断専制的」と訳された原語'despotikos'は、奴隷に対する「主人(despotēs)のような」という意味の形容詞で、後世(たとえば英語では)'despotic'すなわち「暴君的」「専制君主的」の意に使われるに至るものであるが、ここでは、すでに家族とし村落としての共同体から自由人(eleutikoi)の成す国家《ポリス》的共同体では、奴隷対主人のような暴虐も許せないが、ことに主人ひとりの「利益独占的」な体制はもはや許されないとの意が主になっている。本章の前々項一四参照。

(7)　原語‘monarchia’を文字通り直訳して「唯一者支配」とした。この語は、日本では英語などの‘monarchy’から「君主制」「君主政治」などとも訳されるが、ここでは、このただ一人の支配する国制を意味するmo-narchiaのうちに、その正しい国制としての「王制」(次注参照)のほかに、正道を踏みはずした唯一者支配(独裁制)の国制として「僭主政治」(つぎの注(11)参照)も含まれているから、「君主制」と訳すことは一方的である。

(8)　「王制」の原語は‘basileia’. これはただ一人の‘basileus’(王、君主)の支配する国制(前注(7)の正しい唯一者支配制)で、これは「君主制」と訳されても不当ではない。

(9)　「貴族政治」または「貴族制」の原語は‘aristokratia’で、徳において優れた或る少数の‘hoi aristoi’(最善な人々——貴族たち)の統治する国制。これに対する、踏みはずした国制は前注(5)の「寡頭制」である。

(10)　上記のすべての「国制《ポリテイア》」に共通のこの名称「ポリテイア」(politeia)で呼ばれるもう一つの国制「ポリテイア」は、‘respublica’(republic)とか‘constitutional government’とか訳されるところから強いて訳せば「共和制」「立憲政体」でもあろうが、それも無理であろうことは、次項一七で察知されたい。

(11)　「僭主制」または「僭主政治」の原語は‘tyrannis’. その独裁者「僭主」の原語は‘tyrannos’. この国制に対応する正しい国制としてアリストテレスは「王制」をあげている。前注(8)参照。

一七　貴族制とその変種

だが〔以上、民主政治と寡頭政治とについて述べたが〕さらになお、これら民主政治と寡頭政治とに並んでもう二つの国制がある。そのうちの一つは、あらゆる人々が数え挙げ、四種の国制のうちの一種として語っているそれである。すなわち、かれらが数え挙げている四種というのは、独裁政治(1)、寡頭政治、民主政治、および第四は人々の呼んで言うところの貴族政治である。だが、第五に、これらすべて〔の国制《ポリテイアイ》〕に共通の名前で呼ばれているものがある。すなわち、それを人々は「ポリテイア」と呼んでいる。しかし、こうした国制は、それほどしばしば起こりはしないがゆえに、とかくあの国制の種類を数え挙げようとした人々からは見のがされ、そしてこの人々は(たとえばプラトンでも(2))その国制論議のなかではただ上述の四種だけを挙げている。

ところで、貴族政治《アリストクラティア》という呼び名は、さきにもこの国制について論じたときに述べたとおり、実によろしきをえている(というのは、この貴族政治という呼び名は〔貴族政治とは「最善な人々の統治(3)」の意であるから〕或る任意の前提条件から見て善いと言われる人々のでなく端的に最善な人々《アリストイ》から成る国制にのみ正しく適用される呼び名だからである。なぜなら、この国制のもとでのみ同じ人が端的に善い人《アネール》であると共に端的に善い国民《ポリテース》であるのに、他の国制の下では人々はただそれぞれの国家の国制にとって善い国民だというだけだから)。しかし、それにもかかわらず、寡頭制的なのとも異なりまた言わゆる「ポリテイア」とも異なる或る国制の国々がある、すなわち、そこでは、その執政職が富を基準にしてだけでなくその徳における善さをも基準にして選出される点で、その国制はこれら両者と異なり、そして貴族制的だと呼ばれている。けだし、徳に関する配慮をその共同の目標としていないような国々にでもなお、評判が良くて有徳な人物と思われる人々は存在しているからである。だがまた、そこの国制が富と徳と民衆とを目指しているようなところ、たとえばカルタゴのごときにおいては、その国制は貴族制的である。そしてまた、二つだけを目指しているところでは、たとえばスパルタのように徳と民衆との二つを目指しているところでは、その国制は〔同じく貴族制的だが〕これら二つの、すなわち民主制と徳との、混合体である。さてそれゆえに、貴族政治のうちには、第一にあげた最善のそれのほかに、これらの二種があるが、さらに第三種として、あの言わゆる「ポリテイア」よりもより多く寡頭政治の側に傾むいたのがある。(『政治学』一二九三a三五―b二一)

貴族政治の主要な特徴は、それぞれの徳に応じて名誉を頒ち与える点にあると思われている。けだし貴族政治の本質を規定するものは徳であるが、寡頭政治のは富、民衆の〔民主政治〕は自由であるから。……ところで、大多数の国々では、その国制は、言わゆる「ポリテイア」の一種なのに、この同じ〔貴族政治という〕名で呼ばれている。というのは、これらの目指しているのはただ富者と貧者とだけの、すなわち富と自由とだけの混合だからであるが、しかもこれらの国々の大部分では、富者たちが善良な紳士の場を占めているものと思われているから〔貴族政治とも言われるの〕である。

だが実は三つのものが国民平等の権利として要求されている、すなわち自由と富と徳との三つが。〔けだし〔人々がこれら三つと並べて挙げるでもあろうところの〕第四のもの、すなわち言わゆる良い《エウ》生まれ《ゲネイア》というのは、実はあのあとの二つに付随するものにすぎない、すなわち、良い生まれというのは昔の〔故人の〕富と徳とにすぎないから。〕それゆえ明白に、そのうちの二つの、すなわち富者と貧民との混合体は「ポリテイア」と言わるべきであり、それら三つの混合体(4)は、あの真実に第一の貴族政治と並べて、その他のいずれの貴族制的なのにもまさる最も主なる貴族政治と言わるべきである。

(『政治学』一二九四a九―二五)

(1) この「独裁政治」の原語は前項で「唯一者支配」と訳されたのと同じ'monarchia'である。前項注(7)参照。ここではとくにそのうちの「僭主政治」(僭主独裁制)を指す。

(2) プラトンの『国家』(Politeia)の第八、第九巻で。

(3) この統治については、前項の注(9)参照。

(4) この三つ――自由(eleutheria)と富(ploutos)と徳(aretē)とに応じる貧者と富者と有徳者(貴族)との三部分――のよろしく混合された国制はアリストテレスの理想の国制。次項一八参照。

一八 中流階級による政治

だが、最大多数の国々や最大多数の人々にとって、なにが最善の国制であり、またなにが最善の生活であるか? ただし、一般個人の力を越えた徳を規準にしてでもなく、天賦の性や幸運の恵みを必要とする教養《パイデイア》を規準にしてでもなく、また願いどおりに作られた国制を規準にしてでもなしに、かえって最大多数の人々が共に与かりうるような生活や最大多数の国々がそれを享有しうるような国制を規準として綜合的に判断するわれわれにとって、なにがそうした最善な生活であり、なにが最善の国制であるか? というのは〔なぜこれが問題になるかというに〕、ただいまわれわれの語ったあの貴族政治と呼ばれているものどものうち、その或るものは大部分の国々にとってはその力のおよぶ範囲外にあったり、また或るものはあの言わゆる「ポリテイア」に隣接した国制であったりするからである

〔だから、この隣接する両種については、一括して論じてよかろう〕。ところで、実は、これら〔国制に関する〕すべての問題の解決は、あの同じ要素的諸規定から出てくる。というのは、あの倫理学講義のなかで、幸福な生活は、徳に即しての・なにものにも妨害されないでの・生活であり、そして徳は中間性である、と述べられたが、(1) もしこの規定が正しいなら、中間的な生活が〔最大多数の人々にとって〕最善の生活であること必然である（ただし、この中間的な生活というのは、各自の達得しうる限りにおいてのそれであるが）。しかし、この同じ規定(2)がまた必然的に、国家およびその国制についても、その善悪・徳不徳を決定する規準である。なぜなら、国制はその国家の生命・生活とも言うべきものだから。

さて、およそあらゆる国家には、三つの部分、すなわち、きわめて富裕な者どもと、きわめて貧乏な者どもと、そして第三には、これらの中間の者どもがある。(3) ところで、ひとしく一般に認められているように、適度なもの、中間的なものが、最も善いものであるからして、明らかにまた、幸運の賜物にしてもそれを中間的に〔適度に〕所有することがなによりも優って善いことである。というのは、この程度に所有しておれば理《ロゴス》に従うことが最も容易であるが、過度に優美であるとか過度に力が強いとか過度に生まれ〔家柄〕が良いとか過度に富裕であるとか、あるいはこれらとは反対に、過度に貧困であるとか過度に虚弱であるとか極度に素性が賤しいとかいう場合には、理に追従してゆくことが困難だからである。すなわち、その結果、前者〔過度に多く所有する者ども〕は、とかく増長して傲慢になりまたは大罪を犯すに至ったりするのが多く、後者〔過少の無産者たち〕は無頼の徒にまたは小犯罪者になりがちである、そして、こうした不正な事態の起こるゆえんは、要するに一方は無頼行為、他方は傲慢にある。なおあの人々〔両極の中間に位する者ども〕は、それほど支配逃避的でもなく支配追求的でもないが、これらはどちらも、支配逃避も支配追求も、〔度を越すと〕国家に有害である。

　そのほかなお、体力や富や友人やその他これに類する幸運の賜物を過度に多く所有している者どもは、支配されることを喜ばず、またその〔正しく支配する〕すべを知らない。……またこうした類のものを欠くこと過度な者たちは、余りにも卑屈である。したがって、この人々は、支配するすべは知らないでただ奴隷が主人に支配されるように支配されることを心得ているだけだが、あの人々は、いかなる支配を受けることも知らないでただ主人的〔専断的〕支配で支配することしか心得ていないわけである。こうしてそれゆえ、そこでは国家は、自由人たちからではなしに、奴隷と主人とから、すなわち羨望者どもと軽蔑者どもとから成ることになる。これこそ、友愛《フィリア》〔同胞愛〕から、したがってまた国家共同体からも距たること最も遠きにあるものである、なぜなら、共同体はすなわち友愛《フィリコン》のものだからであり、なぜなら誰しもその敵と道連れになろうとは欲しないからである。……

　こうしてそれゆえに、国家共同体も、中間的な人々〔中間階層〕によるそれが最善であり、そしてこの中間階級の人数が多数であって、できれば両端のいずれよりも強力であり、あるいは[4]、もしそうでなくても、いずれか一方よりは遥かに強力でありさえすれば〔そうすれば、……この両極端の発生を妨げうるから〕、そうした国家では、明らかに、善い政治がおこなわれる。（『政治学』一二九五a二五―b三九）

そこで、まず第一にわれわれは、すべての国家にひとしく通用する普遍的原則を把握しておかねばならない。すなわちまず必要なことは、当の国家の諸部分のうちで、その国家の存続を願う部分の方が願わない部分よりも強力であることである。だが、およそいずれの国家も質と量とから成っている。質《ポイオン》と私の言うのは、自由と富と教養と生まれの良さとであり、量《ポソン》と言うのは人数の優越度のことである。ところで、〔同じ一つの国家においても〕その質はその国家を構成する諸部分のうちの或る部分に属しながらその量〔の優勢〕は他の部分に占められているということがありうる（すなわちたとえば、〔現に或る貴族制の国家では〕その素性の賤しい者どもの数が生まれのよい者ども〔貴族たち〕より多いし、また〔寡頭制の国家では〕貧乏な人々の方が富裕な者どもよりも多数である）、しかも、その数の多い部分がその質において劣る分だけそれだけその量によって優るとは限らない。こうしたこともあるから、それゆえ、これら〔質と量と〕を相互に比較しながら綜合的に判断しなくてはならない。(5)

ところで、貧民の数が上述の類比関係において優勢である諸国にはおのずから民主政治がおこっている。そしてこの民主政治の種類は民衆のうちのいずれの種類〔階層〕が優勢であるかに応じて種別される、たとえば農民の数の優勢なところ、そこには第一の種の民主政治がおこり、もしそこに俗業者や日傭稼ぎのものが多ければ最後の種の民主政治がおこり、そしてこの両端の中間に位する民主政治についても同様である。だが、富者や知識人の方がより多く質においては優っているが量においては劣っているところ、そこには寡頭政治がおこっており、そしてここでも、民主政治の場合と同様、その寡頭政治の種類はそれに参与している頭数の優勢度に応じて種別される。

しかし〔いずれの国家でも〕その立法者は常にその国制のうちに中間部分の者どもを〔その構成員として〕加え入れなくてはならない。すなわち、たとえば寡頭制的な国法を制定する場合、かれは必ず中間部分をその眼中に入れていなくてはならず、また民主制的なそれをの場合にも、その法によってかれら〔中間部分の人々〕を牽き入れるようにしなくてはならない。こうして、中間部分の者の数が両端の者の数を合わせたよりも優勢である場合、あるいはただそのどちらか一方の数よりは優勢であるだけでも、ここで初めて、国制は永続的でありうる。[6] というのは、富者たちが貧民たちに同調してかれら〔中間部分〕に反抗する恐れは決してないからである。なぜなら、いつになってもこの両者が互いに他に隷属するを欲しはしないであろうし、またこの両者にとって公平な国制は、この中間部分の優勢な国制よりほかには一つも見当たらないはずだから。というのは、両者は順番に支配の座につくには堪えられないだろうから、なぜなら互いに他を信頼しない両者だから。[7] だが、信頼されるのは、どの場合でも仲裁者であり、そしてあの中間者こそ仲裁者である。そして、こうした国制は、よりよく混合されれば、それだけより多く永続的である。ところが、貴族制的な国制の建設を欲する人々でさえ、その多くは、富裕な者に過多の権益を割り当てる点においてだけでなく、さらに民衆をごまかす点でも全くあやまちを犯している。というのは、時のたつにつれて、必然的に多くの偽わりの善から一つの真実の害悪が出てくるからである。なぜなら、富者の受け取る過剰な配当は、民衆のそれより以上に、その国体を滅ぼすゆえんのものだから。（『政治学』一二九六b一四―一二九七a一三）

（1）『ニコマコス倫理学』のなかでたびたび（第一巻第七章、第七巻第十三章、第十巻第七章などで）幸福な生活と徳がこのように述べられている。本書本章の三、四参照。

(2)　国家学の性格に関する部門(倫理学)で述べられた上述の規定は同じ国家学の国家・国制に関する部門(この政治学講義)でも徳・不徳の規準になる。

(3)　徳は中間者であった。本章の八、一七の注(4)参照。

(4)　「両極端」というのは無節制無思慮な愚民大衆の支配としての民主政治と傲慢貪欲な富者たちの独占的な寡頭政治。その中間が最善の有徳者《アリストイ》たちの政治。

(5)　「教養」または「教育」とも訳される原語は'paideia'これが、ここでは、さきの三つ(自由と富と徳)のうちの「徳」の代りに、これと同義的に、列記されている。ここでも、教育は徳育であり、徳は中間にある。なお、この「パイデイア」については本章の二二、同注(1)参照。

(6)　ここの「国制」(politeia)は、国制一般としてのそれか、言わゆる「ポリテイア」(諸国制中の一種としてのそれ)かが学者間で問題にされているが、とくに「ポリテイア」と解読するには及ばないと思う。

(7)　この両者と中間者との関係は資本主義体制下での労使と仲裁者との関係を思わせる。

一九　理想的国家の存立条件

まだ言い残されていることどものうち、まず問題になるのは、第一には、望みどおり理想的に建設されようとしている国家について、その前提条件はどのようなものであるべきかである。けだし、最善の国家組織すなわちその国制は、それに相当した最善の備え《コレーギア》がなくては成立しえないからである。それゆえに、言わば理想どおりに望ましい幾多の備えがあらかじめ用意されねばならない、ただしそれらは、いずれも実現不可能なものであってはならない〔その備えと私の言うのは、その国民の多さ〔人口〕やその土地〔国土〕に関するそれなどであるが〕。そのわけは、他の多くの製造業者《デーミウールゴイ》たち、たとえば機織《はたおり》工や船大工などにとっても、その仕事をするにはそれに適当した材料が備わっていなくてはならず、しかもその材料の備えが良ければ良いだけ、必然的に、その技術によって作られたものもそれだけいっそう立派であるように、……そのように、政治家にとっても立法者にとっても、[1] その仕事に適当した固有の材料が備わっていなくてはならないからである。

さて、こうした国家存立に必要な備えの第一は、人間の多さ〔人口〕であり、これについては、その数がどれほど多くあり、またその人間がどのような自然的性質のものであるべきかが問題であり、つぎにその土地〔領土〕に関しても同様に、これがどれだけ広くあり、またどのような自然的性質のものであるべきかが問題である。ところで、ほとんどすべての人々は、幸福な国といえば大きな国のことだと考えている。だが、これはこれなりに真実だとしても、しかしこの人々は、どのようなのが大きな国でありどのようなのが小さな国なのであるかを知っていない。かれらは、大きな国か否かをそこに住む人々の数の多いか否かで判断しているが、〔それは目の付けどころがちがっていて〕真に人々の注目すべきはその数の多さよりもむしろその能力のいかんにある。というのは、〔他の事物にもそうであるように〕国家にも、そのなすべき或る一定の仕事があるからである。したがって、その仕事を最もよく完遂する能力のある国家、これをこそ最も大きな国〔偉大な国家〕であると考えるべきである。

〔『政治学』一三二五b三七―一三二六a一四〕

けだし、偉大な国家と人口多数《ポリアントロポス》なそれとは同じものではないからである。しかもまたこのことは、すなわち、余りにも人口多数な国家が良く法治されること極めて困難であり、ほとんど不可能であるということは、経験の事実からみて明白である。実のところ、われわれの見るところでは、立派に統治されている国家として評判の高い諸国のうち、人口の増加に対して無統制な国家は一つもない。だがまたこのことは、理論の証明によっても明らかである。けだし、法は或る種の秩序であり、善い法治は必然的に善い秩序維持であるが、余りにも過多な数は秩序に与かりえず、これに秩序を与えうるのは、おそらくはこの全宇宙を統轄する神的な力だけのなしうる仕事だからである。それゆえにまた国家も、それの大きさに上述の限度〔秩序の与えられる程度〕の数が結びついたとき、これこそ最も美しい〔立派な〕国家であること必然である。けだし、美しいものは大きさと数とのうちに出現するのが普通だからであるが、しかし国家にもその大きさに或る一定の尺度がある、それは、その他のあらゆるもの(動物・植物・道具など〔あらゆる有機的なもの〕)においてと同様である。(2) すなわち、これらの各々は、いずれもみな、余りに小さかったりまたはその大きさが度を越していては、それぞれ自らの機能をもちえず、或る場合にはその自然の性能を全く欠除し、また或る場合にはそれを持っていても拙悪な状態にあろう。たとえば船にしても、長さ一尺の船では全く船ではなく、また千尺でも船ではない、だがまた、たとい相当の大きさに達していても、或る場合にはその小ささのゆえに、或る場合にはその大きさのゆえに、その航海を拙悪にするであろうように。まさにそれと同様に国家でも、余りにも少人数から成るものでは自足的でなく(だが自足的なのが国家である)、しかしまた非常に多人数からでは、民族《エトノス》がそうであるように、たんなる生活必需品にかけては自足自給的でもあろうが、しかしこれは国家《ポリス》でなく、こう多くては国家としての組織すなわち国制は容易には作れない。……

それゆえに、第一の国家は、必然的に、つぎのような多さの人々から成るものである、すなわち、かれらが国家的共同体の形をなして〔たんにただ生きるだけにではなく〕よく生きるのに自分たちだけで足りる〔自足的な〕程度の多さに初めて達したときの〔その最少限の〕多さの人口から成る国家である。むろん、この第一の国家をその人口数において超過したものも、より大きな国家として存立しうる。ただし、この超過は……無際限にではない。しかし、それがどれだけ超過してよいか、その限度のいかんは、それぞれの実績からして容易に知られる。すなわち、国家の行為はその支配者たちのそれと被支配者たちのそれとであり、そしてこの支配者たちの仕事には統治するそれと判決するそれとがあるが、これらの場合、事の正不正について判決をくだすためにも、また支配者としての諸〻の執政職を国民それぞれの価値功績に応じて分ち授けるためにも、必要なことは国民各自がお互いに他のいかなる人物であるかを知り合っているにあるからである。そうしたことの伴ない起こりえないような国々では、役職の挙用についても、正不正の判決に関しても、劣悪なことしか起こらないのが必然である。……

だからして明らかに、国家にとって最善の限度はこれである、すなわち、自足の生活を目指しての・一眸のもとに収めうる[3]数の範囲内での・最大限に多くの人口、これがその限度である。〔『政治学』一三二六a一四―b二四〕

だが、これとほぼ全く似たようなことは、国土の地勢についても言える。すなわち、それがどのようなものであるべきかについては、明らかに誰でもみな、最も自足的なそれを推賞している(そしてこのように最も自足的なと言われるのは、あらゆるものを包蔵し産出する国土のことである、というのは、自らのうちにあらゆるものが存属していて、なにものをも欠かないのが、自足的なのだから)。そこでそれは〔すなわちこの理想的国家の国土は〕その広さにおいても大きさにおいても、そこに住む人々が自由人的に閑暇を楽しみながらしかも思慮あり節度ある生活をすることのできるような、そのような国土である〔と規定されよう〕。だが、ここに言うこの規定が果たして当をえているかどうかは、のちに、一般的に物資や富の獲得や所有について考えるとき、機会があったら、いっそう詳細に調べてみなくてはならない。……

だが、国土の形態〔地勢〕についても、語るに困難ではない。……すなわち、その地勢は、敵にとっては侵入しがたく、しかも自分たちにとっては出撃するに好適なようにできていること、だがさらに、あたかもさきに、人口の数が一眸のもとに収めうる程度のものであらねばならないと言ったように、そのように国土もまたそのような広さであるべきである。[4] けだし、一眸のもとに収められるということは、その国土が防衛されやすいということであるから。なお、この国家の位置は、もし幸運にも理想的な位置に建設されるとすれば、それは海に対しても陸地に対しても好都合なところであるべきである。(『政治学』一三二六b二六—一三二七a五)

(1)　この数行まえに「製造業者」と訳された原語‘dēmiourgos’は「たとえば機織工や船大工など」とあるよ

うに一般に職人、仕事師、工匠とも訳される語(語源的には市民dēmosのために働く者の義)であるが、比喩的には、たとえばプラトンがその著『ティマイオス』で、この世界を(イデア界の「世界自体」ともいうべきイデアを原型として見ながら、空間に散在する材料を用いて)創り出した神が「世界の建設者」「造物主」ともいうほどの意味で'dēmiourgos'と名付けられたようにも用いられる。そのようにアリストテレスも、次項二〇に見られるように「徳のデーミウールゴス(工匠)」という呼び方をしている。そこで、いまここに「そのように政治家にとっても、云々」というのは、「あたかもよい建築家が頭に理想の家(家の形相)を描いて、これに恰好な材料を選び用いて、理想の家を作りあげるように、いま理想の国家を建設しようとする政治家にとっても立法家にとっても」まず適当な「備え」(適当な人口と国土)が建設の素材・質料として必要、云々の意。次項二〇の注(4)参照。

(2) 人口、土地だけでなく、一般に有機物《オルガニコン》(植物・動物・道具など)にも、それがよくあり美しくあるには、大きさ・多さに一定の限度が必要であるというアリストテレスの考え(自足性・完結性・有限性を美の要素として好む思想傾向)は、さらに本書第六章の『詩学』からの章節(第六章の二、九など)にも見える。

(3) ここにいう「一眸のもとに収めうる」(eusynoptos)との限定は、理想国家の人口についての限度を形容したもので、一目で見渡しうる人数というのがどのくらいかは明らかでないが、かれの『ニコマコス倫理学』(第九巻第十章)では、友人の数にも限度があるとの話から「あたかも国家の場合、十人では国家は成立しないが、しかし十万人もいてはもはや国家ではないように」と言っているのでみると、当時のアテネ城壁内の人口よりも遥かに少ない数が考えられていたものと思える。なお、この直ぐつぎに、その国土の広さについても同じ語で'eusynoptos'と限定されている。これはまさにアテネのアクロポリスから見おろされるアテネ城壁内外の光景である。この狭さ、これがまた、若いアレクサンドロスの大望を理解しえなかったアリストテレスの政治眼の限界でもあった。

(4)　前注(3)参照。

二〇　理想的国家の構成部分

だがまたわれわれは、およそそれらの者がいなくては国家が存立しえない不可欠な者どもをも調べてみなくてはならない。それらの者というのは、それらが必然的に国家に存属しなくてはならない者どもであるがゆえにわれわれが国家の部分《メレー》と呼ぶところの者どものことである。(1)そこで、まずわれわれは、この国家の必要とする仕事の数〔職種〕を把握しなくてはならない。そうすれば、この国家に不可欠な部分がどれだけあるか明らかになるであろうから。ところで、まず第一にこの国家になくてはならないものは、食糧である。つぎは技術(これは、生活するのに道具が必要だから)、第三には武器(これは、共同体をなす人々が同じ共同体内では、命令に服従しない者どもに対し、また外部から不正を加えようと謀る者どもに対しても、支配の必要から武器をもたねばならないからである)、さらに〔第四には〕自国内での入費や戦争のための費用として相当量の金〔財貨〕の貯わえが必要である。第五には、本当は第一に大切なことだが、神事に関する配慮、すなわち言わゆる祭祀、それから、序数の上では第六だが実は以上のいずれよりも第一に必要なことは、国民相互間の利害や正不正を判定する機構である。……

それゆえ、この国家は、これらの職種に応じて構成されねばならない。そうするとまず、農耕者が数多く食糧の供給者として必要であり、つぎに技能労働者〔職人〕たち、戦士的部分、富者的部分、神官たち、および正不正や利害についての判定者たちが必要である。(2)(『政治学』一三二八b二―二三)

だが、いまわれわれの考察しているのは最善の国制についてであり、そしてこれは、この制度の下でのみ国家が最も幸福であろうところの国制であり、そして幸福とは、さきにも述べられたように、徳なしにはもたらされえないものであるから、それゆえに、これらのことからつぎのことは明白である、すなわちまず、最も立派に組織された国制をもつ国家、端的に正しい人々(ただそれぞれ特定の国家体制の建て前から見れば正しいというのでなく、全く無条件的に正しい人々)を保有している国家においては、その国民たるものは、決して俗業者的な生活や商売人的な生活を営むべきでない(なぜなら、このような生活は卑賤であり、また徳には敵対的だから)。なおまた実に、この国家の善良な国民たらんとする者どもは、農耕者であってもならない(なぜなら、徳の成るがためにも、国民的〔政治的〕な行為のためにも閑暇《スコレー》が必要だから)。

また、この国家には〔その国家機構内に〕、戦争に関する戦士的部分と、国の利害に関することについて評議しまたは正不正に関することについて判決をくだす〔評議員的および裁判官的な〕部分とがあり、そして明らかにこれらは、両部分とも、(3)重要であるからして、これら両部分を、それぞれ異なる機能を有するものとみて、それぞれ異なる人々に担当さすべきか、あるいは両部分の業務を同じ人々に担当さすべきであろうか? だが、これもまた〔その答えは〕明白である、すなわち、或るなんらかの仕方では同じ人々にであり、或る他のなんらかの仕方では異なる人々にである。というのは、一方、両部分の業務の各〻はそれぞれその成熟期の異なる人々に適しており、そしてその業務の一つは思慮〔識見〕を必要とし他は体力を必要とする、という限りでは異なる人々に担当さすべきであるが、しかし他方、力を行使することも防止することも可能な者どもがいつまでも他の支配下に留まっていることの不可能なことである限り、両業務は同じ人々にであろう、けだし武器を掌握する者はその国制の存亡を掌握する者であるから。したがって、残るところは、この最善の国制ではその両業務を同じ人々に、だがしかし同時に〔同じ業務を幾歳までも〕ではなしに自然の順序に従って、分担さすべきである。けだし自然は、年少者には体力を与え年長者には思慮を与えているがゆえに、これに応じて両者が両業務を順に分担することは、両者にとって有益でもあり公正でもある、なぜなら、この配分の仕方は、それぞれの長所に適応したものだからである。

さらにまた、財産《クテーセイス》もこの人々のまわりにあらねばならない。そのわけは、〔この国家では〕豊かに恵まれた富が必然的にその国民に属しており、その国民はまさにこの人々にほかならないからである。というのは、俗業者的な部分も、その他、徳の工匠でない限り(4)、この類のいずれの部分も、この国家に与かる部分ではないからである。そしてこのことは、この国家の建て前〔建国の前提原理〕からみて明らかである。けだし、幸福であることは、必然的に、徳と共に存在することであり、しかも幸福なと言わるべき国家は、その国民の或る一部分だけにでなくそのすべてに目をくばっている国家にほかならないからである。それゆえにまた明白に、およそこの国の農耕者が奴隷であるか異民族なる農奴であるかであらねばならない以上、財産はこれらの者にも属さねばならない。

さて、上に数え挙げられた諸部分のほか、残っているのは神官たちの類である。だが、この人々の占むべき地位も明白である。というのは、農耕者や俗業者は神官に任命さるべきではないからである(なぜなら、国民によって神々は祭られるのが適当と思われるから)。ところで、国民の部分は戦士たちの部分と評議員たちの部分とに分けられているかぎり、神々に奉仕しまたこのことで慰安をうるのは、その老齢のゆえにこれらの〔戦士または評議員としての〕執政職から隠退している人々であり、この人々に適わしいことであるからして、こうした人々こそ神官の職に当てらるべきであろう。

さて、以上で、国家の存立に不可欠な諸条件とその構成部分とが述べられた。すなわち、農耕者たち、職人たち、および日傭の労務者一般は、国家に必要な従属物であり、戦士たちと評議員たちとは国家を構成する部分である。そして、これらの各々は互いに離されているが、その或るもの〔従属的部類〕は恒久的にそうであり、他のものは一時的に〔順番に交替して〕である。(『政治学』一三二八b三三―一三二九a三九)

(1)　ここに「部分」(to meros の複数形 hē merē)というのは、「階層」「階級」とはいささか異なり、つぎに見えるとおり、衣・食・住その他、国防関係や祭祀関係のことをも含めて、一般に国家の存立に必要不可欠な資材の種類別およびこうした資材のそれぞれを供給する者どもの職種別を指し、本項次節の「部分」「両部分」というのとは別である。つぎの注(2)参照。

(2)　以上六部分の資材別と職種別の名称およびそれぞれの原語(括弧内)はつぎのとおり。すなわち、必要資材の第一は食糧(trophē)、第二は諸技術(technai)、第三は武器(hopla)、第四は金・財貨の貯わえ(chrēmatōn euporia)、第五は祭祀(hierateia)、第六は判定(国民相互間の利害や正不正を判定する機構、krisis peri tōn sympherontōn kai tō dikaiōn tōn pros allēlous)であり、これら各〻に応じる職種は、農耕者たち(農民・奴隷を含む geōrgoi)、技能労働者・職人たち(technitai)、戦士的部分(to machimon〔meros〕)、富者的部分(to euporon〔meros〕)、神官たち(hiereis)および司法行政関係の判定者たち(kritai)である。これらのうち、次節でみると、第三の戦士たちと第六の判定者たち(議員・裁判官たち)およびこれら両部分の老齢者から選出される神官たちだけが、最善な国家の構成部分(言わば支配者階級)をなす。次注(3)の指す本文の箇所参照。

(3)　この「両部分」については、前注(1)(2)参照。

(4)　ここに「工匠」と訳された原語は、前項一九の注(1)で述べた'dēmiourgos'でこれは、さきに「職人」「技術労働者」とも訳された'technitēs'の部に入れられる「大工」「工匠」(ともに「製造業者」)を指して呼ぶ語である。しかしここでは、さきのプラトンと同様に比喩的に「徳の工匠」(tēs aretēs dēmiourgos)すなわち「徳の建築者」「徳を樹てる者」とある。したがって、「徳の工匠でない限り」云々、というのは、徳の大工(有徳者の国家に徳を樹立する政治家・教育者)は別として普通の大工・職人の類は云々、の意。なお、「自然」も本書第四章の一五では「工匠」と呼ばれている。

二　国民教育の基本問題

霊魂と身体とが二つであるように、そのように霊魂には非理性的部分と理性的部分との二つの部分が認められる。[1] そしてこれらに応じて二つの性能がある、その一つは欲求であり他の一つは理性である。そして、あたかも身体がその生成の順でみると霊魂よりも先であるように、そのように霊魂の非理性的部分は理性的部分よりも先である。……それゆえに〔最善の国家の指導者の心得としては〕、まず第一に、身体に対する配慮が霊魂に対するそれよりも先であらねばならず、つぎには、欲求に対する配慮も理性に対するそれよりは先であらねばならない、ただしこの欲求への配慮は理性のためにのそれであり、そのようにまた身体への配慮も霊魂のためにであらねばならない[2]。

だからして、子供たちの身体ができるだけ善いものに育つようにとその〔生まれの〕始め《アルケー》から注意することが、いやしくも立法者のまさになすべきことであるからには、かれのまず第一に配慮すべきは、〔その子供らの親たち両性の〕結合に関し、幾歳ごろに、どのような男女が、互いに結婚の交わりをなすべきかについてである。すなわち、この共同生活を立法するに当たっては、かれら両人自身のことと共にまたその生活の期間についても注目せねばならない。それは、まず、それぞれの年齢上、かれら両人が一緒にそれぞれ生殖不能の年頃に達するようにし、それぞれの能力が、夫のはまだ生殖可能なときにすでに妻のは不能であるとか、あるいは逆に妻のはまだ可能なのに夫のはすでに不能であるとかいうような、調子の狂いがないようにすることである（というのは、こうした狂いがお互いのあいだに夫婦喧嘩や不和をもたらすからである）。つぎにまた、後継ぎとの関係についても考慮すべきである、すなわち、親と子の年齢が余りにへだたっていてもいけないし（というのは、年寄りになっては子供たちからの恩返しもそう役には立たず、また子供たちにしてもこの親からの援助は役に立たないからであるが）、また逆に余りに近すぎてもいけない（というのは、こうした親子のあいだには、同じ年輩の者どものあいだにあるような慎みはなくなるし、家政上のことでいさかいが起こるなど、いろいろ不快なことがありがちだから)。……

だが、これらのことは、ほとんどみな、ただ一つの配慮によって達成される。すなわち、生殖可能期の終りは、だいたいにおいて、男性は七十歳、女性では五十歳ときまっているからして、両性の結合の初めも、その年齢に関しては、これらの時に応じてきめられねばならない。しかし、あまりに若い男女が一対になることは、子供を作る点から言うと、よくない。というのは、あらゆる動物において、若い親から生まれた仔は未熟で、雌の仔が多く、またその形も小さい、したがって人間の場合でも、これと同じような結果が生じるにちがいないからである。……なお、節制〔貞操〕の点からみても、すこし年がいってから結婚させる方が有益である。というのは、若くて性交をおぼえた女は、より多く放縦でありがちなように思われるからである。また、男性の身体も、いまだなおその種《たね》〔精子〕が増殖過程にあるときに性交をすると、その成長がとめられるものと思われる。というのは、この種《たね》にも或る増殖の時期があって、これを過ぎると種はもはや増殖しないからである。それゆえに、女性の方は十八歳の年ごろに、男性の方は三十七歳ごろか、あるいはそのすこしまえに、結婚するのが適当である。というのは、この年ごろに結婚すると、両方ともその身体はちょうど盛り《アクメー》に達しており、また子を産むのを終える時期も均り合いよく終わるからであり、そのうえなお、後継ぎのことも、その子供が当然期待されるとおり両親の結婚後まもなく生まれたとすれば、ちょうどその子供の盛りの時期の始まるころに親の後を継ぐことになり、他方、父親はその盛りの時期の終るころ、すなわちその七十歳ごろに、後を継がせることになるからである。(『政治学』一三三四b一七―一三三五a三五)

ところで、立法者がとくに最も若者の教育に努力せねばならないということには、なんの異論もないはずである。けだし、いずれの国家もこの努力を怠ると、その国家体制はこわされるので、国民はそれぞれの国制に適応して教育されねばならないからである。なぜなら、各〻の国制にはそれぞれ固有の性格があって、これがそれぞれその国制を維持するのを常とし、またこれがもともとその国制を樹立したものだからである、たとえば、民主的性格は民主制を、寡頭的性格は寡頭制をというように。そして、常に、どの場合にも、より善い性格はより善い国制の原因なのである。さらにまた、いずれの能力や技術の場合にも、これら各〻のする働きを働かすためには、あらかじめそれに必要な教育が授けられ、必要な習性が与えられねばならないように、〔徳を念とする国制の国の立法者の場合〕徳の実践のためにも、明らかにそうしたことがなされねばならない。

なおまた、国家全体としては、その目的は一つあるだけだから、明らかにその教育もまた、その国民のすべてに通じて一つであり同じであらねばならず、その教育に対する配慮もまた公的であって、私的であってはならない（しかもこのような〔私的な〕仕方で、今日では、各人が各自の子供たちを私的に配慮し、自分に適当と思われる私的な教課をその子供たちに授けているが）。また、公的な事柄についての修練も公的な事業としてなさるべきである。しかし、同時にまた、国民各自は誰もみな、自分を自分のものだとは考えないで、すべての国民は誰もみな国家のものであると考えねばならない。なぜなら、各人はその国家の部分であり、各部分への配慮は、もともと、全体への配慮を目指しているはずだから。（『政治学』一三三七a一一―三〇）

(1) 霊魂の諸部分(栄養的・感覚的・理性的など)については、本書第四章の一八、二〇参照。ここに「非理性的(alogon)な部分」というのは、「理性的な部分」(logon echon, すなわち「ロゴスをもつ部分」)より以外の部分とくに欲求的部分。本章の四、同一五の注(6)参照。

(2) アリストテレスは、この全八巻から成る『政治学』の第七巻第十三章以下第八巻の終りまでを、その理想国家での教育の問題に当てている。ここではただ、そのうち特にアリストテレスの思考方法とその人柄の一面をよく現わしていると思われる一節を抜き書きするに止めた。

(3) 以下は『政治学』第八巻第一章の冒頭の一節。「若者(青少年)の教育」の原語は 'hē tōn neōn paideia'. この 'paideia' については、本章次項二二および同注(1)参照。

二二　青少年の教育

普通に人々が子供に教え授ける(1)を慣わしとしているものは、だいたい四課、すなわち、読み書きと体操と音楽とそして第四は或る人々によると図画である。(2) これらのうち、読み書きと図画とは、生活に役立ち、そのほかいろいろな役に立つものと思われており、また体操は、勇気を増強するに役立つものと思われている。だが、音楽はとなると、異議を唱える人もあろう。というのは、今日では、多くの人々はただ快楽のためにこれに与かっているのだから。しかし、初めに人々が音楽を教課の一つとして制定したのは、自然《フィシス》そのものが(しばしばわれわれの言っているとおり)、ただたんに正しく《オルトース》多忙に仕事をすることの可能性をのみでなく、美しく閑暇のある暮らしをする(3)ことの可能性を追求して

いるからである。けだし閑暇こそあらゆる物事の始め〔原理〕だから。（『政治学』一三三七b二三―三二）

だからして、教育のための教課のうちには、息子たちに、ただ有用なものとしてでもなく必要なものとしてでもなしに、むしろ自由人的なものとし美的なものとして教えらるべき或る教育課目の存することは、明白である。ただし、それが一つであるか一つより多くあるか、またそれらがなにであり、どのようなものであるか、これの問題については後に語られねばならない。

だが今のところ、これまでにわれわれの達得した成果から言いうることは、われわれが昔の人々から一つの証言をえているということ、そしてこれはかれらがそこにすでにもっていた教育課目から学びえたものだということである。というのは、音楽がこのことを明らかにしているからである。さらにまた明らかなことは、有用な教課のうちでも、その或るものは、たとえば読み書きの教課のごときは、その有用性のゆえにだけでなく、これを介して他の多くの学課が学ばれうるがゆえに、子供たちにこれを学習させねばならない。同様にまた図画も、買物をするときに損をしないようにとか品物などの売買にだまされないようにとかのためにではなく、むしろこれが身体の美の観照者たらしめるがゆえに学習させねばならない。けだし、みさかいなくあらゆる物事に有用性を求めることは、およそ心の大きい人《メガロプシコイ》や自由な人《エレウテロイ》には最も似合わしくないことだから。（『政治学』一三三八a三一―b四）

音楽についても、それがどのような効能《ディナミス》をもっているのか、またなんのためにそれに与からねばならないのか[4]など、容易には解きあかせない、すなわち、果たしてそれは、（1）遊び〔遊戯〕のためまたは休養のためなのか、あたかも睡眠したり酩酊したりするように（というのは、これらも、それ自体はそれほどほめたことではないが、快なるものであり、同時にまた、エウリピデスに言わせれば「憂さばらし」(5)だから、……）、それともむしろ音楽は、（2）徳に対して、なんらかの関係あるものと解さるべきか（あたかも体操が身体を或る性質のものにならせるように、そのように音楽は、正当《オルトース》に喜こぶことができるように習慣づけることによって、性格《エートス》を或る性質のものにすることができようから）、あるいはまた、（3）安楽な暮らし(6)に対しまたは思慮(7)〔知的教養〕に対して、なんらか寄与するところのあるものなのか。……

ところで、音楽を若者に、（1）遊戯のために教えるとすべきでないことは、明らかでなくはない（なぜなら、かれらは、学習しながら遊戯しはしないから、というのは、学習は苦痛を伴なうことだからである）。だが同様にまた、安楽な暮らしを子供たちやそのような年ごろの者どもに与えるのも調和的ではない（なぜなら、未完成《アテレース》な者には終極目的《テロス》〔安楽な暮らし〕など無縁だから）。しかしおそらく人々は、子供たちが熱心に音楽を勉強するのは、成人してからの遊びのためにである、と考えるかもしれない。だが、もしそれがそうしたわけでなら、なにもわざわざ自分で音楽の学習をするには及ばないではないか。……のみならず、まさにこのことを自分の仕事とし自分の特殊技能としている者の方が、ただその学習に必要なときにだけこれに気をくばった者よりも遥かにうまく演奏するにきまっている。しかもそうしたことを自分で苦労してやらねばならないとすれば、たとえば料理のことでも、一々自分自身でご馳走を作らねばならないというようなことになろう。だがこのようなことは馬鹿げたことである。

だがまたこれと同様の難問は、音楽が(2)性格をより善いものにすることができるとする場合にもある。すなわち、そうしたこと〔音楽の演奏〕をなにゆえに自分自身で学習しなくてはならないのか、かえってそれよりも、あのラケダイモンの人々〔スパルタ人〕がそうだと言われているように、他の人々の演奏を聴いてそれを正当に喜こび正当に判断することができるだけでよいのではないか？　というのは、その言うところによると、あの人々は、音楽を学習しはしないが、しかもただ聴くだけでその調子のよいわるいを正当に判断することができるとのことだから。

だが、さらにこれらと同じことは、(3)自由人らしい閑日月・安楽な暮らしのために音楽を用いねばならないとした場合についても言える。すなわち、なにゆえに自分自身でそれを学習せねばならないのか、かえってむしろ他の人々の演奏を享楽するだけでいいではないか？　だが、この点は、神々に関してわれわれの抱いている考えを調べてみるとわかる。たとえば詩人たちによると、ゼウス神はご自身で歌をうたったり琴を弾じたりなどなさらない。むしろわれわれは、そのようなことをする者どもを下賤な者どもと呼んでおり、また、酔っていたり遊んでいたりするとき以外にそのようなことをするのは男のすることではないとも考えている。(8)

しかし、おそらくこれらの点についてはさらに詳しく検討さるべきであろうが、まずここで第一に探求さるべきは、果たして音楽を、教育〔教課〕の一つとして指定すべきでないか指定すべきであるか、ということ、またそれは、さきに難問として挙げられた三つのうちのいずれを果たすことが可能か、すなわち、(2)教育をか、(1)遊戯をか、(3)安楽な暮らしをか、ということについてである。けだ(9)

し音楽は当然これら三つのすべてに関係あるものと思われ、また明らかにこのすべてに与かっているものとも見えるからである。けだし、遊戯は休養のためであり、休養が快なるものであることは必然であり（というのは、休養は骨折り仕事による苦痛の或る種の治療だからであるが）、さらに安楽な暮らしも、人々の一致して認めているとおり、ただたんに美しいもの〔優れて善いもの〕というだけでなく同時に快楽《ヘドネー》を含むものでなくてはならない（というのは、幸福であることはこれら両者〔美と快〕から成ることであるから）。しかるに音楽は、楽器だけのにせよ歌声を伴なうそれにせよ、われわれすべての主張しているとおり、最も快なるものの一つである。……したがって、この点からみても、若い者どもは音楽の教育を受くべきだと考えてよかろう。というのは、快なるもののうちでも、およそ無害なものはすべて、終極目的にとってだけでなく休養にとってもまた調和的であるからである。しかし、人間にとっては、その終極目的に到達することはごく稀なことで、人はその途中たびたび休養し、それ以上のなにかのためにではなくただその遊びそれ自らが快楽であるからとの理由でいろんな遊びもするのだから、音楽のもたらす快なるもののうちにあって休養をとることも有効なことであろう。……

しかし、音楽を教育課目のうちに採り入れることについては、〔それが休養のために有効だからでもあるが〕さらに探求せねばならない問題がある。それは、なるほど音楽にはそうした有効性が付随してはいても、音楽の自然〔本質〕は上述の用途よりも遙かに貴重なものなのではないか、という問題である。そしてさらに、ただたんに音楽のもたらす共通的快楽に与かるだけでなく（この共通的というのは、その与える快の感覚をすべての人が共通にもっているというのであり、そのわけは音楽の与える快感がなにか自然的なもので、そのためにいずれの年齢の者にもいかなる性格の者にもその演奏は親しく好ましいものだからであるが、しかしただこれに与かるというだけでなく)、むしろ、音楽が、なんらかの仕方で、さらに性格に対してもまた霊魂〔の徳〕に対しても、なんらか寄与するところがありはしないかをも、見ておかねばならない。そしてこのこと〔その寄与のいかん〕は、もしわれわれの性格が、音楽によって或る性質のものに成るならば、明らかであろう。ところで、われわれがこのように或る性質のものに成るということは、他の多くの歌曲によってもそうであるが、とくに最もあのオリンポスの歌曲によっての場合に、明白である。というのは、これらの歌曲は、人々の一致して認めているとおり、人々の霊魂を神憑り的にするものであり、そしてこの神憑りの状態[10]は霊魂についての性格の受動態〔情態〕であるから。……

こうして音楽は、快なるものの一つであり、そして徳は、正当に喜こび・愛し・憎むことに関することであるがゆえに、人々のまさに学習し習慣づけらるべきは、宜《よろ》しきをえた性格や美しい行為に対してこれらを正当に評価し正当に喜こぶようにであり、ただこれあるのみであること、明らかである。[11]

(『政治学』一三三九a一一—一三四〇a一八)

(1)　ここに「子供に教え授ける」と訳された原語は、ただ一語の動詞'paideuein'である。この動詞は、もともと「子供(pais, 複数形では'paides')を育てる」というほどの意であるが、とくに子供の身体を養い栄養し成育させるという意味の語(たとえば'paidotrophein'など)に対しては、より多く子供の心を養い育てること、すなわち言わばその精神的方面(体質でなく性格の面)で子供を教え育てること、したがって、主として子供を、だがさらに子供に限らず広く人々を、より善い性格のものにと「しつける」「教える」「訓育・指導・訓練する」こと、さらに広く一般に「教育する」「教授する」「教養ある者にする」などの意に用いられる。なお普通に名詞形で「教育」「教養」と訳される原語‘paideia’は、この‘paideuein’の名詞形で、上記の働きと同じだけ多くの教える働き、または教えられた結果(「教育」があるとか「教養」をもっているとか言われるこれら)を意味する。そこで、この本文の拙訳「子供に教え授ける」の前後の一句を訳しかえてみると、直訳的には、「普通に人々がそれらを教える(paideuein)を慣わしとしているそれらは、だいたい四課……である。」となる。しかしこの「教える」や「教育」(paideia)の真の狙いは、アリストテレスでは、子供を一定の性格の者にまで育て上げるにあり、四課を教える(教授し学習させる)のはその手段である限り、この一句は、むしろ「それらを介して子供たちを(一定の性格にまで)教え育てる、云々」とすべきであろう。だがこの句は「人々の慣わし」を言っているものである限り、直接的には、だいたい四課を子供たちに教授するを慣わしとするとの意と読めるので、こう解すべきだとすれば拙訳でもよいと思う。

(2)　この「読み書き」の原語は「文法」とも訳される語‘grammata’.「体操」のは‘gymnastikē’.「音楽」のは‘mousikē’. そして第四の「図画」のは‘graphikē’.

(3)　「閑暇《ひま》のある暮らしをする」と訳された原語は‘scholazein’で、「閑暇」(scholē)のある生活をすること。すぐあとに読まれる「安楽な暮らし」(diagōgē)と同義。その反対の「忙しく(無閑暇的に)暮らす」の原語は‘ascholein’である。本章の三、およびつぎの注(6)(8)参照。

(4)　「遊び」(または「遊戯」)の原語は、もともと「子供のすること」「児戯」ともいうほどの語‘paidia’で、子供の教育を意味する‘paideia’と一字ちがい(一字たらず)なので、プラトンはその『法律』のなか(六五六C)で教育問題を語るとき「児育(paideia)だか児戯(paidia)だかが、云々」というような言葉の遊びをしている。「遊び」のうちには、子供の遊びにかぎらず、スポーツ、競技《ゲーム》をも含む。つぎに「休養」の原語は、「休憩」とも訳される語‘anapausis’. 近ごろの語では「リクリエーション」。

(5)「憂さばらし」の原文は「憂愁・憂欝を終らせる」の意の‘meriman pauei’であり、エウリピデスの『バッコイ』三八一行には‘apopausai merimnas’とある。

(6)「安楽な暮らし」(diagōgē)については、本書第二章の四の注(1)、本項前注(3)参照。

(7)「思慮」の原語‘phronēsis’はときには「知恵」と同義に、ときには実践知・識見の意に、またときにはここに見えるように「知的教養」‘intellectual culture’の意に用いられる。本書第二章の一二の(3)参照。

(8)「閑日月」の原語‘euēmeria’は直訳的には「良い日々」であり、恵まれた日々、幸福な生活を指す。「安楽な暮らし」(diagōgē 前注(6)参照)と同義的。

(9)すぐまえの(1)(2)(3)の順で言えば、この(2)の「教育」は「徳」または「性格」と言わるべきところ。これでみても、アリストテレスでは「教育(paideia)」は若者の性格(徳性)を善く育てることであった。

(10)「神憑《かんがか》り」の原語は‘enthousiasmos’.「オリンポスの歌曲」によって熱狂的になり、忘我・脱魂(ekstasis)の状態にあって「神の裡にあり神に乗り移られている気持ち」の意。

(11)以下『政治学』の巻末までの音楽論は、とくに『詩学』の研究者には必読の箇所であるが、ここでは引用を割愛する。

第六章　技術――弁論術と作詩術

一　弁論術について

弁論術[1]が、或る一つの特にこれこれの類のと規定された事柄を対象とするものではなく、むしろこの点では弁証術のようなものであることは明らかである、だがまたこれが有用なもの[2]であることも明白である。そしてまた明らかに、ただ説得することそのことだけがこの術の仕事なのではなくて、説得される当の事柄に適する説得手段を見つけることがこの術の仕事である。……

そこで、弁論術とは、いかなる事柄に関してもそれぞれに可能な説得手段を発見する技能であると定義してよかろう。というのは、このようなことは他の諸技術のいずれの一つの仕事でもないからである。けだし、他の諸技術の各〻は、なるほどそれぞれに固有の対象に関しては教えることもでき説得することもできるが、しかし弁論術は、なにごとにせよ与えられた事柄なら言わばなんでもかまわず、それについての説得手段を見出だすことのできるものと思われるからである。それゆえにわれわれは、弁論術を、なんら特にこれこれのと規定された固有の類を対象とするところのない一個の技術

であると主張する。（『弁論術』一三五五b七―三五）

さて、弁論術の種は、その数においては、三つある。というのは、その〔弁論術的な〕言論《ロゴイ》の聴き手《アクロアテース》にもそれだけの数の種があるからである。けだし、その言論《ロゴイ》〔弁論〕は、弁論する当人と、弁論される事柄と、弁論の相手とから成っていて、この弁論の目的はこの最後のもの、すなわち私の言うあの聴き手が弁論の目的なのである。だが聴き手は、ただの傍観者《テオーロス》であるか判定者《クリテース》であるかであり、そしてさらにこの判定者は、過去のことについての判定者か未来のことについてのそれかのどちらかであらねばならない。そして、未来のことについて判定するのは、たとえば民会の議員《エクレシアステース》であるが、過去のことについてのは、たとえば裁判官がそれである。また、弁論者の能力〔上手か下手か〕を判定するのは、その傍観者である。したがって、必然的に、この弁論術的言論《ロゴイ・レートリコイ》はつぎの三つの類、すなわち、忠告《シンブーレウ》的《テイコス》なのと、法廷的《ディカニコス》なのと、演示的《エピデイクテイコス》なのとであるということになろう。

だが、忠告のうちの或るものは勧奨であり、或るものは諫止である（というのは、個人的に忠告する者も公然と民衆に向かって演説する者も、共に常にこれら勧奨か諫止かのどちらかをするのだから）。また、裁判のうちの或るものは告訴であり、或るものは弁明である（というのは、係争者はこれら二つのうちのどちらかをしなくてはならないからである）。さらにまた、演示的弁論のうちの或るものは称讃であり、或るものは非難である。

だが、これらの者どもの各〻の関与する時について言うと、忠告者にとっての時は未来である（というのは、かれらは、これから後に起こるでもあろう事柄について、あるいは勧奨者としあるいは諫止者として忠告するのだから)。また、裁判に関与する者にとっての時は過去である(というのは、すでに行為された事柄について、常に、その或る者は告訴し或る者は弁明するのだから)。しかし、演示的弁論をする者にとって最も主として関係のあるのは現在である(というのは、すべての人々の称讃しあるいは非難するのは現に存在し生起している物事についてであるから)。ただし、かれらもしばしば、過去のことを想起し、あるいは未来のことを予想しながら弁論する点では、これら〔過去と未来〕の時にも関与する。

しかし、その目的は、これら各種の弁論のそれぞれにとっては別々である。そしてこの弁論の種は三つだから、かれらにとっての目的も三つある。すなわち、忠告する者にとっては利益と損害が目的である。というのは、そう勧奨するのはそうするのがより善いこととして忠告するのであり、諫止するのはより悪いこととしてだからである。ただし、その他のことども、すなわち正・不正と美・醜とも、それら利害得失に付帯するものとして取り入れられている。しかし、裁判に関与する者どもにとっての目的は正と不正である、だがこれらの者どもも、この正・不正より他のことども〔利益・損害や美・醜〕をも付帯的にはその目的のうちに取り入れている。さらに称賛し非難する者ども〔演示的弁論家たち〕にとっての目的は、美と醜であるが、しかしかれらもその他のことどもを併せ目指している。

〔『弁論術』一三五八a三六―b二九〕

弁論術は、分析的な学と国家学の性格《エートス》に関する部門(3)とから合成されたものであるが、その言論が或る点では弁証術に、また或る点ではソフィスト的〔詭弁的〕議論に似ていること、真実である。しかし、もし誰かが、弁証術にせよこの弁論術にせよ、これらを、そのまさにあるがままの〔真に弁論家的な〕技能《ディナメイス》としてでなしに、学〔学的認識〕にまで作り上げようと努めるなら、これらの術の〔まさに言論技術たるの〕本性は識らないまに忘れられ消し去られよう。(4) すなわちそれは、かれが、これらの術を作り変え、これの対象を、〔そのまさに対象とすべき〕言論そのものに止めないで、その言論の内容をなす諸〻の事柄自体を対象とする学にまでこれらの術を移行させるがゆえにである。(『弁論術』一三五九b九―一六)

(1)　一般に技術(technē)、制作技術(poiētikē, または poiētikē technē)については、この項のほか本書第一章の三の(六)、第二章の一一、一二の項参照。なお、ここに「弁論術」と訳された術の原語は'rhētorikē'詳しくは'rhētorikē technē'で、ラテン語訳でも近代欧州語(たとえば英語)訳でもそのまま'rhetorica'または'rhetoric(rhetorical art)'と音訳されている。そこから、日本語では、英語の'rhetoric'の邦訳でそのまま「修辞学」とも訳されるが、古代ギリシャ諸市(または共和制時代のローマ)での場合、文章の修辞ではなく言論・弁舌のそれであるから、「弁論術」または「雄弁術」、ドイツ語なら'Redekunst'の方がふさわしい。もともと'rhētōr'(ドイツ語ではRedner, 日本語では弁論家、雄弁家)の術の意である。この弁論の術は、とくに民主制のギリシャ諸市では国民議会でまたは法廷での論議その他のため市民に有用な術とされ、言わゆるソフィストたちはこの術の祖でありまたその教師として生活しもした。

(2)　この術の有用性については、前注(1)、および本項の次節参照。

(3)　「分析的な学」というのは、アリストテレスの言う「分析学」すなわちかれの『分析論』そのほか言わゆる『オルガノン』にみえる形式論理学。「性格に関する部門」とは、かれの『倫理学』で取扱われているもの。

（4） この前後に見えるように技術と学とを区別している仕方は、ここでも注目に価する。

二 美について

善と美とは互いに異なるものである（すなわち、善《タガトン》は常に行為のうちにあるが、美《ト・カロン》は運動しないものごとのうちにもある）。そこで或る人々[1]は、数学的諸学は美や善について全くなにも語らないと主張するが、それはあやまっている。なぜなら、現に多くを語り、多くを示しているから。すなわち、たといそれと名指して語ってはいないにしても、それらの効果《エルガ》や説明方式《ロゴス》[2]にふれている限り、これら諸学がそれらについてなにも語らないとは言えないから。さて、美の最も主要な形相は秩序《タクシス》と均衡《シンメトリア》と被限定性《ホーリスメノン》[3]とであるが、特に主として数学的諸学がこれらにふれている。そしてまた、これら秩序とか被限定性とかが明白にあらゆる事物の原因とも見える点からすれば、明らかに数学的諸学はこのような種類の原因すなわち美を、或る意味での原因として語っているものとも言えよう。だが、これらに関しては、もっと明確に、他の箇所で述べるつもりである。（『形而上学』一〇七八a三一―b六）

より善いものとかより先のものとかより尊いものとかのうちに内在するものは、より善いものである。たとえば、身体の健康は、その強さや美しさよりも、より善いものである。なぜなら、健康は、湿ったもの乾いたもの熱いもの冷たいもののうちに、一般的に言えば生物がそれらをその第一のものとしてそれらから合成されたもの〔身体〕のうちに、内在しているが、強さや美しさはそれよりもより後のもの〔筋肉や骨〕のうちに内属するものだからである。すなわち、強さはその筋肉や骨などのうちにあり、美しさはその四肢の或る均衡にあると思われるから。（『トピカ』一一六b一七―二二）

美しいものというのは、生物にしてもその他いかなる事物にしても、およそなんらかの部分から合成された事物で、その諸部分が、ただたんに秩序よく配置されているだけでなく、さらに或る大きさを、しかも任意の大きさではなく或る限定された大きさ(4)を有するもののことである。なぜなら、ものの美しさは、その大きさ《メゲトス》と秩序《タクシス》のうちにあるのだから。それゆえ、それが非常に小さな生物では美しいものにはなりえず（なぜなら〔その美を観照しようにも〕この小さなものについての感知しえない短時間の観照は、ぼやけて明瞭でなかろうから）、だがまた非常に大きくても美しくはなりえない（なぜなら、そう大きくては、同時に観照しえないだけでなく、その統一性も全体性も観照の外に出て、観照者からは見失なわれるからである）。……したがって、あたかも、これら合成事物や生物の場合でも、それらは或る大きさをもつべきであるが、その大きさはよくひとまとめに見られうる程度のものであるべきであるように、そのようにまた、悲劇の筋の場合でも、或る長さをもつべきであるが、その長さはよく記憶されうる程度のものでなくてはならない。（『詩学』一四五〇b三四―一四五一a六）

（1）アリスティッポス（ソクラテスの弟子の一人）およびその他のソフィストたちか。

（2）それら、美や善の効果《エルガ》というのは、美の場合では、つぎに読まれる美の形相としての秩序や被限定性によってもたらされる結果としての諸事実（自然の美や宇宙《コスモス》の秩序正しさなど）であり、そのロゴス（説明方式）というのは、つぎに見える美の三形相を指す。次注（3）参照。

(3)　ここには美の定義(説明方式)をなす三要素・三形相として「秩序」(taxis)、「均衡」(symmetria)、「被限定性」(horismenon)の三つを挙げているが、本項でつぎに訳出されているとおり、『トピカ』ではそのうちの一つ「均衡」があげられ、『詩学』では「秩序」と「大きさ」(megethos)とがあげられている。この「大きさ」はここ『形而上学』に見える「被限定性」に相当する。ものの秩序とはその各部分の空間的配置のこと、均衡とは各部分の均合いのとれた(比例的な)大きさ・長さのこと、そして被限定性とはその全体の大きさが(美の場合にはとくに適度に)限定されていること。それゆえに、数学でも間接的・付帯的には美が問題とされると言える。

(4)　この「大きさ」については前注(3)参照。

三　詩人と他の著作者たち

世の人々は、使われたそれぞれの形の韻律に作る者という語を結びつけて、或る者をば哀歌を作る者《エレゲイオポイオス》〔哀歌詩人〕と名付け(2)、或る者をば叙事詩を作る者《エポホイオス》〔叙事詩人〕と名付けているが(1)、それは、この者どもが、なんらかの模倣によっている点においてではなく、いずれもみな共通になんらかの韻律を用いているとの点で、そうした作る者《エイエーテース》〔詩人〕と呼んでいるのである(3)。というのは、人々はまた、韻文の形でなにか医学関係の著作なり自然学関係の著作なりを作り出せば同様にそう呼ぶを慣わしとしているからである。しかし実は、ホメロスとエンペドクレスとの(4)あいだには、韻律を用いたということ以外、なんらの共通点もない。だから、前者を詩人《ポイエーテース》と呼び、後者は詩人とよりもむしろ自然学者《フィシオロゴイ》〔自然を

論じた者〕と呼ぶ方が正しい。(『詩学』一四四七b一三―二〇)

上述からして明らかに、詩人の仕事は、ただ生起した事実を語ることにあるのではなくて、むしろ生起するでもあろう事柄を、すなわち、蓋然的にか必然的にか生起可能な事柄を語るにある。というのは、歴史家《ヒストリコス》と詩人とのちがいは、韻文で語るか散文で語るかという点にあるのではないからである(けだし、ヘロドトス[5]の作は、韻文になおすこともできるであろうし、また韻文であろうと韻文でなかろうと、同じく一つの歴史であろうから)。むしろ両者のちがいはつぎの点にある、すなわち、歴史家は生起した事実を語り、詩人は生起するでもあろうような事柄を語る点にある[6]。それゆえにまた、詩作は歴史よりも遙かに哲学的であり遙かに尊重さるべきである。なぜなら、詩作はむしろより多く普遍的なことを語り、歴史は個別的なことを語るからである。そしてこの普遍的なことが語られるというのは、およそ〔一般に〕どのような人においてどのような事柄が蓋然的にか必然的にか語られまた行為されるものなのかという点が、詩作では語られているとの意であり、これらが固有名詞の人物や事件で表わされはするが、詩作の目指すところ[7]はこの普遍的な点にある。しかるに、〔歴史の語る〕個別的なことというのは、たとえばアルキビアデスという個人がなにを行動しまたは受動したかということにある。……

したがって、これらのことからして、明らかに詩人は、いやしくも模倣するがゆえに詩人であり、しかもその模倣するのは行為をであるとすれば、しかる限り、韻文《メトロン》の作家《ポイエーテース》〔詩人〕であるよりも物語《ミトス》の詩人《ポイエーテース》〔作家〕であるのが当然である。それゆえに、たとい現実に生起した史実を詩に作ることになるにしても、やはりかれは詩人なのである。というのは、生起した史実の幾つかはまた、蓋然的にか可能的にか生起すべき普遍的な事柄であっても差支えなく、そしてかれはまさにこうした事柄を作る者〔詩人〕なのだからである。（『詩学』一四五一a三六―b三二）

（1）　この一節では詩人（poiētēs）の仕事が、或る媒材を用い或る仕方で或る対象を模倣すること（mimēsis）にあるとのことから、他の著作家たち（史家や哲学者たち）との相違を説くのであるが、まずここでは、普通にギリシャ語で各種の詩人を区別する呼び名がそれぞれの詩人の用いた韻文の格調（韻律）の相違によるものと見えるところから、詩人をそのように韻文を作る者とするのはあやまちで、実はあのような特定の模倣の作者であるとのことから話が始まっている。さて、ここで日本語への翻訳に当たって注記したいのは、訳語としての「詩」「詩人」「詩学」などについてである。これらそれぞれの原語は、‘poiēma’,‘poiētēs’,‘poiētikē（poiētikē technē）’であって、すべて‘poiein’（すなわち「作る」「生産する」「制作する」の意の動詞）から出た語であり、広義には‘poiēma’は「作られたもの」「作物」「制作品」、‘poiētēs’は「作るもの」「生産者」「制作家」、そして‘poiētikē’は、形容詞‘poiētikos’（男性形）の女性形で、‘poiētikē technē’の意なら「作る術」「生産技術」「制作術」（これまで理論、実践と区別されて「作る的」とも訳されていたもの）の意である。これらが狭義には（ここ『詩学』で見られるように）特に韻文を作ることとして、それぞれほぼ日本語では「詩」「詩人」「詩学」に近い意味に用いられている。それは、それぞれの音訳近代語（たとえば英語）の‘poem’,‘poet’,‘poetic（poetical art, poetry）’が普通に日本でそう訳されたからであろう。したがって、原意により近く訳すとなれば、「詩」は「作品」、「詩人」は「作家」または「作詩家」、そして「詩学」は（ことにアリストテレスはこれを「学」ではなくて「術」たるべきだとするから）むしろ「制作術」「作詩術」とでもすべきであろう。書名『詩学』も同様である。とにかくこのつもりで読まれれば、この箇所も他の場合もわかりやすいと思う。なお、次々注(3)参照。

(2) 模倣(mimēsis)については次項四以下参照。

(3) 以上を補読すればこうなろう。すなわち、一般の用語例では、或る者(言わゆる哀歌詩人)は、六歩格と五歩格との韻律を用いた歌(哀歌)を制作《ポイエイン》する者との意で「哀歌《エレゲイア》を作る者」(elegeiopoios)と呼ばれ、或る者(叙事詩人)は、英雄詩格での韻文を作る者 verse-maker との意で「韻文を作る者」(epopoios)と呼ばれるなど、その他そうした者どもは、いずれもみな共通になんらかの格調の韻律を用いて韻文を「作る者」(poiētēs=poet, 詩人)と呼ばれているが、この呼び方では、――すなわちこの者どもを「模倣を作る者」としてでなく「韻文を作る者」としたのでは、――つぎに見られるように、この者どもと韻文で自説を述べた学者(たとえば自然学者エンペドクレスなど)との区別がつかない、との意。

(4) 四元素説で有名な前第五世紀の自然学者(physiologos)なるエンペドクレスには韻文で書かれた『自然について』(peri physeōs)と『浄化』(Katharmoi)とがあり、またエレア派のパルメニデスも自説を韻文で書き表わした。

(5) 前第五世紀前半に散文で書かれた『歴史』(Historia)の著者として有名な史家ヘロドトスである。

(6) 詩作(poiēsis)と歴史(historia 歴史記述)とのちがいについては、なお、本章の九の最初の節参照。

(7) アルキビアデスは、前第五世紀後半のアテネ政界で活躍した政治家、民主党の首領、またソクラテスとも親しかった人。同時代の史家ツキディデスによってその事績が伝えられ、また同時代の喜劇作家たちによってその劇のモデルにもされた。

四　詩と模倣

叙事詩作りも悲劇の制作も、また喜劇やディテュランボス〔ディオニソス讃歌〕の制作も、さらに吹笛や弾琴の多くも、これらはすべて、全体として見れば、たまたまいずれも模倣するものである。しかしこれらは、相互に三つの点で異なっている。すなわち、(1)それぞれその類において異なる媒材により、(2)それぞれ異なる対象を、(3)それぞれ同じ仕方でではなしに異なる仕方〔技法〕で、模倣している。(『詩学』一四四七a一三—一八)

そこで、模倣は、これら三つの点で、すなわち、さきに言ったように、媒材と対象と仕方との三つの点で、それぞれ相異なる形で行なわれる。こうしてそれゆえ、たとえばソフォクレス(1)は、ホメロスとは或る点で同じ模倣者であろう(というのは、両者とも同じく高邁な人物を対象としているからであるが)、しかしアリストファネスとは他の点で同じ模倣者であろう(というのは、両者ともその対象人物を行為する者《プラットーンテース》とし演劇する者《ドローンテース》とする仕方で模倣しているからである)。ここからして、ドラマ〔劇・演劇〕という語でこれら〔喜劇や悲劇〕が呼ばれるようになったと或る人々は称えている(2)、というのは、これらが演劇する《ドローンタイ》者をとり入れたからだというのである。それゆえにまた、トラゴーィディア〔悲劇〕やコーモーィディア〔喜劇〕を、ドリア人たちは、自分たちのところで発生したものだとも主張している(すなわち、メガラ本国の人たちやシチリアに移住したかれらは喜劇を、……さらにペロポンネソス在住のドリア人たちは悲劇を)。そしてかれらは、それらの名称がその証拠だとしている。それによると、アテネ人がデーモスと呼ぶところの周辺の土地を自分たちドリア人はコーメー(田舎)と呼んでいるが、あの連中がコーモーィドイ〔喜劇役者〕と呼ばれたのは、その田舎《コーメー》をかれらがコーマゼインしたからというのではなくて、(3) むしろ逆に、かれらが町の者からは馬鹿者扱いされてあちこち田舎まわりをしたのでそう呼ばれだしたのだ、とのことである。なおまた、その実演《ポイエイン》を、アテネ人はプラッティン〔行為する・実演する〕というのに、かれらドリア人たちはドラーンと呼んでいる。(4)〔『詩学』一四四八a二四―b二〕

一般に、作詩の術を生んだ原因になにか二つあり、そのどちらも自然的なものと思われる。すなわち、まず、(1)模倣する《ミメイスタイ》ということ(このことが人間に幼児のころから自然的に生まれついているからである、そして人間が他の動物と異なるところは、この最も模倣ずきな点にあり、学習がまず最初になされるのはあれこれ模倣することによってである)。そして(2)もう一つの原因はすべての人々が生まれつき模倣されたものを喜こぶ《ト・カイレイン》ということである。というのは、たといその実物それ自らは、痛ましい感じなしには見ていられないようなものでも、そのものの最も正確な模写《エイコーン》〔似姿〕であれば、たとえば最もいやらしい下等動物や屍体でもその正確に描写された形姿なら、われわれはこれを観照して喜こびを感じるからである。だが、つぎの事実も原因になっている、すなわち、なにかを学ぶということが、ただたんに愛知者《フィロソフォイ》たちにとってだけでなく、その他の人々にとっても(たといこの学ぶことに与かる機会・能力はほんのわずかだとしても)、最も快的なことだという事実がそれである。というのは、実のところ、模写されたものを見て人々が喜こぶのはつぎの理由によってだからである、すなわち、人々はなにものかを観照することによって、学ぶことが、――すなわちたとえば、そのものはなにか、それはこれこれだ、というように推理することが、――付帯的に結果するがゆえにである。なお、たといその原物を前もって見たことのない場合にも、〔われわれはその模写品を見て喜こぶが、この作品が〕快感を与えるのは、この場合、模写としてではなくて、むしろその仕上げのうまさとかその色彩とかその他なにかそうしたものがその原因である。

さてこのように、模倣することがわれわれ人間にとって自然的〔本来的〕なことであり、そして和声や旋律も(韻律は明らかに旋律の一種だから)同じくわれわれにとって自然的である。そこで、最初には、生まれつき模倣の仕事に特に最も適した人々のあいだで、少しずつその仕事が進められ、こうして即興的な作《アウトスケディアスマタ》からしだいに作詩活動《ポイエーシス》が生まれてきたのである。(『詩学』一四四八b四―二四)

(1) 言うまでもなくここでは、ソフォクレスは悲劇の、ホメロスは叙事詩の、アリストファネスは喜劇の代表者としてあげられ、そしてつぎに、悲劇と他の両者との異同について、悲劇は、その模倣する対象の点で叙事詩とは同じであるが喜劇とは(これが高邁でない卑俗下劣な人物を対象とする点で)異なる、だがその模倣の媒材や仕方では喜劇と同じであるが叙事詩とは(これが演劇行為者によらない点で)異なるとされている。なお、これら三者の区別については、次項五参照。

(2) 「ここから……或る人々は称えている」というのは、——つぎに読まれるように「ドリア人たち」のあいだでは、ここに「演劇する者」と訳された原語‘drōntes’が動詞‘drān’から出た語で、‘prattein’とほぼ同様に「行為する」という意味に使われていたところから、——ここから「この或る人々(ドリア人たち)は」、これらの劇での登場人物の行為・演劇が、アテネ人のあいだでは‘prattein’と言われるのに、自分たちのところでは‘drān’と言われ、そこから、これら(悲劇や喜劇)が‘drān’されるものという意味で‘drama’と呼ばれ始めたのは自分たちのあいだにおいてであると「称えている」との意。いずれにせよ「劇」「演劇」のことが「ドラマ」と呼ばれだしたのは、この‘drama’がこの演劇行為を意味する動詞‘drān’に由来する名称であることには、ほぼまちがいないようである。

（3）　この「コーマゼイン」（kōmazein）は田舎（kōmē）――都市の近郊――を陽気にぶらぶらピクニックするというような意味であるが、かれら喜劇役者たちは、そのように呑気にではなく、都市の人々からは軽蔑され、落ちぶれて田舎まわりをし、言わば田舎役者、旅芸人というほどの意味で'kōmōidoi'（コメディアンズ）と呼ばれだした、ともかれら（ドリア系の人々）は言っているとの意。

（4）　この「ドラーン」（drān）は前々注（2）で述べたとおりである。そして、このあとに「こうドリア人が呼ぶというのも、実は「ドラマ」という名称の起源が自分たちドリア人にある証拠だというのである」と補読されよ。

五　喜劇、悲劇、叙事詩

喜劇は、さきにもわれわれの言ったように、より多く下劣なものどもの模倣であるが、必ずしもあらゆる悪いもののではなくて、むしろ醜いものの一種、滑稽《ゲロイオン》なものの模倣である。けだし、滑稽は、過失の一種であり或る醜さではあるが、なんの苦痛も損害も与えないものである。たとえばあの滑稽な仮面など、一種の醜いものでありゆがんだものではあるが、不快なものではないから。

ところで、悲劇がどのように変遷してきたか、またそれがどういう作家たちによって行なわれたか、これを忘れられなどしなかったが、喜劇の変遷過程は、誰にも顧みられなかったので、その初めごろのことは見のがされている。というのは、合唱舞踏隊を喜劇団に治者が提供しだしたのは、いつのことか、とにかくよほど後のことで、それまでは、自前でやっていたらしいからである。とにかく、すでに喜劇が或る一定の型をもつようになって初めて、それの作者たち〔喜劇詩人たち〕と呼ばれる人々も記録に止められるようになったのである。

誰が、しかし、喜劇に仮面や前口上や役者[1]の数やその他そのようなものを付け加え始めたのか、それはまだ知られていない。ただし、喜劇の筋《ミトス》を作ることは、……アテネ……ではクラテス[2]が最初に、イアンボス調の型をすてて、一般向きに物語を、すなわち筋を作り始めた。

ところで、叙事詩は、韻律による或るすばらしい〔高貴卓抜な〕事柄についての大規模な模倣というところまでは、悲劇のお伴をしていた。しかし叙事詩はまず、ただの韻律だけで歌曲なく、叙述的である点で、悲劇と異なり、またその長さの点でもちがっている。すなわち、悲劇は、日の出から日没までに、あるいはそれ以内に、演じられるように作られねばならないのに、叙事詩にはそうした時間上の制限がない[3]。……

またその構成部分については、その或る部分は同じであるが、その他の部分は悲劇に特有のものである。だからして、およそ悲劇について優れた作と劣った作との区別を知るほどの者は、叙事詩についてもその区別をすることができよう。というのは、叙事詩のもつものはすべて悲劇のうちに含まれているが、後者のもつものがすべて前者〔叙事詩〕に含まれているわけではないからである。〔『詩学』一四四九a三二—b二〇〕

（1）　ここに「役者」または「俳優」、英語では'actor'と訳されている原語'hypokritēs'は、「答える者」「解説する者」というほどの意味の語であるが、舞台上で模倣される人物の行為や思想・人柄を「解説し代弁する者」という意味でかアテネの劇では、プラトンの用語にも見えるように、演劇行為者（前項に見えた‘prattōntēs’や‘drōntēs’. 英訳すればこれこそ‘actor’）と同じく舞台上で演劇する者（役者、俳優）を呼ぶ語であった。これがやがて古代ギリシャでも英語の‘hypocrite’のような「偽善者」「猫かぶり」の意に用いられるに至ったのは、この役者が仮面・仮装して「行為する者」であったからであろう。

（2）　クラテス（Kratēs）は前第五世紀の半頃の人、アリストファネスよりはすこし先輩の喜劇作家。

（3）　アリストテレスは、筋の統一とともに時の統一をも劇構成の重要な条件とみていた。本章の八参照。

六　悲劇について

さて、悲劇については、まず、さきに述べたことどもから導出されるその本質《ウーシア》についての定義をとりあげて、話を進めることにしよう。そこで、悲劇とは、或る行為の模倣であり、その行為はすばらしい〔高貴卓抜な〕ものであり・それだけで完結しており・或る大きさ〔長さ〕をもっている・行為であり（1）、そして、それの各部分には、それぞれ別々に種の異なる・快的に味付けされた言葉が使われているが、朗詠によってでなく演技によってその行為が模倣され、よってそこに、憐憫と恐怖を惹き起こしながら、こうした受態《パテーマタ》の浄化《カタルシス》（2）をなしとげるもの、これが悲劇である。この定義のうち、「快的に味付けされた言葉」というのは、リズムと和声・旋律をもつ言葉のことであり、また「それぞれ別々に」というのは、劇の或る部分ではただ韻律だけで仕上げ他の或る部分は代わって旋律で、というように

との意である。(『詩学』一四四九b二一―三二)

ところで、最も美しい悲劇の構成〔筋〕は、単一的ではなくて複合的であらねばならず、また恐怖的なことや憐憫的なことの模倣でなくてはならない(というのは、これがこうした〔悲劇での〕模倣に固有なことだからであるが)、それゆえに、まず第一に明らかなことは、特に善良な人々が幸運から不運に転落するところを現わに見せるべきではないということである(なぜならこれは、恐怖的なことでも憐憫的なことでもなくて、ただ全くいやなことだから)。また、邪悪な者どもが不運から幸運に逆転するところを見せるべきでもない。というのは、これは全くなによりも最も反悲劇的(3)だからである、すなわちこれは、悲劇のもつべきものをもっておらず、人間愛〔人情〕に訴えもしなければ憐憫や恐怖の感を与えもしないからである。さらにまた、非常な悪漢が幸運から不運に投げ込まれるところを見せるべきでもない。なぜなら、このような筋は、なるほど人間愛に訴えるものをもつかもしれないが、憐憫でも恐怖でもない、というのは、憐憫は不当にも不運に転落した人に対しておこる感じであり、恐怖はわれわれと同様な人〔普通人〕の場合におこるものであり、したがって、この悪漢の場合は、なんらの憐憫にも恐怖にも価しないことだからである。

そこで、残るところは、これらの中間の人物の場合である。すなわちそれは、徳や正義の点では〔普通のわれわれと〕それほどちがってはいない人で、しかも自らの悪徳や邪悪のゆえにではなしに或るなんらかの過失によって不運へと転落した人、そしてこの人は、名声の高い、幸運に恵まれた人々のうちの一人、たとえばオイディプスとかティエステス(4)とかその他そうした良い家柄から出た人々である。したがって、……悲劇物語の最も美しく出来た筋は、或る人々の主張するように二重的であるよりも、むしろ単一的であらねばならず、そしてその転化は不運から幸運へでなく幸運から不運への転落であり、また邪悪によってではなく或る大きな過失によっての転落であり、しかも、いま述べた人物のおかしたような或る大きな過失、あるいは劣悪な人よりもむしろ善良な人のおかしがちな過失によっての転落であらねばならない。(『詩学』一四五二b三〇—一四五三a一七)

(1) ここまでが『詩学』のなかの有名な悲劇の定義の前半、対象規定の部であり、つぎにその演出方法と演出効果(浄化の完遂)の規定で一応その定義は終る。なおこの節については次々項八を、また「大きさ」すなわち「長さ」については前出の美についての項二の最後の節を参照。

(2) 「受態」(pathēmata)というのは、ここではとくに「感受態」または「感情」のこと。演出される事件に伴ない惹き起こされる恐怖・憐憫などの感情。つぎに「浄化」の原語 'katharsis' は、とくに医療術の用語としては「便通をつけること」「洗滌すること」を意味するが、また霊魂を汚れから洗いきよめる「浄化」をも意味し、ここでは、事件進行中に起こされるこれら諸感情《パテーマタ》が、急転や発見など(次々項八参照)で一挙に洗いきよめられること。

(3) これは、続く本文で読まれるような理由で、悲劇の定義に最も反しているとの意。

(4) このティエステス(Thyestēs)は、オイディプス王と同様、ソフォクレスの悲劇に出る神話的人物で、神託そのままに自分の娘とのあいだに息子をもうけるに至った。

七　悲劇の構成部分

さて、役者たち《プラットンタイ》が演技で模倣を作り出すのだから、まずその悲劇の或る部分は目に見える飾り〔扮装・衣裳・舞台装置など〕を必要とし、他の部分にはさらに歌曲とせりふ(1)とがなくてはならない。なぜなら、かれらはこれらを媒材として模倣を作り出すのだから。なお、ここに「せりふ」と私の言うのは、ただの韻文だけでの構成部分であり、「歌曲」については、それがいかなる働きをするかは〔解釈をまつまでもなく〕明白である。

また、悲劇は行為の模倣であり、そしてその行為は或る人物たちによって行なわれるのだが、そういう人物はその性格においても思想(2)においても必ず或るこれこれの特質をそなえた人物であらねばならない。なぜなら、これらのゆえにわれわれはまた、その行為をもこれこれの特質をもつものだと言うのだから。だから当然、行為には思想と性格との二原因があり、そして、これらのいかんによってそれぞれの人物はみな、あるいは成功し、あるいは失敗するのである。

ところで、行為を模倣するのは筋(3)によってである。ここで私が「筋」と言うのは、要するに、その行為の綜合的配置であるが、これに対し「性格」と言うのは、それのいかんによってわれわれが、その行為する人物たちをこれこれの特質をもつ人物だというゆえんのそれのことであり、また「思想」と言うのは、その人物がなにかを語るとき、それによってかれがなにか或ることを証示しまたは或る見解を表明するところのそれのことである。

それゆえに、悲劇には、これが上述のごとき或る特定の性質のものである限り、必然的に、その全体のうちにつぎの六つの部分がある。それは、筋と性格とせりふと思想と扮装と歌曲とである。すなわち、これら六つのうち、それらによって行為が模倣されるところの媒材部分が二つ〔せりふと歌曲〕、どのようにして模倣するかの仕方の部分が一つ〔扮装〕、そしてさらにそれらが模倣されるところのそれら対象部分が三つ〔筋と性格と思想〕である。そして、これら六つより以外にはいかなる部分もない。

（『詩学』一四四九b三一―一四五〇a一二）

そして、これら六つのうち、最も重要なことは、そこに演出される諸事件のあいだに一つのまとまり(4)〔一定の筋の構成〕があるということである。けだし、悲劇は人物の模倣ではなくて、その行為の模倣、その生涯と幸不幸の模倣であり、幸不幸は行為にあるからであり、そしてまたその人物の終り〔すなわちその幸不幸〕は一種の行為であって、その人物の性質ではないからである。誰かがこれこれの性質の者であるということはその誰かの性格に関することであるが、その人が幸福であるとかその反対であるとかはその人の行為によってきまることである。したがって、演技者は、当の人物の性格を模倣しようとして行為するのではなくて、行為を模倣するために性格をも併せて抱き入れるのである。だから、事件とその筋とが悲劇の目的であり、この目的が悲劇の最も重要な部分である。

つぎに、行為なしには悲劇は成立しえないであろうが、性格なしにでも悲劇は成立しえよう。……さらにまた、たとい誰かがただ連続的に、いろんなせりふや思いつき〔思想〕を並べたて繋ぎ合わせて、人物の性格を表わす弁舌の数々を巧みに作り上げても、それで悲劇本来の効果があげられるわけではない。それよりもむしろ、たといこれら〔せりふや思想〕は十分に使われていなくても、その筋が、すなわち当の事件にまとまりがあれば、その悲劇はより多く立派にその効果をあげよう。……またそのほかにも、悲劇がよってもって観客の心をゆさぶるところの最も重要なものがある。それは筋の主要部分、すなわち急転と発見とである。[5] ……

さてそれゆえに、筋こそは悲劇の第一原理《アルケー》であり、言わばその魂《プシケー》であり、性格はこれに次ぐものである。……というのは実のところ、悲劇は行為の模倣であるが、同時にまた、まさにそれゆえに、行為者の人柄の模倣でもあるから。そして第三は思想。これは、なにごとであろうと言いうることを言い、事情に応じて適当に語ることの可能な談話能力のことで、政治学や弁論術に属することであるが、……とにかく、ものごとのそうあるとかあらぬとかを論証したり、なにかを一般的に表明したりするとき、そこには思想がある。さらに第四は言語で表現されるものの一つ、せりふである。このせりふ《レクシス》というのは、さきにも述べたように、話し声を用いてその〔思想や性格の〕意味を解明するものである。……なお、残る二つの部分のうちでは、第五に、歌曲を歌うことは、劇に快味を加えるものとして最もだいじなことであるが、最後に、扮装〔仮面や衣裳〕は、観客の心をゆさぶるものではあっても、演劇技術とは無縁であり、作詩術には最も固有でないものである。（『詩学』一四五〇a一五—b一八）

（1）「目に見える飾り」または「扮装」の原語は'ho tēs opseōs kosmos'または'opsis'(英訳では'spectacle')であり、「歌曲」(または「歌」)のは'melopoiia'(または'melos',英訳では'melody'または'song')であり、「せりふ」(または「白」「台詞」)のは'lexis'(英訳では'diction')である。

（2）「性格」の原語は'ēthos'(英訳では'character')であり、「思想」のは'dianoia'(英'thought')である。

（3）「筋」(または「物語」)の原語は'mythos',英訳では'plot'(または'fable')である。この「筋」および「筋の統一」については続くこの項での説明および次項八参照。

（4）「まとまり」と訳された原語は、「構成」とも訳される語 'systasis' で、ここでは特に筋のまとまり（一定の統一的な構成）が悲劇の構成に必要だとされる。

（5）「急転」と「発見」とについては次項八、同注（5）（8）参照。

八　筋──急転と発見

これだけの部分の別が規定されたから、つぎには、劇にとり入れられる諸事件のあいだのまとまりはどのようにあるべきかを語ろう、[1]というのは、まとまりは悲劇にとって第一の最も重要なことだからである。さて、さきにわれわれの定めたところでは、[2]悲劇は、或る行為の模倣であり、その行為は、それだけで完結しており・或る大きさをもつところの・全体的な行為である、というのであった。……ところで、「全体《ホロン》」というのは、始め《アルケー》と中間《メソン》と終り《テレウテー》とをもつもののことである。[3]そして、「始め」というのは、これ自らは必然的に他のものの後に存在してはならないが、これの後には他のものが存在しまたは生成するのが自然的であるもののことであり、「終り」というのは、その反対に、これ自らは、必然的にまたは多くの場合、他のものの後に存在するのが自然的であるが、これの後にはなにものもないもののことである。そして、「中間」というのは、これ自らが他のものの後にあり、またこれの後にも別のものがあるようなもののことである。したがって、立派にまとまった構成をもつ悲劇の筋は、行き当たりばったりに始まったり、行き当たりばったりに終ったりすべきではなくて、いま言

ったような形態を採るべきである。(4)〔『詩学』一四五〇b二一—三四〕

筋のうち、その或るものは単一的であり、他の或るものは複合的である。それは、筋が模倣するところの行為そのものが、当然、これらのいずれかだからである。ところで、単一的な行為と私の言うのは、それが、さきに規定されたとおりの長さをもつ一つの連続的な事件として、急転も発見もなく転化なしに起こるような行為のことである。そして、複合的な行為と言うのは、それが継続的に起こり、そこに発見か急転かその両方かの転化があるところの行為である。ただしこれらの転化は、筋の構成そのものから起こるものでなくてはならない、したがってこれらは、前に起こった事件から必然的にか蓋然的にかその結果として起こることでなくてはならない。というのは、これこれのことが、しかじかによって起こるというのと、しかじかのあとに起こるというのとは、異なる別のことだからである。

さて、「急転《ペリペテイア》」(5)とは、行為されたことどもが、さきにも述べたように〔思いがけなくも〕その反対へと転化すること、しかもこの転化が、われわれの言うように〔偶然的にでなく〕蓋然的にまたは必然的に起こる場合でのことである。たとえば悲劇『オイディプス王』において、使者が〔コリントから〕来て、オイディプス王を喜こばせ、またその母親に対する恐怖から王を解放しようと、王の身元を明かしたとき、かえってその反対の状態が起こった場面のごときがそれである。(6)あるいはまた『リンケウス』において、(7)その主人公の方は連れ去られて死刑に処せられようとし、他方、ダナオスはかれを殺そうとそのあとを追っていたとき、かえって逆に、それ以前に起こっていた諸事件がもとで、後者〔ダナオス〕は死ぬことになり、前者は救われることになるような場面も急転の例である。

つぎに「発見《アナグノーシス》」というのは、その「アナグノーシス」という名の示すとおり、無知から認知《グノーシス》への転化である、(8) ことにこの転化は、それまで明らかに幸運な者または不運な者と見られていた人物たちが〔この無知から認知への転化そのこととともに〕互いにその相手に対して急に親愛の情をもつように変りまたは敵意を抱くように変るところの転化である。そしてこの発見の最もすばらしいのは、これと一緒に急転が起こる場合である、たとえば『オイディプス』における発見がそれ〔すなわち急転と一緒に起こった場合〕である。……

こうしてそれゆえ、以上〔複合的な劇の場合〕については、その筋の部分はこれら二つ、すなわち急転と発見とである。だが、もう一つ第三に「受難《パトス》」がある。これら三つのうち、急転と発見とはいま述べたとおりであるが、この受難というのは、とくに〔悲劇の場合では〕破滅的または心痛的な行為、たとえば舞台上で現わに見られるさまざまの死とか激痛とか深傷とかその他この類のことである。

(『詩学』一四五二a三三―b一三)

(1)　ここに、前項七の注(3)(4)でも触れた悲劇の「まとまり」とくに「筋の統一」の必要が主張される。この箇所および次項九の終りの節(『詩学』一四五九bから引用の箇所、劇の長さすなわち「時の統一」に触れた箇所)は、後に近代(十七世紀以後)、まずフランスの、ついで欧州各国の劇評論家や劇作家のあいだで問題になった言わゆる「三一致」の法則(筋の統一、時の統一、場所の統一の三つの一体性が劇の構成の基本条件だとするもの)の原型、淵源ともされたものとして注目される。ただし、アリストテレスでは、この『詩学』でも、筋の統一は主としてこの箇所で説かれたが、時の統一については前述の箇所(次項九参照)

でわずかに触れられただけであり、場所の統一にはすこしも触れられていない。

(2)　本章の前々項六の初めにあげられた悲劇の定義を指す。

(3)　この点については、次項九の最初の節参照。

(4)　『詩学』の本文では、この節のあとに、前掲三の項(美について)の終りの節が続く。

(5)　「急転」の原語は‘peripeteia’. 英語ではそのまま‘peripety’. 運命が、主として悲運へと、突然的に、しかし蓋然的ないし必然的な原因があって起こるところの、転化。次注(6)参照。

(6)　これはソフォクレスの悲劇『オイディプス王』の九二四―一一八五行に展開される発見と急転の場面。オイディプスはテーベの王ライオスと王妃ヨカステの児として生まれたが、アポロンの神託に「この児は父を殺し母をめとる」とあったので、ライオス夫妻はこれを葬るべく家僕にその処置を託した。家僕はこの可愛い幼児オイディプスを殺すにしのびず、コリントとの国ざかいで或る牧夫にこの児を託した。隣国コリントの王ポリボスとその妻とのあいだには子供がなかったので、結局、この児は牧夫からこのコリント王夫妻の手に渡り、この王宮で愛し育てられた。長じて自らに与えられた同じ神託を聞いて、オイディプスはこの神託の実現されることを恐れ、ポリボスとその妻(この二人をかれは自分の実の父、実の母と信じていた)と共に住むコリント王宮を去り、テーベ(実はかれの父母の国)への途上、乗馬の一群に襲われて自己防衛上はからずも実の父とは知らずテーベの王ライオスを殺し、ついでこの謎を解いた者はテーベの王(ライオスの後継者)になれるという懸賞つきの謎(有名な人頭獅子身の怪物スフィンクスの謎)を解いてテーベ王となり、したがってまたはからずも先王ライオスの王妃ヨカステ(かれを生んだ母親)を自分の王妃とし妻とすることになった。こうして、事実上、神託はそのとおりに実現され終っていたわけであるが、この本文(上記の場面)、コリントから「使者が来て」というところまでは、誰もみな(王自らも王妃も家僕も牧夫もこの使者も)それぞれただこの一連の事実に関する或る側面を知るだけで、その全面、全貌、事の真相は知っていなかった。そこに「使者が来て」コリント王の死が伝えられ、そこから急速に、つぎつぎにと、あれがこれだったのか、そうだったのかと、知られ知らされて（「発見」に「発見」が続き）、ついに全貌の発見とともに、現にテーベの王位にあり先王の妃ヨカステを妻としているオイディプス自らが、突如、自らを「父殺し」とののしり、「血をけがす者」（母を姦する者）とののろいながら、太陽（神託の神アポロン）を見るにしのびずと自らの眼をえぐるまでに、事は全く「反対の状態」に「急転」する。そこで、この短かい本文はつぎのように補読されよう。すなわち、前記のようにテーベ王宮にコリントから「使者が来て」父王ポリボスの死が伝えられ、これで一応オイディプスは、父（実は育ての父だが）を自らの手で殺さないでよかったと胸をなでおろすが、かさねて使者がコリントに帰って王位を継承されたいとすすめるに及び、王はコリントにまだ母（実は育ての母だが）の生存するを思って、帰国すればこの母を妻とすることになりはしないかと王妃（実の母だが今は王妃なるヨカステ）と共に恐れ気遣う。使者は、この二人の気遣い話を聞き、神託の件を知って、その心配は無いと、「オイディプスを喜こばせ、またその（コリントにいる）母親への恐れ（これを妻とすることになりはしないかという心配）から王を解放しようと」実は王はこれこれで（牧夫からもらいうけたもので）コリントの母君は生みの母君ではないと「王の身元を明かしたとき、」そこから、コリントの死んだ父も実父ではないことが王に知られ、さきの老家僕や牧夫が呼ばれて、ここに直ちに、前述のような「反対の状態が起こった。」と補読されたい。

（7）　この悲劇『リンケウス』（Lygkeus）は、テオデクテス（Theodektēs, c. 375–334 B. C.）というアテネで活動した人の作と知られるが、内容の詳細は不明。

（8）　「発見」と訳された原語は‘anagnōsis’で、英語では‘discover’と訳されるので、日本語には適訳が見当たらないままに、英語 discover が発見と訳されるので被い（cover）が取りのけられるの意をもたせたつもりで、この訳をとった。その意味は前々注（6）のオイディプス王の場合などから察知されたい。

九　叙事詩と悲劇

さて、韻文の形だけで〔演劇行為なしに〕叙述され模倣をするもの〔すなわち叙事詩〕については、その物語の筋は、悲劇においてと同様、(1)一つの劇《ドラマ》のように構成され、始めと中間と終りとをもちながら、全体として完全な一つの行為を中心にまとまっていて、あたかも一つの全体的な〔有機的一体をなす〕動物が、それ固有な快感を作り出すようにそのように構成されていなくてはならないこと、明らかである。だがこの構成が歴史《ヒストリア》(2)のそれと同様ではないということも、明らかである。けだし、歴史においては明らかにされねばならないのは、一つの行為ではなくて一つの時間〔時期・時代〕である。すなわち、〔歴史のなかで記述されるのは〕或る時間のうちで或る一人または多くの人々の身辺に起こった出来事であるが、この出来事の各〻は互いにただ偶然的にかち合っただけのような関係におかれている。というのは、あたかもサラミスでの海戦とシチリアでのカルタゴ人との戦争とは同じ時期に起こった出来事ではあるが、この二つが共に同じ結果《テロス》〔目的〕を目指していたわけではないように、そのようにまた、同時的にでなく継続的な時間のうちで、或る事件が他の事件のあとに続いて起こることがあっても、これら両事件から同じ一つの結果《テロス》が出てくるわけではないからである。(3)しかるに、この作者たち〔叙事詩人〕の多くは、ほとんどみな、おかまいなくこのことをやってのけている。〔『詩学』一四五九a一七—三〇〕

さらに叙事詩は、悲劇と同じだけの種類を、すなわち単一的なのか複合的なのか、性格描写的なのか受難的なのかを、もつべきであり、またその構成部分も、歌曲部分と扮装部分〔舞台装置・衣裳〕とを除けば、悲劇のと同じでなくてはならない。というのは、叙事詩にも〔筋があるから〕急転と発見と受難(4)とを必要とするからである。さらにその思想と言い回し《レクシス》〔劇ではせりふ〕も、美的《カロース》であらねばならない。そしてホメロスは、初めて、これら諸要素のすべてを、しかも巧みに、使いこなした。また実に、かれの作品のどちらをみても、その『イリアス』は単一的で受難的な作品として、また『オディッセイア』の方は複合的なものとして（その全体を通じて幾つかの発見を含んでおり）、また性格描写的なものとして、仕上げられている。そのうえさらに、その言い回しの点でも思想の点でもかれの叙事詩は他のすべてを遥かにしのいでいる。

だが、その構成の長さと韻律との点では、叙事詩に固有の長所がある。この点、悲劇においては、多くの部分が同時に進行している行為を模倣することはできず、かえってただ舞台のうえだけで、しかも役者たちの演じうる部分だけに限られている。しかるに叙事詩においては、叙述であるがゆえに、多くの部分を一緒にその現に起こっているがままに詩に作ることができ、さらに適当なものなら書き加えて、詩の量《かさ》を増すことも許される。したがって、叙事詩の善いところ(5)〔長所〕は、悲劇のそれとは異なっている。まずその長さだが、長さの定義はさきに述べたところで十分としておこう。それは要するに、その始めと終りとが、まとめて一目に見通せる程度の長さであるべきだというにあった。ところで、この長さについての条件は、その叙事詩が昔の叙事詩よりも短かく、他方、一日に公開・上演される悲劇の本数に相当する程度の長さであれば、みたされよう。(6) けだし、叙事詩は、その大きさ〔長さ〕を特に長くのばすことができ、その規模を壮大にしまた異様な挿話を加えて変化に富んだものにすることができる点に長所があり、これに反して悲劇は、同じようなことが続くと観客をすぐにも飽き飽きさせて〔競演においては〕失敗に終るおそれがある。

韻律〔詩形〕については、叙事詩では、英雄詩格《ト・ヘロイコン》〔英雄六脚韻〕が、経験に基づき、適当な韻律として古くから用いられてきた。それというのも、もし誰かが他の韻律のなにか一つを、あるいは種々の韻律をまぜ合わせて、叙述的な模倣を詩に作ろうとしてみれば、都合の悪いことがすぐ明らかになろうからである。実のところ、英雄詩格は、韻律のうちでも最も落ちついており、また最も重量的なものであって、それゆえまた、外来の方言だの隠喩だのをも最も採り容れやすいのである。またそれゆえにこの詩での叙述的模倣は他のいずれよりも優れているわけである。(『詩学』一四五九b八―三七)

(1)　『詩学』では、叙事詩の問題が、悲劇の問題を論じて後に、悲劇での場合とくらべながら論じられている。

(2)　ここに「歴史」(historia)というのは、古代ギリシャで一般にそうであるように、後世、歴史(人類の社会・文化の発展の道)が哲学の問題となってから考えられるようになった「歴史」でもなく、また言わゆる「史実」でもなく、史実を語るものとして書かれたヘロドトスやツキディデスなどの歴史記述を指す。なお、本章の三の項参照。

(3)　「このこと」というのは、歴史では(すなわち歴史家、史書の著者たちでは)別々の事件として記述されることどもを別々にではなしに、とのこと。

(4)　この三つは、前項八の最後の節に複合的な劇の筋の三部分・三要素としてあげられた三つ。

（5）　本章の二の項の最後の節に見える「大きさ」についての規定。
（6）　ここは、「時の統一」を述べたものとして、後の「三一致」の法則が、ここに淵源するとされる箇所。前項八の注（1）参照。

■岩波オンデマンドブックス■

アリストテレス哲学入門

1972年11月28日 第1刷発行
1999年6月1日 第11刷発行
2018年6月12日 オンデマンド版発行

著 者 出《いで》 隆《たかし》

発行者 岡本 厚

発行所 株式会社 岩波書店
〒101-8002 東京都千代田区一ツ橋2-5-5
電話案内 03-5210-4000
http://www.iwanami.co.jp/

印刷／製本・法令印刷

ISBN 978-4-00-730763-8 Printed in Japan

索　引

索引中のローマ数字は本文の章番号，続く算用数字は同章の項番号，続く括弧内の数字は同項の注番号を示す．例えば Ⅱ3(4) は第二章第三項および同項注(4)を見られたしの意．矢印，例えば →実体 は，本索引中の別項 実体 を参照されたしの意．

ア

アイテール aithēr　Ⅳ 4, 9(3), 10(5).
アナクサゴラス Anaxagoras　Ⅲ 1(4), Ⅳ 14, 20.
アリストファネス Aristophanēs　Ⅵ 4.
アルキビアデス Alchibiadēs　Ⅵ 3(7).
〔アンティステネス〕 Antisthenēs　Ⅱ 15(2).
ある，あるもの・存在 einai, to on　Ⅲ 2.　→存在
哀歌詩人 elegeiopoios　Ⅵ 3(3).
愛知・知恵の愛求 philosophia　Ⅱ 6, Ⅴ 3.　→哲学
愛知者・知恵の愛求者 philosophos　Ⅱ 6, Ⅵ 4.　→哲学者
与かる，与かること metechein, methexis　Ⅲ 12, 13(4).
安楽な暮らし diagōgē　Ⅱ 4(1), Ⅴ 22(6).　→閑暇

イ

〔イデア説批判〕　Ⅲ 10(4), 13(4).
意見 doxa　Ⅱ 30.　→臆見，判断
異質部分 anomoiomeros　Ⅳ 13.
移動 phora　Ⅲ 20(12)，Ⅳ 4(3)，7(8), 8, 9, 11, 12(2).　→運行，運動，転化
一 hen　Ⅱ 14, Ⅲ 10.　→一つ(ひとつ)
一眸のもとに収めうる eusynoptos　Ⅴ 19(3).
一緒に・同時に hama　Ⅱ 21(3).
今 to nyn　Ⅳ 5.　→時間
韻文の作者 epopoios　Ⅵ 3(3).　→叙事詩人

ウ

上へ・下へ，上方・下方 anō, katō　Ⅳ 1(6), 9(1)(2).　→三次元，衝動
運・不運 tychē　Ⅴ 3.　→偶運
運行 phora　Ⅳ 11, 12(2).　→移動
運動 kinēsis　Ⅲ 17(2), Ⅳ 6(1).　～と転化 Ⅳ 6(2).　～の種類 Ⅳ 7(2).　完全な～ Ⅳ 8.　～と可能性 Ⅲ 17.　～の不滅性 Ⅲ 18.　～の第一原理 Ⅲ 19.　→転化，移動，生成，変化，増大

エ

エウドクソス Eudoxos　Ⅳ 12(7).
〔エウリピデス〕 Euripidēs　Ⅴ 9(5).
エンペドクレス Empedoklēs　Ⅲ 1

(4), IV 2(13), 3(2), VI 3.
栄養・栄養物・食糧 trophē　IV 18, V 20(2).
栄養能力(霊魂の) to treptikon (meros tēs psychēs)　IV 18(1).
円運動 kyklophoria　IV 8, 9(1).　→移動
〔演繹法〕 syllogismos　→推論(三段論法)
演示的言論 epideiktikos logos　VI 1.　→弁論術

オ

オイディプス Oidipous　VI 8(6).
大きさ(劇の) megethos　VI 2(3).
多くの場合に・概して to epi polly　V 2(4).
王者的・支配者的 archikos　II 5(3).　→棟梁的
王制 basileia　V 16(8).
臆見・臆断 doxa　III 11.　→意見, 判断
終り・目的因 telos　III 16(9).　→目的, 原因
音楽 mousikē　V 22(2).　→教育, 詩の制作
女(雌)と男(雄) to thēly kai arren　V 14.
女(雌)と奴隷 to thēly kai doulon　V 14.

カ

〔カテゴリー〕 katēgoria　III 2(4).　→述語形態
カリアス Kallias　II 1(4).
カリッポス Kallippos　IV 12(12).
かず・数 arithmos　IV 5(7).
があると である　III 2(1).　→存在
歌曲, 歌 melopoiia　VI 7(1).
火星(Arēs の星) pyroeis　IV 12.
家政術・経済学 oikonomikē　II 3, V 1.
家族 oikia　V 13, 14.
寡頭制・寡頭政治 oligarchia　V 16(5), 18, 21.　～の目指すは富 V 17(4).
可知的 gnōrimos　II 5(4).
可認識的 epistētos　II 5(4).
可能態・可能性 dynamis　III 2(6), 13, 14(1), IV 4(6).　～と現実態 III 14　→現実態
可能的存在 to dynamei on　III 2(6).　→存在
快楽 hēdonē　II 4, V 3.
概念 logos　II 16(1)(3).　→ロゴス
格(三段論法の) schēma　II 23(一)(6).　→名辞, 説明方式
学・学問・認識 epistēmē　II 2(7), 5, 7, 30, V 1.　→認識, 知恵, 哲学, 理論学, 実践学
学課 mathēmata　II 8(7).
神 theos　II 6(8), III 20, 21(4), V 20.　～の思惟 III 21(6).　→第一の不動の動者, 神学
神的な daimonios　III 6(3).
神的な実体(諸天体) theiai ousiai　IV 15(1).
神憑り enthousiasmos　V 22(10).
閑暇 scholē　V 20, 22(3).　→安楽な暮らし
閑日月 euēmeria　V 22(8).
感覚・感官知覚 aisthēsis　II 1, 27(5), 30, IV 18, 19.　～とその対

象 IV 19(1)(2).　→理性，知覚
感覚印象 aisthēma　II 30.
感覚的なもの・感覚対象 aisthēton IV 19.
感覚的実体 aisthētē ousia　III 11.　→個物，結合体
感覚能力 aisthētikon　IV 18(1), 20.
感官 aisthēterion　IV 18, 19.
感受態・感情 pathos　V 5(2).
関係・対してどうあるか pros ti II 17(3).
完現態・完成現実態 entelecheia III 2(6), 13, IV 16(2)(3).　→現実態
観想・観照・理論・研究 theōria II 2(1), III 21(8).　→理論
観想的・理論的 thēorētikos　II 2 (1), II 4(7)　→理論的な学
観想的生活 bios theōrētikos　III 21 (8), V 3(8).　→神，思惟の思惟

キ

記憶 mnēmē　II 1, 30.
幾何学・測地術 geōmetria　II 5, 8(7), 10.
幾何学的比例 geōmetrikē analogia V 11(3).
喜劇 kōmōidia　VI 4(3), 5.
貴族制・貴族政治 aristokratia　V 16(9), 17.　～の目指すは徳 V 17(4).
基体・主語 hypokeimenon　II 16, III 6(4), 9(1), IV 6(2).　～的存在 II 16(6).　→実体，主語，質料
詭弁術・知者の術 sophistikē　II 14(3).
帰納・帰納法 epagōgē　II 24(1).　→推論
技術 technē　II 1(3), 30, III 15, VI 1(1).　～と自然 IV 2(7), 3(5).　生成に関しては～ II 30.　→学，制作，理論，理性
〔偽善者〕 hypokritēs　VI 5(1).
〔客観的に〕　II 27(2)(3)(5).　→自然において
急転 peripeteia　VI 8(5)(6).　→発見
挙例法 paradeigma　II 26(4).
共同体 konōnia　V 13, 14, 15.
教育・教養 paideia　V 18 (6), 21 (3), 22(1)(9).　国民の～ V 21. 青少年の～ V 22.
教養 paideia　V 18(6).　→教育
驚異する thaumazein　II 6(2).
均衡 symmetria　VI 2(3).　→美
金星(アフロディテの星 Aphroditēs astēr) phōsphoros　IV 12.

ク

苦痛 lypē　V 3.
空間・すきま chōra　V 4.
空気 aēr　IV 4, 10, 13(1).　→元素
空虚 kenon　IV 4.　→場所
偶運・運 tychē　III 15(2).
偶然性 ta symbebēkota　III 2(2).　→付帯性，付帯的，他でもありうる
国・国家 polis　V 15(1).　→国家
暮らし diagōgē　III 21(2), V 3.　→安楽な暮らし

君主，君主的 basileus, basilikos V 13, 16.
君主制・君主政治 monarchia V 16(7). →王制，唯一者支配

ケ

『形而上学』(ta meta ta physika) II 1(1), 7(1), 10(6). →第一の哲学
形相 eidos III 6(8)(10), 16(6), IV 3, 13. ～と質料 III 13. プラトンの～ III 10. 霊魂は～の場 IV 20(5). →型式，種，質料，実体，本質，現実態
型式 morphē III 6(8)(10)(11), 13, IV 3, 13. →形相
経験 empeiria II 1, 2, 30, V 19.
経済学 oikonomikē →家政術
結合体(形相と質料との)・結合的全体 synolon III 11(1). →両者から成るもの，シモン的，個物
結合なしに言われるもの(単語) ta legomena aneu symplokēs II 16(1).
結合において言われるもの(句・命題) ta legomena kata symplokēn II 16(1).
結婚・両性の結合 gamikē, syzeuxis V 21.
月経 katamēnia III 15(3), 16.
月食 ekleipsis selēnēs III 16.
元素 stoicheion III 1(4), IV 4(4), 13(1). →構成要素，字母，単純物体
原因 to aition, hē aitia III 16(3). 存在や生成の～ III 15(2). →原理
原子(アトム) atoma sōmata, atomoi ousiai II 16(7). →不可分なもの
原理・もとのもの・始動因 archē III 16(7)(11), 21(14), IV 13. ～や原因 II 5(2), III 1(3). ～を対象とする学 II 4. →始動因，第一の動者，原因
原理(推理の前提) archē II 21, 27, 28, 30.
現実活動 energeia II 3(2), III 14(1). →現実態
現実態・現実性 energeia II 3(2), III 2(6), 13, 14(1)(6)(7)(9), IV 16(2), 19. ～と可能態 III 14. →現実活動，完現態，可能態
現実態における存在・現実的存在 to energeiāi on III 2(6). →存在
減小・萎縮 phthisis IV 6(1), 7(5)(7). →増減，増大
言表 logos II 29(1), 30. →説明方式
言論，言説 logos IV 10, VI 1. →説明方式

コ

これ・これなる或るもの・個物 to tode ti III 5(2), 6(8), 7, 11. →結合体，第一実体
子供 pais V 21, 22(1).
個物 synolon, aisthēte ousia, tode ti III 11, etc. →結合体，感覚的実体，これなる或るもの
項 horos II 20(1), 22(3). →端，名辞
工匠・製造業者・大工 dēmiourgos

Ⅳ 15, Ⅴ 19(1), 20(4).
→製造業者
行為・行動 praxis　Ⅱ 7, 11, 12, 13, Ⅴ 2, 3, Ⅵ 4, 6.　～の三段論法 Ⅰ㈠3.　→実践
肯定・肯定判断 kataphasis　Ⅱ 18 (3), 20.
幸運 eutychia　Ⅵ 6.
幸福 eudaimonia　Ⅴ 3(1).　→徳
幸福に暮らす・仕合せである eudaimonein　Ⅲ 14(8), Ⅴ 3(1).
恒星 aplanēs astēr　Ⅳ 12(8)(9).
構成要素・要素 stoicheion　Ⅲ 1 (4), etc.　→元素，質料
合成物体・合成実体 syntheton sōma, synthetos ousia　Ⅳ 13.
→単純物体
国家・国・ポリス polis　Ⅴ 15(1).　～は共同体 Ⅴ 13.　～の発生 Ⅴ 15.　人間は～的動物 Ⅴ 15.　理想的～の存立条件 Ⅴ 19.　理想的～の構成部分 Ⅴ 20.　→国制
国家学 politikē epistēmē　Ⅱ 13, Ⅴ 1(5).　→倫理学，政治学
国家共同体 politikē koinōnia　Ⅴ 13, 15.
国制・国家体制 politeia　Ⅴ 16(1).
国土 chōra　Ⅴ 19(2)(3).
国民 politēs　Ⅴ 15, 16, 17, 21.

サ

祭祀 hierapeia　Ⅴ 20.
最高善 to ariston　Ⅱ 5, Ⅴ 1(2).　～は幸福 Ⅴ 3.　→善，徳
最低の種　→不可分の種
裁判官 dikastēs　Ⅴ 12(3).
裁き dikē　Ⅴ 15.
作者 poiētēs　Ⅵ 3(1).　→詩人
〔三方向・三次元〕上下，左右，前後　Ⅳ 4(4)(6)(7).
算術的比例 arithmetikē analogia　Ⅴ 7(2), 12.
算数学 arithmetikē　Ⅱ 5, 8(7).

シ

シモニデス Simonidēs　Ⅱ 6(6).
シモン・シモン的，シモン性 simon, simotēs　Ⅱ 8(5), Ⅳ 2 (5).　→結合体
思惟 noēsis　Ⅲ 14(7), 20, Ⅳ 20(3).　～とその対象 Ⅲ 20(5).　神の～ Ⅲ 21(6).　→理性，感覚
思惟の思惟 noēseōs noēsis　Ⅲ 21 (6)(8)(12).　→思惟，神
思惟者・思惟能力　→理性
思惟する noein　Ⅲ 14(7), Ⅳ 20(4).
思惟対象・思惟されるもの to noēton　Ⅳ 20.　→思惟
思考能力・知能 dianoētikon　Ⅳ 18, 20(1).　→霊魂，理性
思想 dianoia　Ⅳ 5(3), Ⅵ 7(2).
思慮 phronēsis　Ⅱ 6(4), 12(3), Ⅳ 14, Ⅴ 22(7).　→知恵
思慮する phronein　Ⅲ 14(7).
視覚 opsis　Ⅳ 18.　眼による感覚 Ⅱ 1.
詩の制作・作詩活動 poiēsis　Ⅵ 3 (1), 4.
詩学・作詩の術 poiētikē (technē) Ⅱ 18(2), Ⅵ 1(1), 4.
→制作，技術
詩人・作家 poiētēs　Ⅵ 3(1).
始動因 archē　Ⅲ 16(7)(11).
→原理

自己偶発(自然発生) automaton
Ⅲ 15(2).
自己充足的 autarkes →自足的
自然 physis Ⅱ 1(1),27(2),Ⅲ 15, 21(1),Ⅳ 1(4),2(10)(11),14(3), 15,Ⅴ 15. ～の諸義 Ⅳ 2. ～の目的性 Ⅳ 3. ～と技術 Ⅳ 3(5), Ⅴ 7. ～は工匠 Ⅳ 15. ～はなにものをも無駄には作らない Ⅴ 15(5). →実在
自然において・自然的(客観的)に physei, kata physin Ⅱ 27(5), Ⅴ 2(3).
→われわれにとって，法習的に
自然によって・自然的に physei
Ⅴ 14(2).
自然による存在・自然的なもの(自然物) to physei on, to physikon
Ⅳ 1(1),etc.
自然物 to physikon
→自然による存在
自然学 physikē(epistēmē) Ⅱ 7, 8(3),10(5),Ⅳ 2. →理論学
自然学者・自然論者 physiologoi
Ⅱ 6(4),Ⅲ 1(4),Ⅵ 3.
自足性 autarcheia Ⅴ 15,19.
自足的・自己充足的 autarkēs Ⅴ 15.
自体的に・それ自体において kath' hauto Ⅱ 27(5)(6),Ⅲ 2(3).
→自然において，端的に，付帯的に
自体的付帯性(本質的属性) to symbebēkos kath' hauto Ⅲ 1(2), 2(2).
自由 eleutheria Ⅴ 17(4),18.
民主制の目指すは～ Ⅴ 17.
自由な人・自由人 eleutheros anthrōpos Ⅱ 6(5),Ⅴ 18.
自由人的な eleutheros Ⅱ 6,Ⅴ 22.
～学 Ⅱ 6(5).
字母・いろは stoicheion Ⅲ 1(4).
→元素，構成要素
時間・時 chronos Ⅳ 5(6). →時
支配者 archos Ⅴ 14.
質料 hylē Ⅲ 6,16(5). ～と形相 Ⅲ 13. ～と可能態 Ⅲ 14.
→形相
執政職 archōn Ⅴ 16(2),20.
→国制
実在 physis Ⅱ 10,27(2),Ⅲ 1(4), 3(2),Ⅳ 2(17). →自然
実践・行為 praxis ～と理論・制作との別 Ⅱ 7. ～と制作とのちがい Ⅱ 11. →理論，行為
実践学 praktikē epistēmē Ⅱ 13
→国家学
実践知・思慮 phronēsis Ⅱ 12(3).
→思慮
実体 ousia Ⅱ 8(3),Ⅲ 5(2),6(1)
～の諸義 Ⅲ 6. 述語形態としての～ Ⅱ 17(2). 諸存在と～ Ⅲ 3 (5). 第一～と第二～ Ⅲ 7. ～の特徴 Ⅲ 8(4),10(3). 生滅的な自然的～と不生不滅な自然的～ Ⅳ 15(1). ～の学 Ⅱ 8(3),Ⅲ 4.
→存在，個物，本質，基体
〔主観的〕 Ⅱ 27(3)(5).
→われわれにとって
主語 hypokeimenon Ⅱ 16,Ⅲ 6 (4). →基体
主人・主人的 despozōn, despotikos
Ⅴ 13,14. →独断専制的
種 eidos Ⅲ 7(2),9(1)(2). 不可

分な～ II 16(7), III 9(2).
→類，種差，形相
種差・差別性 diaphora　II 29(3), III 9(1), 12, IV 7, 13.
→種，類，定義
受態・受動態・受難 pathos, pathēma　IV 8, 10, 13, V 5(2), VI 6(2), 8, 9.
→性質，付帯性
受動・受動する paschein　述語形態としての～ II 17(3).　→能動
述語・述語とされる kategoria, katēgoreisthai　II 16.
→主語，述語形態
述語形態・述語の諸形態 schēmata tēs katēgorias　II 17(3), III 2(4).　→存在
叙事詩 epos　VI 5, 9.　～と歴史 VI 9.
叙事詩人 epopoios　VI 3(3).
消滅 phthora　III 11(3), IV 6(1).
→転化・生成
衝動 hormē　IV 1(6), 4(6), 9(2), 10(1), V 15.　→三方向
状態・様態 hexis, echein　II 17(3), V 5(2).
情態・態度 hexis　V 3, 5(2).
浄化 katharsis　VI 6(2).
触覚 haptikē　IV 18.
食糧 trophē　V 20(2).　→栄養
神官 hiereus　V 20.
神学 theologikē　II 9(4), 10.
→第一の哲学
心臓 kardia　IV 13(5).
身体 sōma　IV 13, 17.　～と霊魂 IV 17.　～の美 V 22.
→物体・霊魂
真と偽 alēthes kai pseudos　II 17(4).
真としての存在 to on hōs alēthes　II 28(5), III 2(5).　→存在
真理 alētheia　II 15, 27(2).
→自然，真としての存在
人口(国民の多さ) plēthos tōn politōn　V 19(2)(3).

ス

スペウシッポス Speusippos　I 1(三), III 21(13), V 3.
すべて・一切・全宇宙 to pan　IV 4, 8(5), 21.　→天界
すべてについて katholou　II 20(2).　→全体的・全称的
水星(ヘルメスの星 Hermou astēr) stilbōn　IV 12.
推理知 dianoia　II 7.　→思想
推理力・推量 logismos　II 1, 30.
推論(三段論法)・推理 syllogismos　II 20, 22(1).　～の原理 II 21.
数 arithmos　IV 5(7).
数学 mathēmatikē (epistēmē)　II 8(7), 10.　～的諸学 mathēmatikai epistēmai　II 8, 10, 29, III 1(2).　→理論学，自然学
図画 graphikē　V 22(2).
筋・物語 mythos　VI 7(3), 8(1).

セ

せりふ・白・台詞 lexis　VI 7(1)
正・正義 dikaion, dikaiosynē　V 9(1)(3)(4)(8).　徳全般としての～ V 9.　合法的な～ V 9.　徳の部分としての～ V 10.　配分上の～ V 11.　是正的な～ V 12.　～は国家の徳 V 15.　→徳

是正的な正 diorthōtikon dikaion V 11(5),12.

生殖 genesis V 14,21. →生成

生成 genesis Ⅲ 11,15(1)(3),19, Ⅳ 6(1)(3). →消滅，転化

性格 ēthos V 2,6(2),21,22. 劇における～ Ⅵ 7(2). →習(なら)わし

性格的・倫理的 ēthikos V 6(2). ～な徳 V 6(1)(2).

性交 synousia V 21.

性質 poion, poiotēs Ⅱ 17(3), Ⅳ 7(3)(6).

性能 dynamis Ⅳ 4(6),13. →可能態

制作・作ること poiēsis 制作的 poiētikos Ⅱ 2(1),7,11. →理論，実践

制作術 poiētikē technē Ⅵ 1(1). →技術，詩の制作，詩学

製造業者・大工・工匠 dēmiourgos V 19(1). →工匠

政治家 politikos V 13,19(1).

政治学・政治家的認識 politike epistēmē V 1(5),13, Ⅵ 7. →国家学

政府 politeuma V 16(3).

静止・静止する hēremia, hēremein Ⅳ 2. →運動，停止

節制・節度 sophrosynē V 6(1), 8,21.

説明方式 logos Ⅱ 8(4), Ⅲ 6(7), 11(2),12(2),16(6), Ⅳ 13. →言表，定義，本質

戦士階層 to propolemoun V 16.

戦士的部分 to machimon meros V 20.

戦術・兵法 strategikē V 1,20.

戦争 polemos V 20. →平和

僭主制・僭主政治 tyrannis V 16(11),17(1).

善・善いもの t'agathon Ⅱ 5, Ⅲ 19, V 1(2),2, Ⅵ 2. 人間特有の～ V 4. →徳，幸福

全宇宙 to pan Ⅳ 4,8(5), V 19.

全称的 katholou Ⅱ 20(2). →全体的

全体的・全体について・全般的 katholou Ⅱ 20(2), Ⅲ 1(2). 全般的な正義 V 16. →全称的，普遍的，部分的

前提(論証の) protasis Ⅱ 20,30.

ソ

ソクラテス Sōkratēs Ⅱ 1,2, V 5(1).

ソフォクレス Sophoklēs Ⅵ 4(1), 8(6).

そもそもなにであるか・本質 to ti ēn einai Ⅲ 13(6),16. →なにであるか，本質

それのためにであるそれ・目的 to hou heneka Ⅲ 20, Ⅳ 2,3, V 15. →目的，終り

増減・増大と減小 auxēsis kai phthisis Ⅳ 6(1),7(5)(7).

増大・成長 auxēsis Ⅳ 6(1),7(5)(7). →減小・萎縮

俗業者 banausos V 20.

属性 pathos, symbebēkos →付帯性

存在・あるもの to on Ⅱ 8(2),16(4)(5), Ⅲ 2(1). ～の諸義 Ⅲ 2. ～と実体 Ⅲ 3. ～の学 Ⅲ 4. 第一義的の～(実体) Ⅲ 5(3). →実体・述語形態

存在としての存在 on hēi on　Ⅱ7(1),10(7),Ⅲ1(1).
村落・村 kōmē　Ⅴ14.

タ

〔タレス〕 Thalēs　Ⅱ4(2),6(4).
他ではありえない・必然的な ouk endechetai allōs echein　Ⅱ11(1),28(2).
他でもありうる・変化的偶然的な endechetai allōs echein　Ⅱ11(1).
多とならんでの一 hen para ta polla　Ⅱ30(4),Ⅲ10(4).
多の上に立つ一 hen epi pollōn　Ⅱ30(4),Ⅲ10(4).
対してどうあるか・関係 pros ti　Ⅱ17(3).
体操 gymnastikē　Ⅴ22(2).
太陽 hēlios　Ⅱ6,Ⅳ12.
第一格(三段論法の) prōton schēma　Ⅱ23(一).
第二格(同上) deuteron schēma　Ⅱ23(二).
第三格(同上) triton schēma　Ⅱ23(三).
第一実体・第一義の実体 prōtē ousia　Ⅲ7(1),9(1)(2).　→実体，これ，結合体
第二実体・第二義の実体 deutera ousia　Ⅲ7(2),9(1)(2).　→実体，種，類，普遍
第一の学 prōtē epistēmē　Ⅱ9(3),10.　→第一哲学，神学
第一の哲学・第一哲学 prōtē philosophia　Ⅱ6(8),10(6)(7),Ⅲ1(1),4.　→第一の学，知恵，神学
第二の哲学 deutera philosophia　Ⅱ10(5).　→自然学
第一の動者 to prōton kinoun　Ⅲ19(1).　→第一の不動の動者
第一の不動の動者 to prōton kinoun akinēton　Ⅱ9(4),Ⅲ19(1)(2),20(2)(3)(11),21(1)(4).　→神
正しさ・正義 dikaiosynē　Ⅴ9(1),10,11.　→正・正義
種(たね) sperma　Ⅴ21.
端 akron　Ⅱ23(一)(1)(5).　→項
端的に・簡単に・無条件的に・絶対的に haplōs　Ⅱ27(6),Ⅲ20,Ⅳ6(3),Ⅴ12(2).
単純物体 haplon sōma　Ⅲ6,Ⅳ4(4),9(1).　→元素，物体，合成物体

チ

知恵 sophia　Ⅱ4,5(1),6(4)(8),Ⅴ6(1).　→哲学，第一の学
知恵を愛求する・哲学する philosophein　Ⅱ6.
知恵の愛求・哲学 philosophia　Ⅱ6.　→愛知，哲学
知恵の愛求者 philosophos　Ⅱ6.　→愛知者，哲学者
知覚・感官知覚 aisthēsis　Ⅳ5.　→感覚
知者の術 sophistikē　Ⅱ14(3).　→詭弁術
知性的な徳 dianoētikē aretē　Ⅱ4(5),Ⅴ6(1).　→徳，性格的
秩序 taxis　Ⅵ2(3).　→美
中・中間・中間性 to meson, mesotēs　Ⅴ7,8. 徳は～を狙うⅤ

7.　～の徳 V 8(1).　→徳
中間のもの to meson　II 23(一)(2)(3).　→媒概念
忠告的言論 symbouleutikos logos　VI 1.　→弁論術
聴覚 akoē　IV 18.　→感覚
直観・理性 nous　II 30(6), III 20, 21, IV 20(2), 21.　→理性
直線運動 euthyphoria　IV 8, 9.　→移動

ツ

〔ツキディデス〕 Thoukydidēs　VI 9(2).
月 selēnē　II 6, IV 12(11)(16).
作る・作りなす poiein　IV 21(2).　→能動，制作
土・地 gē　III 6, IV 4, 10, 11, 13(1).　→単純物体，元素
常に・必然的に・永遠に aei　V 2(4).
妻 gymē　V 14, 15.　→女と奴隷

テ

ティエステス Thyestēs　VI 6(4).
〔テオフラストス〕 Theophrastos　I 1(三).
〔デモクリトス〕 Dēmokritos　IV 2, 3(8).
手 keir　IV 13, 14(5).
停止・停止する stasis, istasthai　IV 1, 2(2).　→運動，静止
定義 horismos, horos　II 29(1), III 11(6), 12(2).　→本質，説明方式
哲学・知恵の愛求 philosophia　II 5(1), 6(8), 14(1), IV 15(2), V 3.　→愛知，第一の学，神学，第一哲学，理論学，実践学
哲学する・知恵を愛求する philosophein　II 6.　→哲学
哲学者・愛知者 philosophos　II 6, 21(1), III 4, IV 15, VI 4.
転化 metabolē　III 16(4), 19.　～の諸義 IV 6(1).　→運動
天界・天・天体 ouranos　III 20(1), IV 4, 11(2), 12(2).
天球 sphairos　IV 12(8)(9).
天文学・星学 astrologia　II 8(7), 10, IV 12, 15(2).　→哲学

ト

ドラマ drama　VI 4(2)(4).
どこ pou　II 17(3), IV 4.　→場所
土星(クロノスの星 Kronou astēr) phainōn　IV 12.
奴隷 doulon　V 14.
等・均等 to ison, isotēs　V 10, 11, 12.
等質部分 homoiomerē　IV 13.　→異質部分
棟梁 architektōn　II 2(5).
棟梁的 architektonikos　II 2(5), 5(3), V 1(4).　～な術 II 3.
同一義 synōnyma　III 3(3).
同語異義・同名異物 homōnyma　III 3(3), V 15.
同時に・一緒に hama　II 21(3).
道具・器官 organon　IV 14, 15, 16(7).
動詞 rēma　II 19(1).
動物 zōion　II 1, IV 13, 18.
時・いつ pote　II 17(3), IV 5.　→時間

徳 aretē　V 3,5,6. ～とはなにか V 5(1). 知性的な～ V 6(1). 性格的な～ V 6(1). 全般的な～ V 9(4)(7)(8). 部分的な～ V 10(1). ～は中間にある V 8(1). 貴族制の目指すは～ V 17(4). →正, 善, 幸福
特殊的 en merei　III 1(2). →部分的
特称的 kata merei　II 20(3). →部分的, 全称的
独裁制・独裁政治 monarchia　V 17(1). →唯一者支配
独断専制的・主人的 despotikos　V 16(6).
富 ploutos　V 17(4),18. 寡頭制の目指すは～ V 17.

ナ

なにであるか・本質 to ti esti　II 17(2),III 5(2). →本質
習わし・習性 ethos　V 6(2),V 21.
成る gignesthai　III 15(1). →生成

ニ

憎み(エンペドクレスの) neikos　IV 3(2).
人間・人 anthrōpos　III 12,IV 21. ～は～を生む III 15(3),16(11). ～とその手 IV 14. ～はロゴスを持つ(物を言う・理性的な)動物 V 15(4)(6). ～はポリス的動物 V 15(4)(7).
人間愛 philanthrōpos　VI 6.
認識 epistēmē　II 4(2),12,30,IV 19(5). →学
認知 gnōsis　II 30,VI 8.

ノ

農耕者 geōrgos　V 20.
能動・する poiein　II 17(3).
〔能動理性〕　→非受動的理性

ハ

〔パルメニデス〕 Parmenidēs　III 2(1),IV 2(11).
場所・どこ pou　II 17(3),IV 4.
場所・場 topos　IV 4(8)(9). →空間, 空虚
場所的運動 kinēsis kata topon →移動
場所的運動能力 kinētikon kata topon　IV 18(1).
排泄物 perittōma　IV 13.
配分上の正 to dianomētikon dikaion　V 11(5).
媒概念・中間のもの・中名辞 to meson　II 23(三)(1)(2)(3).
始まり archē　III 16(7). →始動因, 原理
発見 anagnōsis　VI 8(6)(8).
離れて chōris　II 9(2),III 6(8). →離存性
反対のものども enantia　III 8(1),IV 10,11(3).
判断 apophasis　II 18.
判断・意見 doxa　II 21.
判定者 kritēs　V 20. →裁判官

ヒ

火 pyr　III 6,IV 4,10,13(1). →元素, アイテール
美・美しいもの to kalon　III 20,

Ⅳ 15, Ⅴ 19(2), Ⅵ 2.　身体の～ Ⅴ 22.　～の要素 Ⅵ 2(2)(3).
悲劇 tragōidia　Ⅵ 4,5,6,7,8,9.　～の定義 Ⅵ 6(1).　～の構成部分 Ⅵ 7.
被限定性 horismenon　Ⅵ 2(3).　→美
非受動的理性 nous apathēs　Ⅳ 21(2)(4).
否定・否定判断 apophasis　Ⅱ 18(3),20.
光 phōs　Ⅲ 16, Ⅳ 21(2).
必然・必然的・必然によって anagkē, anagkaion, ex anagkēs　Ⅲ 20(13).　→他ではありえない
一つに即して kath' hen　Ⅲ 3(3).
一つのものとの関係において pros hen　Ⅲ 3(3).
表象能力 phantasia　Ⅳ 18.
貧民・無産者 apoloi　Ⅴ 16,18.

フ

〔プラトン〕 Platōn　Ⅰ 1(二), Ⅱ 25(1), Ⅲ 10(1)(2).
不可分なもの・個体 to atomon　Ⅱ 16(7), Ⅲ 7(4).　→原子, 個物
不可分の種・最下の種 atomon eidos　Ⅱ 16(7), Ⅲ 9(2),12(5).　→種
不正 adikia　Ⅴ 9.　→正
不定な・不定称の adioriston　Ⅱ 20(3).
不動の動者 kinoun akinēton　Ⅲ 19(2)(3).　→第一の不動の動者
付帯性・属性 to symbebēkos, ta symbebēkota　Ⅲ 1(2),2(2).　→偶然性, 自体的付帯性
付帯的に・付帯性において kata symbebēkos　Ⅱ 2(2), Ⅲ 2(2), Ⅳ 2(3).
付帯的存在 to kata symbebēkos on　Ⅲ 2(2).　→存在
普遍・普遍的なもの to katholou　Ⅲ 6(9)(10),7(2),10(5).　→類, 第二実体
普遍的 katholou　Ⅱ 5,27, Ⅲ 1(2),6.　～な学 Ⅲ 1(2).　→全体的
武器 hopla　Ⅴ 15,20.
部分・部門 meros　Ⅱ 20(3), Ⅴ 20(1).　→全体
部分的・部分において・部分について en merei, kata merei　Ⅱ 20(3), Ⅲ 1(2).　→特殊的, 全体的
富者 euporoi　Ⅴ 16,18.　～的部分(富者階層) to euporon meros Ⅴ 20.
封蠟 kēros　Ⅳ 19(2).
物体 sōma　Ⅳ 4(4),9(1),13.　→身体, 単純物体
扮装・目に見える飾り ho tēs opseōs kosmos　Ⅵ 7(1).
分割法 diairesis　Ⅱ 25(1).
分析論 analytikē　Ⅱ 15(1)(3).

ヘ

ヘラクレイトス Hērakleitos　Ⅳ 2(11),15.
ヘルメス Hermēs　Ⅲ 2(8),14(2).
ヘロドトス Herodotos　Ⅵ 3(5).
兵法・戦術　stratēgikē　Ⅱ 3.
平和 eirēnē　Ⅴ 3.　～のために戦争をする Ⅴ 3(7).
冪根 dynamis　Ⅳ 19.　→可能態
変化 alloiōsis　Ⅳ 6(1),7(5).　→転化

弁証家 dialektikoi　II 14.
弁証術・弁証論 dialektikē　II 14 (3), 20, 24.
弁論家 rhētōr　V 2, VI 1 (1).
弁論術 rhētorikē　II 18 (2), VI 1 (1).

ホ

ホメロス Homēros　VI 3, 4.
「ポリテイア」(国制の一種) politeia　V 16 (10), 17, 18.
法習的に・ノモスにおいて・人の定めでは nomōi　V 2 (3).　→自然において
法廷的言論 dikanikos logos　VI 1.　→弁論術
星 astēr　IV 12 (4).　→天界, 恒星, 遊星
本質 to ti ēn einai, to ti esti　II 17 (2), III 6 (6), 13 (6), 16.　→そもそもなにであるか, なにであるか, 実体, 説明方式, 定義

ミ

水 hydōr　III 6, IV 4, 10, 13 (1).　→元素
民主制・民主政治 dēmokratia　V 16 (4), 18, 21.　～の目指すは自由 V 17 (4).
民衆 dēmos　V 16 (4).　→民主制

ム

〔矛盾律〕　II 21 (3).
無閑暇的な ascholos　V 3 (7).
無駄にはなにものをも ouden matēn 自然は～作らない V 15 (5).　→自然
無媒介的・直接的 ameson　II 28 (3).
無部分的なもの ta amerē　II 30 (5).　→類

メ

名詞 onoma　II 19.
名辞 horos　II 22 (3).　→項
命題・判断 apophasis　II 18.

モ

もとのもの archē　III 1 (4).　→始動因, 原理
模倣 mimēsis　VI 3, 4.
模倣する mimeisthai　IV 2 (7), 3 (5), VI 3, 4.
木星(ゼウスの星) phaethōn　IV 12.
目的(終り) telos　III 16 (9). (それのためにであるそれ) to hou heneka IV 2, 3.　自然の～性 IV 3.　～と手段 IV 3.

ヤ

役者 hypokritēs　VI 5 (1).
野蛮人・異民族 barbaroi　V 14 (4), 20.

ユ

唯一者支配 monarchia　V 16 (7).
友愛 philia　V 18.　エンペドクレスの～ IV 3 (2).
勇気 andreia　V 5 (1), 6 (1), 22.
遊戯・児戯 paidia　V 22 (4).
遊星・惑星 planēs, hoi planētes asteres　IV 12 (8).　→恒星
有魂のもの・生物 empsychon　IV 17 (3).

ヨ

よく生きる to eu zēn　Ⅳ14(2), Ⅴ4,15.
読み書き grammata　Ⅴ22(2).
様態・状態 echein, hexis　Ⅱ17(3).
欲求 orexis　Ⅲ20,Ⅳ18,Ⅴ21.
欲求されるもの・欲求対象 orekton Ⅲ20.
欲求能力 orektikon　Ⅳ18(1).

リ

リコフロン Lykophrōn　Ⅲ13(8).
理性・思惟者・直観 nous Ⅱ30(6), Ⅲ21,Ⅳ18(1),20(1),21. ～とその対象Ⅳ20. 受動的～Ⅳ21(2). 理論的(観想的)～Ⅳ18. アナクサゴラスの～Ⅳ3(2).
→直観, 思惟
理論・観想 theōria　Ⅱ2(1),7(2), Ⅲ21(8). ～と実践と制作Ⅱ7.
→観想
理論学・理論的な学 theōrētikē epistēmē　Ⅱ5,8,9,10(1). 三つの～Ⅱ8.
理論哲学 theōrētikē philosophia Ⅱ10(1).
離存性 chorismos　Ⅱ9(2),Ⅲ6(8), 8(4).
→離れて
立法家 nomothetēs　Ⅴ19(1),21.
量 poson　Ⅱ17(3),Ⅳ7(7).
両者から成るもの to ex amphoin Ⅲ6(12),Ⅳ2(6),16.
→結合体, 個物
倫理学・性格に関する学 ēthike epistēmē　Ⅱ13(3),Ⅴ1(3)(5), Ⅵ1(3).
→実践学

ル

類 genos　Ⅲ6(9),7(2),9(2),12. 最高の～(無部分的なもの)Ⅱ30(5).
→種
類比関係 to analogon　Ⅲ14(1).
類比によっての一 hen kat' analogian　Ⅲ3(3).
→一つのものとの関係において

レ

霊魂 psychē　Ⅱ8(6),Ⅲ6(5),13. Ⅳ4,14,15,Ⅴ21(1). ～の定義Ⅳ16. ～と身体Ⅳ17. ～の諸能力Ⅳ18.
歴史 historia　Ⅵ3,9(2).
歴史家 historikos　Ⅵ3.

ロ

ロゴス logos　Ⅲ11(2),Ⅴ15(6).
→言表, 言論, 説明方式, 割合
論証 apodeixis　Ⅱ20,28,29(2).
〔論理学〕
→分析論

ワ

われわれにとって・われわれに対して hēmin, pros hēmas　Ⅱ27(5),Ⅴ7.
→自然において
割合・比 logos　Ⅳ19.